Ingrid Zinnel

Familienkonstellationen im Horoskop

Ingrid Zinnel

Familienkonstellationen im Horoskop

Verstrickungen und Lösungen aus astrologischer Sicht

CHIRON VERLAG

6. Auflage 2019

Druck: CPI Moravia
Umschlag: Ulrike M-Bürger, Wörthsee

Zu beziehen über den Buchhandel oder direkt beim
Chiron Verlag, Postfach 1250, D-72002 Tübingen
www.chironverlag.com

ISBN 978-3-925100-93-2

Meiner Familie
gewidmet in Dankbarkeit und Liebe

Inhalt

Vorwort

Seit bald zwanzig Jahren arbeite ich als Therapeutin und Astrologin. Schon immer standen sich diese beiden Bereiche gleichberechtigt gegenüber. Das Horoskop eines Menschen ist ein genauer Spiegel seiner Lebensgeschichte, seiner Problemfelder, seines Unbewussten und – wie wir aus der Reinkarnationstherapie wissen – sogar seiner Vergangenheit, seines Karmas (zumindest der Bilder, die er darüber in sich trägt). Die einzelnen Faktoren, die Planeten, sind reine Prinzipien, reine Symbolträger mit vielen Facetten und Aspekten. Sie können aus zahlreichen Perspektiven auf die Vergangenheit, die Gegenwart und die Zukunft bezogen werden. Sie sind wie ein glühender, sich verströmender Mittelpunkt, von dem aus wir Strahlen in jedes Lebensthema, in jeden Zusammenhang hinein verfolgen können. Um dieses Strahlen wahrnehmen und übersetzen zu können, bedarf es nicht nur großer Erfahrung, sondern auch einer Begabung, die man am besten mit Intuition umschreiben kann. Meine langjährige Arbeit mit Menschen hat mich zu einem guten Beobachter und Übersetzer dieser Prinzipien gemacht. Die unzähligen Horoskope, die durch meine Hände gingen, haben sich mit Fleisch und Blut, mit Geschichte und Geschichten gefüllt. Viele, viele Schicksale waren meine Lehrer, viele »Ungereimtheiten« meine Meister. Heute kann ich sagen, dass es das Einfachste von der Welt ist, in einem Horoskop zu lesen und den wegweisenden Strahlen zu folgen, um mit ihrer Hilfe besonders die tiefen, dunklen Seelenbereiche auszuleuchten. Heute weiß ich allerdings auch, dass es keine schematischen Zuordnungen, keine »Kästchen« geben darf, in denen man das Wissen aufbewahrt, um es bei Bedarf (z.B. über den Klienten) auszuschütten. Obwohl ich mir bewusst bin, dass jedes Buch, jede schriftlich niedergelegte Aussage eine Art »Kästchen« ist, möchte ich es doch wagen, dieses Buch zu schreiben. Es liegt mir am Herzen, die Erfahrungen, die ich in den letzten Jahren gemacht habe, auf eine Art und Weise mitzuteilen, dass der Leser ihren Geist, ihren Inhalt versteht. Dass er sie nimmt wie eine Landkarte und sich mit ihrer Hilfe auf die Suche nach seinem verborgenen »Schatz« macht. Der »Schatz«, den ich in den letzten Jahren ausgegraben habe, ist die Familiengeschichte eines Menschen, seine Verwurzelung in seiner Sippe, seiner Herkunft.

Wie schon erwähnt, steht ein Symbol, zum Beispiel der Planet Saturn, im Zentrum einer Analogiekette. Die Kräfte seines Inhalts durchdringen Zeit und Raum. Ich kann ihn wie einen Lichtstrahl auf die verschiedenen Ebenen richten. Zum Beispiel auf den heutigen Arbeitsbereich eines Menschen, seine Berufung, seine Kindheit, die Erziehung, die ihm zuteil wurde, seine Schicksalsumstände, sein mitgebrachtes Karma usw. Oder ich schaue mit seiner Hilfe auf die Fähigkeiten einer Person. Im Falle des Saturns heißt dies, ob er es versteht, eigenverantwortlich zu leben. Egal, auf welchen Bereich ich schaue, es handelt sich immer um die gleiche Saturn-Konstellation. Nur ich, als Beobachter, richte meinen Blick auf ein anderes Thema, einen anderen Lebensbereich. Über die Jahre ist mein Blick weit gewandert: von der psychologischen Astrologie hin zum verborgenen Schatten, zu Reinkarnationsbildern, über die inneren zu den äußeren Personen, bis hin zu Märchengestalten und zum Mythos.

Seit ein paar Jahren ruht mein Blick sowohl in der therapeutischen wie der astrologischen Arbeit immer wieder auf dem Kraftfeld: Familie. Natürlich gibt es all die anderen Themen auch heute noch, ich möchte sie in meiner Arbeit nicht missen. Doch wirklich fasziniert bin ich im Moment vom Aufdecken von Familiengeheimnissen, vom Erkennen von systemischen Strukturen und – das ist das Schöne und Neue daran – von den einfachen und guten Möglichkeiten, ordnend zu wirken. Es ist ungeheuer lohnend, aus dem Horoskop nicht nur die Verstrickungen herauslesen zu können, sondern auch gleichzeitig Lösungswege aufzuzeigen. Teilabschnitte dieser Wege können dann von jedem Menschen ohne weitere Hilfe alleine beschritten werden.

Warum ist die Herkunft so wichtig? Warum besinnen sich in der heutigen Zeit immer mehr Menschen auf ihre Familie, suchen ihren Platz in der Sippe?

Keinen Menschen gibt es alleine, jeder hat Eltern und Großeltern, von denen er abstammt. Von ihnen übernimmt er nicht nur das körperliche, sondern auch das seelengeschichtliche Erbgut. Auch wenn manch einer dies leugnet, so besitzt doch jeder Mensch eine starke innere Zusammengehörigkeit zur Familie. Kinder übernehmen Energien und tragen sie weiter, ob diese »gut« sind und Kraft spenden oder ob sie »schlecht« sind und Unglück bringen. So bringt jeder schon bei der Geburt sein »Päckchen« mit. (Im Reinkarnationsgedanken nennen wir dieses »Päckchen« Karma.) Der Mensch ist also nicht nur ein freies Individuum mit persönlichen Eigenschaften und Fähigkeiten, sondern er hat auch einen unfreien, verstrickten Seelenanteil, der ihn wie eine Marionette an die Geschichte seiner Vorfahren bindet. Die Fäden, die uns zu unseren Eltern führen, können wir recht einfach verfolgen. Schon lange arbeiten wir in der Astrologie mit den Sonne/Mond/Saturn-Aspekten, die das Verhältnis unserer Eltern zueinander und zu uns spiegeln. Dass die Bindungen noch viel tiefer in die Vergangenheit führen, ist uns erst seit einigen Jahren bewusst. Wie generationsübergreifend Verstrickungen wirken, haben wir durch die Aufstellungsarbeit Bert Hellingers gelernt.

Ebenso, wie mein Horoskop meine Eltern, meine Beziehungen, meine äußeren Umstände usw. spiegelt, muss es also auch meine Wurzeln in meiner Sippe zeigen. Alle Energien, jedes Schicksal, das *vor* mir war, mündet über die Eltern in meinen Wesenskern ein. Also *bin* ich meine Herkunft, oder besser gesagt, meine Herkunft wirkt in mir weiter. Das Radixhoroskop ist Abbild meiner Gesamtpersönlichkeit mit allen Tücken und Fallen, in die mein »Ich« sich hineinverstrickt. Ebenso ist es ausgestattet mit allen Kraftfeldern und Möglichkeiten, mich dort heraus zu ent-wickeln. Einige Bereiche des Grundhoroskopes stehen also für den Teil meiner Herkunft, den ich von dort übernommen habe (auch wenn ich mir dessen nicht bewusst bin).

In meiner Arbeit hat es sich gezeigt, dass im Besonderen Pluto dafür zuständig ist. Doch Vorsicht: Eine mit Hilfe des Horoskopes ausgeführte Familienanalyse kann (und darf!) weder eine Therapie noch eine Familienaufstellung ersetzen. So wie eine Radixberatung im üblichen Sinn auch keinen therapeutischen Prozess ersetzt, sondern ihn einleitet, sehe ich die sich in den Planetenkonstellationen spiegelnden Familienstrukturen auch nur als Wegweiser und Hilfestellung, sich auf die Suche zu machen. Jede hier gemachte Aussage muss zuerst überprüft werden und im Herkunftssystem bestätigt sein. Erst dann dürfen die im Buch aufgeführten kleinen Rituale angewandt werden. Die Planetenprinzipien machen exakte Aussagen über Inhalte, nicht über äußere Formen. Finden wir z. B. das Prinzip Verstrickung (Pluto) im Zusammenhang mit dem Prinzip Mutter (Mond), so wissen wir sicher, dass es sich um »Übernommenes« von der Mutterseite her handelt. Wir wissen noch nicht, ob es sich um die Großmutter mütterlicher- oder väterlicherseits, die Mutter oder jemand anderen aus der Sippe der Mutter handelt. Hier kommt der Lösungswunsch des Menschen mit ins Spiel. Nur er alleine kann sich auf die Suche machen und mit der Ent-bindungsarbeit beginnen. Das Horoskop gibt ihm »nur« Auskunft, wonach er zu suchen hat. Doch das ist schon so viel, dass es sich lohnt, dieses Buch zu schreiben.

Grundsätze der systemischen Familientherapie nach Bert Hellinger

Jeder Mensch sucht für sich einen guten Platz im Leben, wünscht sich Erfüllung in der Beziehung und im Beruf. Allzu oft gelingt ihm beides nicht, oder zumindest ist einer der Bereiche gestört. Auch nach jahrelanger Arbeit in Selbsterfahrungsgruppen und Therapien, die seiner Persönlichkeit sehr zugute kamen, wiederholen sich schmerzvolle Erfahrungen und Schicksalseinbrüche. Hier setzt die Arbeit der systemischen Familientherapie an. Es hat sich gezeigt, dass der Platz, den ein Mensch in seinem Herkunftssystem einnimmt, von ihm (unbewusst) wieder und wieder eingenommen wird. (Z. B. der Sohn übernimmt den Misserfolg seines Vaters und wiederholt ihn in seinem Leben.)

Eine Sippe ist wie eine Baumgruppe. Jeder Stamm steht einzeln für sich, und doch sind die Wurzeln aller unterirdisch miteinander verstrickt und holen sich die Kraft aus demselben Boden. Der eine mehr aus der linken Ecke (in Verbindung zu einer bestimmten Person) und des anderen Wurzeln sind mehr rechts mit denen z. B. des Großvaters verbunden. Doch alle sind zumindest über das Wasser und die Nährstoffe des Bodens miteinander vereint und teilen *eine* Vergangenheit und *ein* Unbewusstes. Wenn ein Baum stirbt, so wird sein Stamm gefällt, doch seine Wurzeln bleiben noch einige Zeit im Erdreich, bis sie zerfallen. So hat sich gezeigt, je näher ein Ereignis (z. B. der Tod eines Geschwisters) zurückliegt, desto stärker wirkt es. Je weiter entfernt Schicksalsumstände sind, desto schwächer wird die Wirkung, so dass sie nur durch Wiederholung in Erinnerung bleibt. Und genau das möchte das »System«. Es will Ungerechtigkeiten und Schicksalsschwere im »Sippengedächtnis« behalten und dort ausgleichen. Jedes Gefühl, das »oben« (im Bewusstsein) nicht konfrontiert, nicht ertragen wird (z. B. die Trauer über ein früh verstorbenes Kind), wird nach »unten« (ins Unbewusste) abgegeben und »geistert« dort so lange herum, bis ein anderer (Nachkommender) es aufgreift und in sich wiederbelebt.

Darüber hinaus hat jede Sippe ein so genanntes Sippengewissen, eine Art »Gerechtigkeits-Ausgleichskonto«. In unserem Bild heißt das, dass von der Baumgruppe kein Baum größer, schöner, glücklicher sein darf als die anderen. Er ist der Gruppe gegenüber loyal und beschneidet sich selbst, sobald er zu hoch hinauswächst.

Es gibt einige von Bert Hellinger aufgestellte Grundsätze, die darüber Auskunft geben, was innerhalb einer Sippe als Glück, als *viel,* und was als Unglück, als *wenig,* gilt und ausgeglichen werden muss. Zum Beispiel früh zu sterben gilt als »wenig«, so dass ein anderer das »Wenige« aufgreift und sein eigenes Leben verkleinert, sein Glück verringert, z. B. indem er sich Liebe und Erfüllung in der Partnerschaft versagt. Die Wiederholung von Unglück führt jedoch niemals zum Glück. Genau deshalb ist es wichtig, solche übernommenen Wiedergutmachungsbündnisse aufzudecken und zum Guten zu wenden. Nicht die ehemaligen »Opfer« wünschen, dass ihre Wunden weitergetragen werden, sondern die Nachkommen übernehmen freiwillig die Last für diejenigen, die vor ihnen waren. Erkennt man diese »klein-machenden« Loyalitätsversprechen und entbindet aus ihnen mit Hilfe von Ritualen die verborgenen Kräfte (und die verborgene Liebe), kann und darf der Baum endlich über die Größe der anderen hinauswachsen und Früchte tragen.

Es gibt zwei unterschiedliche Richtungen, in die wir bezüglich unserer Zugehörigkeit zum System schauen können: entweder in die Vergangenheit oder in die Gegenwart. Der Blick in die Vergangenheit zeigt uns unser Herkunftssystem, unsere Ursprungsfamilie. Dazu gehören als Erstes unsere Eltern und Geschwister, Onkeln und Tanten, die Großeltern und deren Geschwister. Außerdem gehört jeder dazu, der einem von diesen Mitgliedern Platz gemacht hat. Zum Beispiel die erste Frau des Vaters. Wenn sie nicht Platz gemacht hätte, gäbe es dieses System nicht. Oder die Großmutter hatte vor ihrer Ehe mit dem Großvater schon zwei Männer. Dann gehören auch diese mit dazu. Wenn es in der Vergangenheit der Sippe ein Täter/Opfer-Geschehen gibt, so ist es wichtig, auch auf dieses zu schauen. Sowohl der von außen kommende Täter als auch das Opfer, dem ein Mitglied der Sippe geschadet hat, gehören mit zum System. (An entsprechender Stelle wird dies eingehend erläutert.)

Das zweite System ist das System der von uns selbst geknüpften Beziehungen und deren Vorgeschichte. Zu diesem Gegenwartssystem gehören alle Partner und Partnerinnen und die Kinder aus diesen Beziehungen. Es ist verständlich, dass auch die früheren Partner der Partner hinzugehören. Schließlich verliebt man sich nicht in ein »unbeschriebenes Blatt«, sondern in einen Menschen mit einer Geschichte. Und auch hier gilt, dass Frühere Platz gemacht haben, sonst hätte das Neue nicht entstehen können.

Jede Familie besitzt eine starke innere Zusammengehörigkeit, ganz gleich ob wir uns dessen bewusst sind oder nicht. Selbst derjenige, der sich gegen seine Eltern oder Sippe auflehnt, ist unbewusst zutiefst mit ihnen verbunden und verstrickt. Kinder tragen die Lasten und Energien ihrer Familie mit.

In jeder Sippe herrschen andere Gesetzmäßigkeiten und Ordnungen. Diesen sind wir bewusst oder unbewusst treu und loyal. Diese Loyalität ist einerseits Ursache von viel Unglück und andererseits – nach der Lösung – eine Quelle der Kraft. Es gibt zahlreiche Möglichkeiten, mit denen das Kind – und wir sind ja, wenn wir zurückschauen auf die Vergangenheit, alle die Kinder, die »Kleinen« – seine Liebe und seine loyale Zugehörigkeit ausdrückt. Vor allem geschieht dies durch übernommene Verantwortung, durch Schicksalswiederholung und Ähnlichkeit. Oft ist diese Ähnlichkeit erst auf den zweiten Blick zu entdecken, da wir ja mehreren Personen und mindestens zwei Systemen, nämlich dem des Vaters und dem der Mutter, treu sein wollen. So entsteht eine Ähnlichkeit und Schicksalsmischung, die erst einmal sehr neu und sehr individuell aussieht.

Ein Beispiel: Eine Frau hat als Kind miterlebt, dass der Vater zur Geliebten ging (sie musste nett zu ihr sein) und dass die Mutter sehr unglücklich darüber war. Erst mit über 50 wurde ihr klar, dass sie es mit der von ihr gewählten Lebensform »geschafft« hat, beiden Eltern gegenüber loyal zu bleiben. Sie blieb unverheiratet und lebte Tür an Tür mit der Mutter. So hielt sie das Versprechen ein: »Arme Mama, wenn schon der Papa geht, so bleibe doch wenigstens ich bei dir.« Darüber hinaus war sie seit vielen, vielen Jahren die Geliebte eines verheirateten Mannes: »Lieber Papa, ich mache es wie du.« So und ähnlich kann sich die große Liebe des Kindes ausdrücken. Oft stellen wir erst spät fest, dass wir dabei viel geopfert haben. Im Falle dieser Frau ist dies der Verzicht auf eine eigene Familie und eigene Kinder.

Noch einmal zusammengefasst: Die Möglichkeit, unsere Treue und Loyalität zum Ausdruck zu bringen, ist unser eigenes Leben. Einerseits ist es das von uns (unbewusst) gewählte Schicksal, andererseits sind es übernommene Empfindungen und Gefühle, die eigentlich zu einer anderen Person und zu einem anderen Leben gehören. Eine weitere Möglichkeit, das Unglück eines Sippenmitgliedes auszugleichen, ist Krankheit.

Was drängt uns, uns derart zu opfern, während uns der Verstand doch sagt, dass damit niemandem geholfen ist? Wenn in der vorletzten Generation jemand ums Leben kam, in der letzten einer diesem folgte, was soll es bringen, dass das Unglück heute fortgesetzt wird?

Ein System ist ein Energiefeld, das über bestimmte Ordnungsfaktoren zusammengehalten wird. Trotz mancher Ausnahmen wiederholen sich diese Gesetzmäßigkeiten regelmäßig.

Bertold Ulsamer schreibt in seinem Buch »Ohne Wurzeln keine Flügel«: *Eine Familie über mehrere Generationen hinweg lässt sich mit einem Mobile vergleichen. Wenn irgendwo ein Ungleichgewicht entsteht, erfolgt sofort eine Reaktion an einer anderen Stelle, um das Gleichgewicht wiederherzustellen. Die Kinder sind Mitglieder, die sich ganz in den Dienst des Gleichgewichts stellen. Sie übernehmen alle Energien im System, damit die Familie als Gesamtsystem wieder in Ordnung ist.*

So stehen wir unter einem ständigen Einfluss, wir sind zum Teil wie Marionetten, die an den Fäden der Familiengeschichte hängen. Und, vergessen wir nicht, dass wir hier in unserer Kultur seit über 2000 Jahren in der Tradition des Christentums stehen.

Ob wir uns dort bewusst einreihen oder nicht, tut hier nichts zur Sache. Unser aller Wurzeln stecken tief in Werten wie: Schweres tragen und auf sich nehmen macht gut und wird belohnt. Von Generation zu Generation wurde uns das »Sichopfern« als das einzig Erlösende und Heilbringende weitergegeben. Jeder Mensch, dessen Seele sich bereit erklärt, auf diese geheimnisvolle, magische Weise anderen, früher Geborenen ein Stück Schicksal abzunehmen, hat in der Sippe einen wichtigen Platz. Dort fühlt er sich dann groß und unschuldig. Fühlte er sich leicht und glücklich im Anblick derer, die es schwer hatten, käme er sich vor wie ein Verräter. Somit ist auch klar, dass der Weg heraus aus den Verstrickungen immer mit Verrat, allerdings mit einem sinnvollen, Fortschritt bringenden Verrat verbunden ist.

Aus der Aufstellungs- und Therapiearbeit gibt es Erfahrungswerte, was in einer Sippe als schwer, als »Minus« gilt und was dann in der Regel von später Geborenen ausgeglichen wird. Das größte »Minus« verursacht der frühe Tod eines Familienmitglieds. Das Sippengewissen registriert ein langes Leben als Fülle, als »Plus«, und so wird der zu frühe Tod einer Person später von einem anderen ausgeglichen, der sich selbst aus Loyalität die Fülle des Lebens nimmt. Das heißt nicht automatisch, dass auch dieser früh stirbt, doch der Wille zum Leben ist geschwächt. Es gibt viele Möglichkeiten, sich eines kraftvollen Lebens zu berauben: Alkohol, Drogen, Krankheit, Depressionen, Selbstmordgedanken und Todessehnsucht.

Ebenso schwer lasten Verbrechen und Schuld auf dem Gewissen einer Sippe. Jedes Unrecht, im Besonderen Mord und schwerer Missbrauch, werden über viele Generationen gesühnt. Bisweilen überspringt die schlimme Wirkung eine Generation und ein Enkel »bezahlt« dafür. Denken wir dabei besonders an die Opfer des Nationalsozialismus. Immer wieder stellt sich heraus, wie bereitwillig sich der Mensch zu den Opfern stellt und dabei selbst zum Opfer wird, um das Unrecht z.B. seines Großvaters auszugleichen. Manchmal aber wird er selbst zum Täter, um so an die Tat zu erinnern.

Ein weiteres zentrales Ordnungsprinzip, das nicht ohne Ausgleich verletzt werden darf, ist die Zugehörigkeit. Jedes Sippenmitglied hat das gleiche Recht auf Zugehörigkeit. Wird jemand, besonders zu Unrecht, ausgegrenzt und wird ihm dieses Recht damit abgesprochen, so hat das schlimme Folgen. Ein später Geborener stellt sich (unbewusst) auf den gleichen Platz und wird, ohne zu verstehen wieso, ebenfalls ausgestoßen. Er fühlt sich einsam, unverstanden, manchmal sogar verfolgt (z. B. gemobbt).

Natürlich ist nicht jede Familiengeschichte gleichermaßen belastet. Doch auch das (vergleichsweise) kleine Unglück wird später aufgegriffen und fortgeführt. Hat die Großmutter z. B. ihre erste Liebe im Krieg verloren, wagt sich die Tochter nicht, den geliebten Mann zu nehmen und heiratet ggf. den »Zweitbesten«. Die Enkelin versucht nun, das Unrecht am Vater (der ja nur zweite Wahl ist) wieder gutzumachen, indem sie sich zu ihm stellt und bei ihm bleibt. Meist wird aus ihr dann »nur« eine Geliebte und keine Ehefrau.

Ähnlich störend auf die erwünschte Fülle des Lebens wirken sich Misserfolg und Krankheit aus. Hat z. B. der Vater im Laufe seines Berufslebens einen großen existentiellen Verlust erlebt, der nachhaltig der Familie schadete, so verbietet sich der Sohn jeglichen Erfolg. Er strengt sich an, er weiß, er hätte das Potenzial und doch bleibt die Fülle aus. Gerade dann, wenn Klienten mit »unlogischen« Schicksalsumständen in die Beratungspraxis kommen, müssen wir an Verstrickung denken.

Natürlich hat jeder Mensch auch sein eigenes, von ihm persönlich erarbeitetes (oder erwirtschaftetes) Leben. Doch plötzlich werden die Zusammenhänge verständlich, sie liegen auch psychologisch-astrologisch auf der Hand. Persönliche Schwächen, Hemmungen, eine Trotzhaltung dem Leben gegenüber, negative Verfangenheit usw. sind Schwierigkeiten, die aus der persönlichen Geschichte erwachsen. Erst wenn Umstände, Gefühle und schicksalhafte Wiederholungen (z. B. verliebt sich eine Frau zum wiederholten Male in einen unerreichbar verheirateten Mann) auftauchen, die so gar nicht zum Wesen und den Möglichkeiten des Menschen zu passen scheinen, schauen wir tiefer in seine Herkunft hinein. Dort sehen wir ihn in einem größeren Zusammenhang, größer als er selbst, machtvoller als sein bewusster Wille. Wie schon erwähnt, ist die Lösung von übernommenem Leid immer mit einer Art Verrat verbunden. Der Mensch, dem es jetzt besser geht (als z. B. den Eltern), der jetzt Liebe und Glück erfährt, hält sich tief in seinem Inneren für untreu. Mag sein, dass ihm dies ebenso wenig bewusst ist wie die vorangegangene Verstrickung. An den »Symptomen«, die sein Leben hervorbringt, können wir diesen Zusammenhang jedoch sicher ablesen. Manchmal geschieht es, dass jemand nach getaner Lösungsarbeit eine Zeit lang Kraft und Leichtigkeit spürt. Seine Lebensumstände verbessern sich zusehends. Und plötzlich kommt es zu einer Art Rückschlag. Die alten (negativen) Gefühle stellen sich wieder ein. Sein Umfeld reagiert und bald ist alles beim Alten. Das ist nicht etwa Unvermögen oder eine schlechte therapeutische Arbeit. Nein, es ist Treue und Liebe – Loyalitätsliebe. Sie ist ein starkes Band und oft stärker als der Lösungswunsch.

Ein späteres Kapitel befasst sich mit den möglichen Hilfestellungen zur Lösung, die der Astrologe seinen Klienten mit auf den Weg geben kann. Deshalb sei hier, nur der Vollständigkeit halber, erwähnt, wie die Lösungsarbeit nach Bert Hellinger aussieht. Es ist eine ausgezeichnete Arbeit, die durch nichts ersetzt werden kann. Es handelt sich hierbei um das Familienstellen. Der Klient wählt aus einer Gruppe von Menschen Stellvertreter für sich und seine Familie. Diese stellt er nach seinem inneren Bild in die Mitte des Raumes, in das so genannte wissende Feld. Er selbst bleibt zunächst Zuschauer, während mit den Stellvertretern gearbeitet wird. Einem erfahrenen Therapeuten zeigt das aufgestellte System, noch bevor die Protagonisten nach ihrem Befinden gefragt werden, wo das Schwere liegt und mit wem der Klient am stärksten verbunden ist. (*Oft stehen die gewählten Personen, wenn man die Aufstellungen mit dem Horoskop vergleicht, in ähnlichen Zusammenhängen wie die prägnanten Planetenkonstellationen. Trotzdem: Eine Familienaufstellung ist keine Horoskopaufstellung. Aber umgekehrt gilt, eine Horoskopaufstellung ist immer eine Familienaufstellung. Jeder Planet steht (auch!) für eine oder mehrere Personen des Herkunftssystems.)*

Nachdem alle Stellvertreter ihre Empfindungen zu ihrer Position und zueinander beschrieben haben, wird für alle und im Besonderen für den Klienten ein besserer Platz gesucht. Dieser

Prozess wird von entsprechenden Lösungssätzen begleitet. Auch wenn diese Arbeit, wie schon gesagt, durch nichts zu ersetzen ist, so gibt es doch eine Anzahl von guten Möglichkeiten, Lösungsanstöße zu geben. Neben den Aufstellungen mit Gegenständen, wie Schuhe, Steine etc., gibt es in der Einzelarbeit noch die Möglichkeit einer geführten Trance. Hierbei arbeitet der Klient in inneren Bildern mit seiner Familie.

Die Aufgabe eines Astrologen sieht ein wenig anders aus. In erster Linie deckt er Zusammenhänge auf. Er kann helfen, Verstrickungen zu erkennen, um ihnen geschichtlich besser auf die Spur zu kommen. Wenn er beide Systeme, das astrologische und das familiendynamische, gut kennt, darf er mit seinen Klienten kleine Lösungsrituale machen oder sie ihnen mit auf den Weg geben – kleine Rituale mit oft großer Wirkung.

Das Horoskop als Familienbild

Im Grunde genommen ändert sich dadurch, dass wir auf ein Horoskop als Familienbild schauen, nicht viel. Schon immer haben wir (SYMBOLON) die Planeten als »innere Personen« beschrieben. Auch andere astrologische Schulen verwenden *das innere Kind* und *die Mutter* für den Mond, *das Ego* und *den Vater* für die Sonne usw. Ob ich sage, der Mars beschreibt mein Aggressionspotenzial oder ich ihn meinen *inneren Krieger* nenne, sagt nur etwas über die von mir bevorzugte Ausdrucksweise aus und nicht über den Inhalt. Darüber hinaus hat sich – lange vor der Arbeit mit den generationsübergreifenden Konstellationen – herausgestellt, dass sich jeder innere Aspekt meines Seins im Außen spiegelt. Das heißt, dass jede innere Person auch im Außen (zumeist mehrfach) vertreten ist. Bei Vater und Mutter können wir dies auf Anhieb bestätigen, ebenso dass z. B. ein strenger Vater uns später als Lehrer und dann als Vorgesetzter oder Ehemann wieder begegnet. Aber auch ein problematischer Mars – in der Kindheit trat er vielleicht als jähzorniger Bruder oder Onkel in Erscheinung – taucht im späteren Leben erneut auf.

Wenn alles, was ich bin – und ich *bin* meine Herkunft –, also alles, was mich ausmacht, mein gesamtes Horoskop, auch im Außen vorhanden ist, liegt der Schritt nahe, einmal zu überprüfen, wer in meiner Sippe welchen Planeten darstellt. Auch hier gilt: Ein Planet kann von mehreren Personen vertreten werden. Der Mond z. B. kann auch eine der beiden Großmütter, eine Tante und unter Umständen sogar ein Geschwisterchen sein. Hier taucht allerdings auch schon ein Problem auf. Wir Astrologen lieben schematische 12er-Zuordnungen. Das Horoskop steht dabei an erster Stelle und jedes Haus, jeder Planet bekommt eine feste Zuordnung. Am liebsten »konjugieren« wir die Planetenenergien durch den Tierkreis und haben dann hübsche Schubkästchen, die wir bei Bedarf öffnen können. Im Falle des Familiensystems sähe das dann etwa so aus: Vater = Sonne, Mutter = Mond, Geschwister = Merkur, Großväter = Saturn usw. Es lohnt nicht, diese Reihe fortzusetzen, da sie so nicht stimmt (nicht einmal die Sonne/Mond-Zuordnungen folgen der immer gleichen Regel). Sobald man gedanklich etwas tiefer einsteigt, liegt es auf der Hand, dass es so einfach auch nicht sein kann.

Stellen wir uns vor, ein Mensch hätte sieben Geschwister; für einen Bruder (den Nachzügler) war er Muttersatz. Ein weiterer Bruder ist bei der Geburt gestorben. Darüber hinaus hat seine Mutter ihren Bruder, den sie sehr geliebt hat, im Krieg verloren. Der Vater hätte zehn Geschwister gehabt, von denen auch zwei früh gestorben sind. Und das alles soll durch eine einzige Konstellation (z.B. den Merkur) vertreten werden? Unmöglich! Schauen wir uns einmal an, wie die Familienaufstellung dieser Person aussehen könnte. Er stellt sich z.B. zu seinem toten Bruder, den kleineren Bruder hat er dabei im Auge. Seine Mutter steht weit entfernt bei ihrem toten Bruder. Zum Vater und seinen Geschwistern gibt es keinen Kontakt. Übersetzen wir diese Aussagen in die Astrologie. Er hat wenig Kontakt zu seiner Mutter: Mond im 12. Haus. Dort im »Jenseits« steht die Mutter bei ihrem toten Bruder. Dieser taucht als Planet nicht auf, da er zur Mutter gehört und nicht vom Klienten vertreten wird. Der Mond hat eine Opposition zu Saturn als Ausdruck für die Verantwortung, die er sowohl für seine Mutter als auch für seinen kleinen Bruder übernommen hat. Er hat einen Fische-Aszendenten mit einem Neptun im Skorpion. Das heißt, dass die meisten seiner Energien an seinen verstorbenen Bruder gebunden sind (die Daten stammen aus einem realen Horoskop). Noch einmal: Der Neptun stellt hier einen Verstorbenen dar, an den der Klient gebunden ist (Neptun im Skorpion). Das könnte auch der Vater, der Großvater oder irgendeine andere Person sein. Meistens reichen diese Bindungen bis zwei Generationen zurück. Nur in Fällen von extremer Gewalt oder Schuld zieht sich der Faden bis in die dritte Generation.

Planentenkonstellationen stehen erst einmal für die Energien, mit denen wir gebunden sind. Erst *hinter* diesen Energien stehen

Personen. Natürlich wissen wir, dass im Horoskop nicht steht: Dieser Mars ist der Karl-Otto, der deine Mutter verlassen hat. Und doch tun wir manchmal so, als wäre die Astrologie ähnlich konkret. Damit allerdings verliert sie an Tiefe und Aussagekraft. Es geht immer um uns: – nur um uns! Wir *sind* unsere Sippe. Alles, was aus der Herkunft in uns wirkt, das sind wir. Auch dann, wenn wir uns dadurch behindern, dass wir fremde Gefühle, fremdes Schicksal übernommen haben. Es geht dennoch um uns, um *unsere* Behinderung, *unsere* Verstrickung (unser Karma?) und natürlich *unseren* Lösungsweg.

Kommen wir zu einer von Kursteilnehmern immer wieder gestellten Frage: »Wie sieht denn mein Horoskop bzw. diese oder jene Konstellation (z. B. Mond-Quadrat-Pluto) nach der Lösung aus? Ist der Pluto dann verschwunden?« Selbstverständlich nicht! In jeder energiebindenden und damit -raubenden Konstellation steckt natürlich – unsichtbar – die fehlende Energie. Nach der Lösung kommt sie dem Klienten zugute. Darüber hinaus stehen ihm – endlich! – seine anderen Kräfte (Planeten) zur Verfügung. Der Klient aus dem Beispiel war – ohne es zu wissen – ganz mit seinem Neptun identifiziert. Er trank, nahm Drogen, hatte wenig Lebenswillen. Nachdem er (um in der Sprache der Aufstellungsarbeit zu bleiben) den Platz bei seinem Bruder und damit im »Jenseits« verlassen hatte, konnte er endlich das Leben und die Kraft vom Vater nehmen. Schließlich gehören zu ihm auch Sonne, Mars usw. Damit verschwindet zwar der Neptun nicht aus dem Horoskop, doch ist er jetzt nicht mehr »Hauptperson«. Was geschieht, ist, dass der Mensch dann endlich Zugang zu weiteren Seelenanteilen, zu kraftvollen Personen seiner Familiengeschichte und damit zu weiteren Planetenenergien hat. Ganz wichtig ist auch zu sagen, dass der Mensch sich nicht nur über das Familienstellen oder ähnliche therapeutische Prozesse erlösen kann. Jedem stehen seine objektiven Planeten (Saturn/Uranus/Neptun) zur Verfügung. Sie stellen seine in ihm verankerte Weisheit und seine von Geburt an angelegten Lösungen dar. Auch ohne Hilfe, d. h. mit Hilfe des Schicksals und der vom Leben gestellten Aufgaben, ergeben sich Lösungen und damit das Glück.

Wenn man jahrelang das Aufstellungsbild, die Familiengeschichte und das Horoskop nebeneinander stellt, häufen sich natürlich bestimmte Aspekte. Nur diese außergewöhnliche Häufigkeit erlaubt es, dieses Buch zu schreiben. Sichtbar wurde dabei auch, dass verschiedene Planetenkonstellationen und Verbindungen mit dem Thema der Verstrickung nichts zu tun haben. Auch sie stehen sicherlich für Personen der Familiengeschichte, doch sie sind eher auf der positiven, der erlösten Seite anzusiedeln. Hat ein Sohn z.B. ein gutes Verhältnis zu seinem Vater und kann dessen Kraft nehmen, so hat er eine gut aspektierte Sonne, mit der er sich identifizieren kann. Er wird mit sich und seinen Fähigkeiten zufrieden sein, wie immer diese aussehen. Natürlich sind auch die positiven Aspekte sehr wichtig und achtenswert. Nur aus einem Grund finden sie in diesem Buch keinen Platz: Mit ihnen muss man nicht arbeiten. Sie sind ein Geschenk, das der Mensch zu nutzen versteht, auch ohne dass man es ihm erklärt. In jeder noch so schweren Familiengeschichte gibt es diese guten Kräfte. Im Horoskop stellen sie sich uns dar als die harmonischen Konstellationen, zu denen der Klient Zugang hat. Er kennt sie, er nutzt sie und er kann sich bewusst mit ihnen identifizieren. In den Aufstellungen stehen diese Personen, die jene Planeten vertreten, dem Klienten zur Seite oder geben ihm Rückendeckung. Er kann ihre Kräfte in sich spüren, da er von ihnen zu nehmen weiß. Den anderen, den Personen, mit denen er sich unbewusst verbunden hat, *gibt* er Energie – Lebensenergie, die ihm dann irgendwo fehlt. Hauptsächlich werden diese durch Pluto, Planeten im 8. Haus und im Skorpion dargestellt. Pluto hat, was das Thema der Verstrickungen angeht, im Horoskop eine zentrale Stellung. Er hält die Fäden zur Geschichte der Ahnen in seiner Hand. Seiner Spur müssen wir folgen. Er ist Verstrickung, Bindung und mit Hilfe von Saturn, Uranus und Neptun Lösung zugleich.

Lösende Rituale

Es scheint eigenartig, das Kapitel mit den lösenden Ritualen vor diejenigen zu stellen, die sich mit den Verstrickungen beschäftigen. Es ist jedoch nicht gut, auf die manchmal aussichtslos scheinende dunkle Seite zu schauen, ohne dabei gleichzeitig die Lösung ins Auge zu fassen. Deshalb sind auch die Texte der einzelnen Konstellationen so gehalten, dass sie den lösenden Aspekt mit einbeziehen. Sowohl für den Leser, der sich mit seinen eigenen Verstrickungen beschäftigt, als auch für den Astrologen, der für seine Klienten liest und lernt, wird es leichter ums Herz sein, wenn eine ganze Bewegung gemacht werden kann und die Geschichte zumindest mit einem Lösungsansatz endet.

Jeder Lösungsweg beginnt mit der Anerkennung der Verstrickung. Das Horoskop dient als Wegweiser, als Hilfe, zwischen den Lebensumständen und der Familiengeschichte eine Brücke zu bauen. Erst wenn man diesen Zusammenhang kennt, bzw. er sich im Gespräch mit den Klienten herausgestellt hat, darf mit den Ritualen begonnen werden. Gegebenenfalls muss vorher noch geforscht werden, um der Familiengeschichte weitere konkrete Daten hinzuzufügen. Zuerst müssen also die hinter den abstrakten astrologischen Konstellationen stehenden Personen gefunden werden. Denn nur mit ihnen kann ich arbeiten. Vorwiegend tue ich dies, indem ich mit ihnen »spreche«. Es nutzt wenig, mit Planeten bzw. Planetenenergien in Kontakt zu treten. Sie sind für meine Seele zu wenig lebendig, sie finden dort keinen Widerhall.

Ein Unterschied zu einer üblichen Beratung ist die direkte Übersetzung des Horoskops mit Hilfe des Klienten. Der Leser sollte dies ebenfalls sofort für sich selbst tun.

Der zweite Unterschied macht aus einer Beratung fast eine Therapiesitzung. Der Astrologe begleitet die ersten Lösungsschritte, indem er für seinen Klienten das Ritual ableitet oder er gibt Anweisungen, welche Wege der Klient in der nächsten Zeit für sich selbst beschreiten kann.

Wir alle bestehen aus unserer gesamten Ahnengeschichte. Wir tragen tief in uns (in jeder unserer Zellen) das Wissen um unsere Herkunft. Auch wenn wir dies nicht denken und nicht fühlen können, so ist doch alles in uns vorhanden. Im Inneren jeder Seele gibt es Räume, die den Familienangehörigen gewidmet sind. So gibt es den Raum des Vaters, der Mutter, der Großeltern usw. Unsere Ahnen »wohnen« also in uns, wir müssen sie nur noch »besuchen«. Das tun wir, indem wir uns erinnern, die Augen schließen und nach innen schauen. Wir können uns die entsprechenden Personen vor unser inneres Auge holen und dort mit ihnen kommunizieren. Wenn es sich um tief liegende, unbewusste, vielleicht sehr schwer wiegende Geschichten handelt, so brauchen wir einen erfahrenen Therapeuten, der uns führt. Entweder tut er dies in Form einer Familienaufstellung oder in der Einzelarbeit. Solange die Geschichte jedoch erinnerbar und damit erreichbar ist, kann jeder Mensch für sich alleine in diesen inneren Dialog treten. Ein erster Schritt dazu ist bereits während einer astrologischen Beratung und sogar während des Lesens dieses Textes möglich.

Ein Beispiel: Eine Mond/Pluto/Saturn-Konstellation im Horoskop weist darauf hin, dass eine Verstrickung mit der Mutter vorhanden ist. Das Kind – unser Klient – trägt offensichtlich einen Teil ihres Schicksals. Es fühlt sich verantwortlich für das Leid der Mutter. Im Gespräch wird dem Klienten der Zusammenhang klar und er bestätigt, dass er immer dann, wenn er glücklich ist, ein schlechtes Gewissen hat. Wir bitten ihn, die Augen zu schließen und sich seine Mutter vorzustellen. Wir bestärken ihn darin, sich seine Mutter im Leid vorzustellen. Sofort wird er spüren, *wie* leid sie ihm tut und *wie* gerne er helfen möchte. Wir lassen ihn laut sagen: »Mama (oder wie immer er seine Mutter als Kind genannt hat), du tust mir so leid. Ich würde alles tun, um dir zu helfen. Wenn du so unglücklich bist, dann habe auch ich kein Glück verdient.«

Damit ist der erste Schritt, die Anerkennung dessen, was ist, getan. Die Bindung ist am Licht. In einem zweiten Schritt machen wir ihn darauf aufmerksam, dass er ja das Kind und damit viel zu klein ist, um so Großes, Schweres zu tragen. Er sagt zu ihr: »Mama, schau mich an, ich bin viel zu klein, ich kann dir dein Leid nicht abnehmen.« Dieses Eingeständnis der Ohnmacht tut den meisten »Kindern« sehr weh. Der letzte wichtige Lösungsschritt besteht dann daraus, ihn sagen zu lassen: »Dein Leid gehört zu dir, zu deinem ganz persönlichen Leben. Ich gebe es hiermit ganz an dich zurück – in Liebe.« Dieses kleine Ritual, so klein und unscheinbar es auch ist, vermag die unheilbringende Bindung aufzulösen. Es ist ebenso gut, dem Klienten vorzuschlagen, diese Worte zu Hause eventuell in Meditation oder kurz vor dem Schlafengehen in seinem Inneren zu sprechen.

Es ist mir bewusst, dass viele Menschen an dieser Stelle protestieren: »So leicht ist das doch niemals!« Warum müssen Lösungen immer schwer sein? Kann es nicht sein, dass wir diesen Glaubenssatz ebenfalls übernommen haben und dass es an der Zeit ist, ihn zu überprüfen? Es ist tatsächlich genauso einfach, bzw. könnte es sein, wenn dem nicht unsere große Loyalität im Wege stünde. Der Zweifel ist nur einer der Gründe, warum die Lösung oftmals nicht gelingt. Der hauptsächliche Grund ist die Liebe. Die unbewusste Liebe, die nicht gespürt werden kann und die dennoch das engste Band ist, das die Seele kennt. Erst wenn wir es in unserem Inneren geschafft haben, diese Liebe zu spüren und in eine neue Richtung zu lenken, werden wir frei. Es ist schon richtig, dass die Worte alleine nicht ausreichen. Am wenigsten dann, wenn sie in Wut oder Trotz gesprochen werden: »Jetzt reicht es mir, ich habe genug davon, dein ›blödes‹ Leid zu tragen usw.« Diesen Widerstand gegen die geliebte Mutter lässt das »Kind« nicht zu. Und noch während der »Erwachsene« seine Lösungssätze spricht, bindet sich das Kind noch enger an seine »Mama«. Die Grundvoraussetzung zur Lösung dieser in Liebe entstandenen Bindung ist also die Liebe, die gewandelte, in eine neue Richtung gelenkte Liebe, und natürlich das Herstellen der Ordnung.

Diese Arbeit ist letztlich nichts anderes, als Unordnung (das Kind fühlt sich größer und verantwortlich) in Ordnung zu wandeln (die Mutter ist die Größere, ihr persönliches Schicksal gehört zu ihr).

Abgesehen von den inneren Ritualen können wir noch kleine Aufstellungen mit Gegenständen auf dem Tisch machen. Am besten nehmen wir Steine oder Holzkegel, die mit Augen versehen sind, um die Blickrichtung anzuzeigen. Der Klient wählt Figuren für sich und – je nach Konstellation – die entsprechenden Familienmitglieder und stellt sie dann nach dem Bild, das er in sich trägt, in eine Beziehung zueinander. Sehr schnell werden hier Unordnung und eventuell ausgegrenzte Personen sichtbar. Wir stellen dann – nach entsprechenden Erklärungen – die Gruppe um und zeigen damit ein neues, heileres Familienbild. Dieses kann der Klient eventuell zu Hause nachstellen. Manche tun dies auch mit Fotos, Kärtchen oder Gegenständen mit Erinnerungswert. Indem symbolisch umgestellt wurde und er sich selbst an einem der Ordnung besser entsprechenden Platz sieht, kann es, wenn er dieses Bild ganz in sich aufnimmt, von dort aus wirken. Natürlich können beide Rituale miteinander verbunden werden.

Es gibt eine ganz einfache Ordnung, mit der man – auch wenn es in Aufstellungen Ausnahmen gibt – niemals etwas falsch machen kann: Das Kind (nicht zu vergessen, wir arbeiten im Herkunftssystem immer vom Kind aus) steht natürlich in der Geschwisterreihe. Die Geschwister stehen in folgender Rangordnung: rechts der Ältere, links der Jüngste. Halbgeschwister gelten wie Geschwister. Die Eltern stehen gegenüber, hinter ihnen ihre Eltern und ggf. deren Eltern. Die Geschwister und früheren Partner der Eltern stehen im Halbkreis daneben. Das Wichtigste dabei ist, dass niemand vergessen wird. Alle gehören dazu! Zwischen den Lebenden und den Toten wird kein Unterschied gemacht.

Oft gehört es zur Lösung, dass über Geheimnisse in der Familie gesprochen werden muss. Manchmal sind die Namen von Angehörigen unbekannt und müssen erforscht werden. Oftmals fehlt eine Verneigung, ein Besuch oder ein klärendes Gespräch. Wir arbeiten immer in eine Richtung: in Richtung Zugehörigkeit und Zusammenführung. Man fügt dem System das Fehlende hinzu. Auf welche Art und Weise dies geschieht, bleibt der Kreativität des Einzelnen überlassen.

Ein Mann z. B., der mit dem früheren Verlobten seiner Mutter identifiziert war, kam auf die Idee, da dieser Jude war und die Verlobung daran zerbrach, nach alter jüdischer Tradition Steine auf Gräber zu legen, um damit den Glauben des damals »Verstoßenen« zu achten. Jeder Mensch weiß letztlich tief in seinem Inneren, was es zu tun gilt. Wir dürfen darauf vertrauen, dass er der guten Bewegung seiner Seele folgt und seine eigenen Schritte zur Lösung finden wird. Der Therapeut wie der Astrologe geben nur einen kleinen Anstoß.

Aszendent – Medium Coeli
Ohne Wurzeln keine Flügel

Der gleichnamige Buchtitel von Bertold Ulsamer beschreibt sehr gut das Verhältnis vom Aszendenten zum MC. Im Aszendenten finden wir unsere Wurzeln, in denen das Wesentliche verborgen liegt. Hierin liegt der tiefere Sinn, die Aufgabe, weshalb ein Mensch geboren wird.

Im MC, der Himmelsmitte, dem höchsten Punkt über uns, schauen wir auf das schon erreichte Ziel: die Lösung. Ohne uns zuerst unserer Wurzeln bewusst zu werden, sie aus dem Schatten der Verstrickung zu lösen, um aus ihnen schöpfen zu können, fehlt uns die Kraft, die Flügel auszubreiten, die uns in einen weiteren, größeren Zusammenhang zu tragen vermögen.

Der »Ort«, an dem wir aus »Altem« herausgewachsen sind, an dem die Entwicklung stattgefunden hat, der Ort der Erneuerung also, ist das MC. Schon immer war es für die Astrologie schwierig, diesen »Ort« zu beschreiben. Die Formulierung *Ziel* ist missverständlich und doch ist es unmöglich, sie durch ein anderes Wort zu ersetzen. Der Leser darf nicht in den Fehler verfallen, sie als anzuvisierendes Ziel zu begreifen, und doch braucht er eine Vision, um seinen Lebensweg mutig und von ganzem Herzen beschreiten zu können. Es scheint, als sei ganz tief in unser aller Herzen ein Lösungswunsch eingepflanzt. Etwas, was uns von Zeit zu Zeit ruft, etwas, dem wir folgen, auch wenn es unbequem und anstrengend scheint. Es gibt da etwas, was über unser persönliches Schicksal, über die übernommenen Begrenzungen hinausgeht. Diese Stimme hören wir als eine Art Berufung. Sie drängt uns, uns zu entwickeln, uns aus Verstrickungen und aus Bindungen herauszuwinden, um unsere Kräfte in einen größeren Zusammenhang zu stellen. Ohne sie gäbe es keinen Fortschritt.

Der Gegenpol, die Kraft, die uns im Alten festhalten möchte, liegt im Aszendenten verborgen. Das Wort »ascendere« bedeutet aufsteigen. Im Moment der Geburt schauen wir von dem Ort aus, an dem wir uns befinden, nach Osten, dorthin, wo die Sonne aufgeht. Dort erblicken wir das Tierkreiszeichen, das den Aszendenten bestimmt. Die Deutungen des Aszendenten sind so zahlreich, wie es Astrologen gibt. Jeder macht seine eigenen Erfahrungen bzw. jeder nur denkbare Blickwinkel ist möglich. Die Erfahrungen von SYMBOLON (Peter Orban/Ingrid Zinnel) sind in Büchern wie »Astrologie als Therapie« und »Drehbuch des Lebens« niedergeschrieben. Hier wird der Aszendent (ähnlich wie bei Wolfgang Döbereiner) als Verzauberung, als etwas zu Erlösendes beschrieben. Diese durch Beratungen und Therapie belegte Sichtweise stellt von sich aus einen direkten Zusammenhang mit dem systemischen Ansatz dar. Ob ich sage, das Thema meines Aszendenten ist das, was ich »karmisch« mitbringe in dieses Leben, oder ob ich das Wort »Verzauberung« benutze und damit mein Leben als Märchen beschreibe, so geht es doch immer nur um eines: Da gibt es etwas, das in mir »aufsteigen«, ins Bewusstsein steigen soll. Etwas, das von mir gelöst werden möchte. Ich kann »symbolisch« darauf schauen – der Frosch muss geküsst werden, um zum Prinzen zu werden – oder ich kann sagen, meine Seele hat etwas verloren, das ich wiederfinden muss. Auf jeden Fall gibt es etwas Dunkles, das ans Licht will. Dieses »Dunkle« ist nichts anderes als Unordnung. Der Mensch ist aus einer höheren Ordnung herausgefallen an einen Ort des Schattens, an dem er die Ordnung – so sein Drang – wiederherstellen möchte. Der Platz, den er – energetisch – im Familiensystem einnimmt, ist jener Ort der Unordnung. Es ist der Platz, an dem sich seine Geschichte, wenn man es so nennen will, sein Karma, spiegelt. Nicht nur der Geburtsort, auf den ich ja mein Horoskop beziehe, sondern auch der Familienort, in den ich hineingeboren werde, trägt also mich und alles, was ich war, bin und werden soll, in sich. Meine Vergangenheit ist die Vergangenheit meiner Sippe. Zwischen den inneren Bildern von früheren Patienten, die Reinkarnationstherapie machten, und den heutigen Bildern aus der systemischen Familientherapie stammend gibt es keinen Unterschied. Ob ich mich selbst sehe, wie ich als Verräter gehängt werde, oder ob ich einen Großvater habe, der diesen Tod erlitt, für meine Seele ist dies dasselbe. Es ist in mir und hat mit mir zu tun. Somit hat sich auch hier in der Deutung des Aszendenten und des MC nicht viel geändert. Wir schauen aus einer nur ein wenig verschobenen Sicht auf das Gleiche: auf den Menschen selbst und seine Geschichte.

Wenn der Aszendent also das Verborgene, das Unerlöste darstellt, so ist dies der »Grund«, weshalb der Mensch seinen Platz in diesem, in gerade diesem Familiensystem gefunden hat. Dort kann er das »Mitgebrachte« lösen. Das Schöne daran ist, dass er sein »karmisches Päckchen« im Zusammenhang mit seiner Sippe in Liebe und freiwillig trägt. Er übernimmt es ja jetzt für die Eltern und Ahnen. Erst wenn er es lange genug getragen hat, wenn er weiß, wie sehr dieses »Päckchen« zu ihm gehört, ist die Zeit reif, es zurückzugeben.

Für diese »Rückgabe« gibt es eine vorherbestimmte Zeitqualität (siehe auch das Kapitel über Auslösungen und Transite). Die Frage: »Warum erst jetzt, warum musste ich so lange, so schwer tragen?«, ist also müßig. Es gibt den rechten Zeitpunkt und dieser beginnt immer mit ein und derselben Erkenntnis: Dies ist *mein* Leben, *meine* Geschichte, *mein* Schicksal. Alles, was ich hier vorfinde, gehört zu mir. Auch wenn es noch so schwer erscheint, erst wenn der Mensch es als zu ihm gehörig akzeptiert, können ihm die erwünschten Flügel wachsen. In diesem Sinne ist es nicht einfach, seinen Aszendenten zu akzeptieren: Während die Planetenkonstellationen für die einzelnen Verstrickungen stehen, beschreibt er den unter allem liegenden Schatten.

Es gibt einen direkten energetischen Zusammenhang zwischen Aszendent und Medium Coeli (MC). Aus bestimmten Wurzeln kann nur ein ganz bestimmtes »Flügelpaar« wachsen. Oft hat diese Entwicklung wenig mit den Vorstellungen des Menschen von seinem persönlichen Vorwärtskommen zu tun. Ich werde quasi von meinem MC mit Hilfe von Saturn, von meinem Schicksal, in den Dienst genommen. Ob es mir passt oder nicht: Es gibt ein höheres Gesetz, eine höhere Ordnung, die wirkt.

Da sich die bisherigen Erfahrungen erst einmal auf unsere Breitengrade beziehen, sind die Beschreibungen des Zusammenhangs zwischen Aszendent und MC nur aus unserem Kulturkreis heraus möglich. Hier zunächst die astronomischen Zuordnungen:

Tabelle

Vergleich: Aszendent – Medium Coeli

Es gibt folgende Zusammenhänge zwischen der Anlage (AC) und dem Ziel (MC):

(der Zusammenhang ist dargestellt auf 50 Grad nördlicher Breite)

Aszendent **Widder**	0° Widder 10° Widder 20° Widder 30° Widder	= 0° Steinbock = 7° Steinbock = 9° Steinbock = 12° Steinbock	D. h. alle 30° Widder gehen von 1°–12° auf den Steinbock-MC.
Aszendent **Stier**	0° Stier 10° Stier 20° Stier 29° Stier	= 12° Steinbock = 18° Steinbock = 21° Steinbock = 0° Wassermann	D. h. 29° Stier gehen auf den Steinbock, der letzte Grad Stier hat 0° Wassermann als MC.
Aszendent **Zwillinge**	0° Zwillinge 10° Zwillinge 20° Zwillinge 30° Zwillinge	= 1° Wassermann = 10° Wassermann = 17° Wassermann = 28° Wassermann	D. h. alle 30° Zwillinge gehen auf den Wassermann-MC.
Aszendent **Krebs**	0° Krebs 10° Krebs 20° Krebs 25° Krebs 30° Krebs	= 29° Wassermann = 9° Fische = 22° Fische = 0° Widder = 7° Widder	D. h. im Aszendent Krebs sind drei MCs möglich: Wassermann, Fische, Widder.
Aszendent **Löwe**	0° Löwe 10° Löwe 15° Löwe 20° Löwe 30° Löwe	= 7° Widder = 22° Widder = 0° Stier = 6° Stier = 21° Stier	D. h. die ersten 15° Löwe gehen auf den Widder, die nächsten 15° gehen auf den Stier.

Aszendent **Jungfrau**	0° Jungfrau 8° Jungfrau 20° Jungfrau 30° Jungfrau	= 21° Stier = 1° Zwillinge = 18° Zwillinge = 30° Zwillinge	D. h. im Aszendent Jungfrau sind Stier und Zwillinge möglich.
Aszendent **Waage**	0° Waage 10° Waage 23° Waage 30° Waage	= 0° Krebs = 12° Krebs = 0° Löwe = 9° Löwe	D. h. im Aszendent Waage sind Krebs und Löwe als MC möglich.
Aszendent **Skorpion**	0° Skorpion 10° Skorpion 15° Skorpion 30° Skorpion	= 9° Löwe = 23° Löwe = 0° Jungfrau = 23° Jungfrau	D. h. im Aszendent Skorpion sind Löwe und Jungfrau als MC möglich.
Aszendent **Schütze**	0° Schütze 4° Schütze 27° Schütze 30° Schütze	= 23° Jungfrau = 1° Waage = 1° Skorpion = 4° Skorpion	D. h. im Aszendent Schütze sind drei MCs möglich: Jungfrau, Waage und Skorpion.
Aszendent **Steinbock**	0° Steinbock 29° Steinbock 30° Steinbock	= 4° Skorpion = 0° Schütze = 1° Schütze	D. h. im Aszendent Steinbock finden wir als MC den Skorpion; nur die letzten beiden Grade haben den Schützen.
Aszendent **Wassermann**	0°–30° Wassermann	= 1°–17° Schütze	D. h. der Aszendent Wassermann geht vollständig auf den MC Schütze.
Aszendent **Fische**	0°–29° Fische	= 17°–30° Schütze	D. h. der Aszendent Fische geht vollständig auf den MC Schütze.

Da jeder Aszendent aus verschiedenen Faktoren besteht, gelten die folgenden Aussagen zu einem – wenn auch geringeren – Teil für die Aszendentenherrscher in den entsprechenden Zeichen bzw. Häusern. Der Leser selbst hat die Aufgabe, die verschiedenen Texte zu einem zusammenzufügen.

In der Beschreibung der Aszendenten geht es nur um die grundlegende Energie. Diese verändert sich, je nachdem in welchem Zeichen und in welchem Haus der jeweilige Herrscher des Aszendenten steht. So kann der Mars als Herrscher des Widder-Aszendenten, wenn er z. B. in der Waage und im 6. Haus steht, das Bild stark verändern. Erst die drei Aussagen – Widder, Waage und 6. Haus zusammen – ergeben ein passendes Bild.

Das Gleiche gilt für das Medium Coeli. Auch hier verändert und vervollständigt der Herrscher des 10. Hauses die Aussage.

Aszendent Widder

Der Widder-Aszendent bezieht seine Grundenergien aus dem Kampf. Er fühlt sich – wie alle Feueraszendenten – auf einem starken, bedeutsamen Platz. Aus seiner Vergangenheit bringt er die Kraft mit, für andere einzustehen. Das Schicksal seiner Sippenmitglieder ist sein Anliegen: »Lasst mal, ich mach das schon! Ich werde nicht aufgeben, bis ich euch geholfen, gerettet (oder was auch immer) habe.«

Vergessen wir nicht, der Aszendent sagt nichts darüber aus, wie schwer ein Sippenschicksal ist. Doch um was auch immer es sich handelt, der Widder-Aszendent bricht nicht darunter zusammen. Er trägt nicht, er will verändern, verbessern. Er greift bewusst oder unbewusst in das Schicksal anderer ein und stellt ihnen seine Energien zur Verfügung. An diesem Platz, innerhalb der von ihm übernommenen Verstrickungen, hat seine Seele die Möglichkeit, die eigentliche Geschichte zu lösen. Der Mensch befindet sich von Geburt an an diesem Platz. Hier möchte er zugehörig sein, von hier aus liebt er. Er liebt auf die Art und Weise, wie er es eben versteht. So ist das, was ein Widder-Aszendent zu geben hat, seine Kraft. Mit dieser mischt er sich ein, versucht zu lenken und zu formen und dem Schicksal bestimmte Umstände »abzujagen«. Irgendjemand in seinem System – so glaubt er – braucht ihn als Rückendeckung, um gegen eine höhere Macht anzugehen. Manchmal sind es auch mehrere Personen, die er als eine Art heiliger Krieger gegen das Schicksal verteidigt. Er sieht sie als hilfsbedürftig an und macht sie dadurch kleiner, als sie sind. Er glaubt, ohne ihn seien sie dem Untergang geweiht. Es trifft ihn furchtbar, wenn er sieht, dass er mit seiner Einmischung das Gegenteil erreicht: Seine »Schutzbefohlenen« werden schwächer und schwächer. Seine Einmischung nimmt ihnen die Kraft. Erst wenn er ihnen »ihres« wieder zutraut, ihnen das Schwere des eigenen Lebens zumutet, macht die Eigenverantwortung sie wieder stark.

Mit einem Steinbock-MC haben die »Götter« strenge Grenzen gesetzt. Sie haben das letzte Wort. Der Widder-Aszendent wird lernen, dass es eine höhere Macht gibt als die seine. So sehr er auch seinen Willen einsetzt, an irgendeiner Stelle wird er scheitern. Früher oder später werden ihm die Energien ausgehen. Ob er sie an die Vergangenheit (seiner Sippe) verliert oder im Kampf um jemanden in der Gegenwart, er wird akzeptieren müssen, dass er nur für sein eigenes Schicksal verantwortlich ist und im Schicksal der anderen nichts zu suchen hat. Sein MC verlangt von ihm eine tiefe, schmerzvolle Verbeugung. Sie wird deshalb so weh tun, weil sie mit Aufgeben verbunden ist. Und das ist es, was er am wenigsten kann.

Aszendent Stier

Ein Stier-Aszendent hat seine Wurzeln im Wertsystem seiner Sippe. Ihren Werten zu folgen und dafür Eigenes zu opfern, sichert ihm seine Zugehörigkeit. Er drückt damit seine Liebe aus und übernimmt, was eigentlich zu anderen gehört. So wie jede Aszendentenenergie eine Art unbewusstes Gefängnis darstellt, in das der Mensch hineingeboren wird, wird er seine Gefangenschaft eines Tages bemerken. Und zwar dann, wenn er »ausbrechen« möchte. Erst wenn er neue, in seiner Familie nie da gewesene Wege gehen möchte, wird er spüren, dass er festsitzt. Oft schimpft er dann, im Glauben festgehalten zu werden, auf die anderen.

Doch ist es seine eigene Loyalität, die ihn hält. Während er unbewusst einen Platz einnimmt, auf dem schon seine Ahnen standen, kämpft er gleichzeitig bewusst und engagiert um seine Freiheit. Es ist ein Tauziehen, bei dem er nur verlieren kann. Seine Urangst vor Einsamkeit und Verrat lassen ihn zurückschrecken, sobald er seinem eigenen, ganz persönlichen Schicksal begegnet.

Eine Sippe ist ein ebenso gutes Versteck wie jede andere Gruppe. Sie gibt Schutz vor der Härte des Lebens. Lieber bleibt er – wenn auch unzufrieden – in diesem Versteck, das aus übernommenen Werten besteht, als eigene Geschichte zu schreiben.

Sein Weg hin zu seinem Steinbock-MC ist der große Schritt in die Eigenverantwortung. Notgedrungen wird er sein Gefängnis verlassen, wenn er fast zu ersticken droht.

Der dringendste Entwicklungsschritt jedoch beinhaltet eine neue Definition von Liebe. Er muss das innere Gefühl und die Angst überwinden, nicht mehr dazuzugehören, sobald er einen eigenen Weg geht. Besonders ein Stier-Aszendent mit einem Wassermann-MC wird sich mit diesem Thema konfrontieren müssen. Von ihm wird darüber hinaus verlangt, um seiner eigenen Entwicklung willen, den Werten seiner Sippe untreu zu werden. Das Schwerste für ihn ist, sich die Achtung und die Liebe für all jene zu bewahren, die anders denken und fühlen als er.

Aszendent Zwillinge

Wie alle Luftzeichen möchte der Zwillinge-Aszendent Verbindungen herstellen. Er tut es (im Gegensatz zum Waage-Aszendenten) nicht, indem er hin und her schwankt, sondern, indem er sich als verbindendes Glied dazwischenstellt. In den Familienaufstellungen steht er oft zwischen den Eltern oder anderen Sippenmitgliedern, die er verbinden möchte. Das gibt ihm eine Wichtigkeit und Größe, die allerdings sofort schrumpft, wenn er diesen Platz verlassen muss. Sobald er aus dem von ihm unbewusst gewählten Zusammenhang heraustritt, tritt er ins Nichts, in die Belanglosigkeit, die Unwichtigkeit.

An dieser Stelle sei noch einmal erwähnt, dass die Grundthemen der Aszendenten sich durch diese Betrachtungsweise nicht ändern. So sucht auch hier der Zwillinge-Aszendent seine Bedeutung über das Außen zu gewinnen. Dabei verliert er sich selbst an die Rolle, die er übernimmt. So führt ihn seine Liebe zum System an einen Platz, an dem er etwas für andere herzustellen versucht. Wenn z.B. der Vater auf seinen Bruder wütend ist, so kann es sein, dass der Zwillinge-Aszendent sich als eine Art Blitzableiter dazwischenstellt und damit die Aufmerksamkeit auf sich zieht. Die anmaßende Absicht, die Geschichte zwischen den beiden zu lösen, schlägt fehl, da die Beteiligten sich ja jetzt nicht mehr »sehen« und auseinandersetzen können.

In stärker belasteten Systemen kann es sein, dass der Zwillinge-Aszendent sich jemandem in den Weg stellt, damit dieser nicht gehen (gehen = sterben) kann. Egal, ob er verbindende oder verhindernde Energien einsetzt, solange er nicht an seinem eigenen, für ihn bestimmten Platz steht, kann er aus den Wurzeln keine Kraft für sein eigenes Leben schöpfen. Es gibt allerdings kaum etwas Schlimmeres für ihn, als seinen eigenen Platz einzunehmen: den bescheidenen Platz z.B. inmitten der Geschwisterreihe als einer von ihnen, ihnen gleich in Größe und Bedeutung.

Mit der Lösungsenergie eines Wassermann-MC bleiben diese Erfahrungen nicht aus. Ein winziges Rädchen im großen Räderwerk des Kosmos zu sein, mag Freiheit beinhalten, doch zuvor müssen Hürden wie Bescheidenheit, Durchschnittlichkeit und Unwichtigkeit genommen werden. Um diese Schritte in Liebe zu gehen, bedarf es eines ganzen Lebens.

Aszendent Krebs

Im Krebs-Aszendenten steckt die Energie eines überforderten Helfers. In Krisensituationen wird er zum Opfer seines Wunsches, für alle da zu sein. Damit verbunden ist das Bedürfnis dazuzugehören und unabkömmlich zu sein. Für diese große, opferbereite Liebe hofft er, irgendwann etwas zurückzubekommen. Immer in Erwartung dieser Antwort schaut er dabei zu viel auf die anderen und zu wenig auf sich selbst. So lernt er es nur schwer, alleine zu sein. Er braucht die anderen, besonders die Bedürftigen, um sich selbst und seinem Leben einen Sinn zu geben. Im Gegensatz zu den anderen Aszendenten, die sich in ihrer Verstrickung groß und in tragenden Rollen fühlen, fühlt der Krebs-Aszendent sich, obwohl er eine enorme Fürsorglichkeit an den Tag legt, doch klein. Je nach Mondposition wird das Gefühl der Abhängigkeit existenzieller, bedrohlicher oder weniger bedrückend sein. Natürlich wird sich ein Mond im Steinbock größer und ein Mond im Wassermann freier fühlen als z.B. ein Mond im Krebs oder im Stier. Das vorherrschende Thema ist bei allen gleich: Die Welt da draußen (Steinbock am Deszendenten) ist hart und verlangt zu viel von ihnen. Die permanenten Anforderungen, die von dort auf ihn zukommen, erschöpfen ihn. Sein Platz im Herkunftssystem ist ebenso wie später der Platz in den eigenen Beziehungen von eben diesem Gefühl begleitet. Niemals werden seine Kräfte ausreichen! Er fühlt sich unfrei, umgeben von so vielen Ansprüchen, denen er – so glaubt er – Rechnung tragen muss. Hier spricht das verstrickte Herz. Fragt man die anderen, so können sie gut ohne seine Hilfe leben. Eher haben sie ein schlechtes Gewissen, da sie sehen und spüren können, wie viel Energie es ihn kostet, diese Bindungen, in denen er der Geber ist, aufrechtzuerhalten. Irgendwann wird er merken, dass seine Rechnung: »Ich gebe, damit ich bekomme«, nicht aufgeht. Für eine »Gabe«, die einem mit so viel Leid verbunden überreicht wird, gibt es keinen Dank.

Die heilbringende Ordnung stellt sich gemäß den drei MC-Möglichkeiten auf unterschiedliche Weise her. Mit einem Wassermann-MC bleibt die Antwort auf die Ansprüche des Krebs-Aszendenten aus. Die – in diesem Fall gewünschte – Bindung fällt weg. Unter Schmerzen – es ist eine Art Geburtsschmerz – wird er aus diesem »Opfer-Leid-System« entlassen.

Das Fische-MC bedeutet, dass die Lösung, die das Schicksal für ihn bereithat, in einem viel größeren Zusammenhang liegt. Mit der Zeit merkt der Mensch, dass seine Energien ins Nichts laufen. Er stellt fest, dass er weder für sich selbst, noch für andere etwas Bedeutsames erwirkt hat. Seiner Seele wachsen Flügel, wenn er das Vertrauen wiedergefunden hat, dass letztlich jeder

Mensch – und damit auch er – in den Armen von etwas Größerem gut aufgehoben ist.

Mit einem Widder-MC sieht die Lösung der Verstrickung etwas anders aus. Der Krebs-Aszendent wird am Ende – ob er will oder nicht – gelernt haben, mehr aus sich selbst heraus zu leben und sich mehr um die eigenen Belange als die der anderen zu kümmern. Dabei fällt vieles von ihm ab, er fühlt sich dann kraftvoll und frei, selbst zu entscheiden, was für ihn gut ist und was nicht.

Aszendent Löwe

Es versteht sich von selbst, dass der Löwe-Aszendent einen viel zu dominanten Platz einnimmt. Er ist König bzw. Königin in seinem System. Er glaubt, dass das Wohlergehen seiner Sippe von ihm abhängt. Eine Klientin sagte einmal, sie sei froh gewesen, als ihre Kindheit vorbei war. Sie habe nur abgewartet, bis sie endlich die Belange ihrer Familie in ihre Hände nehmen konnte. Die Wurzeln eines Löwe-Aszendenten stecken zutiefst in der Macht. Auf das Herkunftssystem und die damit verbundene Loyalitätsliebe bezogen heißt dies, aus der Position des »Größeren« heraus sich um die Belange der »Kleineren« kümmern zu müssen. Ohne ihn – so glaubt er – geht gar nichts. Sowohl die Eltern als manchmal auch die Großeltern scheinen ohne sein Eingreifen verloren. Oft folgen die sichtbaren Schicksalsumstände diesen Energien. Die Eltern werden im Alter bedürftig, der gewählte Partner ist schwach. Welchen Partner wir anziehen, hängt von unserem Platz im Herkunftssystem ab. Stößt ein Löwe-Aszendent auf eine ebenso dominante Energie, so gibt es Konkurrenzkampf. Trifft er auf einen »Untertan«, so kann er die aus der Herkunft stammende Rolle fortführen. Glücklich wird er in beiden Fällen nicht. Auch sein Leben gelingt nur in der Ordnung. Und diese heißt erst einmal: »Du bist immer das Kind bzw. das Enkelkind und damit bist du – ob du willst oder nicht – kleiner als deine Eltern und Großeltern.« Niemandem fällt es schwerer, dieser Wahrheit in Achtung und Liebe Rechnung zu tragen. Erst wenn der Löwe-Aszendent seine gesamten Kräfte an die Machtposition verloren hat, erst wenn er sich in die von ihm selbst geschaffenen Umstände so verstrickt hat, dass sie ihn fast sein Leben, seine Lebendigkeit kosten, wird er den »Thron« verlassen. Indem er die anderen sich selbst überlässt, kehren seine Energien zu ihm zurück. Mit einem Widder-MC ist er dann frei, für sich selbst Entscheidungen zu treffen, unabhängig davon, ob ihn dies die Kontrolle über das System kostet oder nicht.

Mündet die Löwe-Energie in einem Stier-MC ein, so erlebt er – wenn auch lange im Widerstand – wie schön es sein kann, einer unter vielen zu sein, einfach so dazuzugehören, ohne alle Fäden in der Hand halten zu müssen. Seine Sippe wird ihn, den Kleinen, liebevoll in die Arme schließen.

Aszendent Jungfrau

Jeder Jungfrau-Aszendent ist zutiefst in Schuldgefühlen verwurzelt. In der Geschichte seiner Sippe geht es um Recht und Moral, um Gut und Böse. Er steht mittendrin, an einem Platz, an dem Schwarz und Weiß durch seine Person auseinander gehalten werden. Solange er die Stellung hält, bleiben die Pole sauber getrennt. Aus Liebe und Loyalität zu seiner Sippe hat er die Aufgabe übernommen, alles Dunkle von ihr oder stellvertretend von einem Mitglied fernzuhalten. Indem er sich bereit erklärt, Schuld auf sich zu nehmen, bleibt jemand anderes – so glaubt er – schuldfrei. Dieser Zusammenhang ist erst einmal unbewusst, bewusst möchte er sein diffus schlechtes Gewissen loswerden. Er lässt nichts unversucht, um es abzustreifen. Gutes tun, sich für andere opfern, das ist der eine Weg. Die andere Möglichkeit scheint darin zu bestehen, Außenstehende zu finden, denen er etwas anlasten kann. So ist ausgerechnet der Mensch mit dem schlechtesten Gewissen, den tiefsten Schuldgefühlen derjenige, der permanent seine Hände in Unschuld wäscht, jeden Vorwurf zurückweist, um ihn auf seine Mitmenschen zu lenken. Das bringt Unglück hervor und schafft Verstrickungen. Es ist weder seine Aufgabe, fremde, nicht zu ihm gehörige »Schuld« zu tragen, noch seine eigenen Fehler zu leugnen und auf andere abzuwälzen. Beides macht gleichermaßen unfrei. Im Tragen für andere ist er zu groß, in den Schuldzuweisungen zu klein.

Sein Lösungsweg führt ihn durch Umstände hindurch, die ihn teilweise – je nach Schwere des Familienschicksals – sehr hinabziehen können. Die Art von Ausgleich zwischen Gut und Böse, die ihm am Herzen liegt, ist einfach nicht möglich. Besonders hart trifft ihn die Erkenntnis, dass niemand ihn in dieser Position braucht. Sobald er seinen trennenden Platz verlässt und »Täter« und »Opfer« sich mit der zu ihnen gehörigen Geschichte konfrontieren, wird aus ihnen beiden bald ein Paar – fast ein Liebespaar. Ohne Einmischung werden sie einander ähnlich: Menschen mit einem gleichen Wesenskern. Sobald sich auch der Jungfrau-Aszendent in ein Menschsein ohne Wertabgrenzungen einzureihen versteht, erlangt er die Ruhe, die sein Stier-MC ihm verspricht.

Mit einem Zwillinge-MC ist es eher der neutrale Blick, der seiner zuvor mit Bewertungen und Schuldgefühlen schwer belasteten Seele Erleichterung bringt. Wie viel Freiheit doch in dieser einfachen Wahrheit steckt: Ohne die Begrenzungen einer von den Menschen gemachten Moral sind wir alle eins – eins in einem Raum außerhalb von Schuld und Unschuld.

Aszendent Waage

Der Aszendent Waage kommt mit dem Wunsch auf die Welt, jemandes Andenken, seine Geschichte, sein Schicksal, ja seine Person im Sippengedächtnis wachzuhalten. Er ist ein Mensch, der sich im Du, nicht im Ich aufhält, dem ein fremdes Leben wichtiger ist als sein eigenes. So identifiziert er sich z. B. mit der früheren Geliebten des Vaters oder dem verlorenen Bruder der Mutter. Er stellt sich an deren Platz und versucht, den erlittenen Verlust zu ersetzen. In seinem Herzen sagt er (z. B. zum Vater): »Nimm mich, ich bin jetzt deine Geliebte, damit du nicht mehr traurig sein musst.« Er vergisst, ohne es zu wissen, sich selbst und seine eigene Identität und wird zu einer anderen Person, vielleicht zu einer, die er nie gekannt, von der er nie gehört hat. So funktioniert das System. Die Geschichte wird quasi in der »Zelle« weitergegeben und je nach Thema »sucht« sich die Seele einen Platz, an dem sie ihre Aufgabe lösen kann. So bringt der Waage-Aszendent ein großes Manko mit auf die Welt. Er weiß nicht, wer er ist. Es fällt ihm schwer, für sich selbst einzustehen, Entscheidungen zu treffen, die ihn aus der Harmonie mit anderen werfen könnten. Er möchte jedwedem Anspruch genügen. So schaut er ins System und fragt: »Wer oder was fehlt? Ich ersetze es und stelle damit«, so glaubt er, »ein glücksbringendes Gleichgewicht her.« Ist er ein Mädchen und hätten die Eltern lieber einen Sohn gehabt, so fühlt er sich ihnen zuliebe wie ein Junge. Hat sich im Leben der Eltern ein großer Wunsch nicht erfüllt, so wird er ihn über sein eigenes Leben darstellen. So ergreift er z. B. einen Beruf, der dem Vater verwehrt war, oder er lebt die Freiheit, die seine Mutter eigentlich für sich gewollt hat.

Die Geschichte einer jungen Frau mit einem Waage-Aszendenten zeigt dies besonders deutlich. Sie kam in die Praxis, da sie an Bulimie litt. Es stellte sich heraus, dass sie für die Mutter, die sie gerne mollig sah, aß und für den Vater, der seine Tochter lieber schlank mochte, erbrach. So kann der Waage-Aszendent entweder sein ganzes Ich an den Platz eines anderen stellen oder zwischen den verschiedensten Ansprüchen hin und her pendeln. In jedem Falle verliert er Energien, die ihm dann in bestimmten Lebenssituationen fehlen. Sobald er etwas Wichtiges entscheiden muss, etwas, was ihn selbst und sein Leben betrifft, fehlt ihm die Kraft. Er ist zu wenig mit sich selbst identifiziert, als dass er wissen könnte, was er wirklich will. Könnte er dabei auf die Personen schauen, denen zuliebe er so viel »Ich« geopfert hat, so könnte er ihr Kopfschütteln sehen. Keiner von ihnen möchte seinen Einsatz. Besonders diejenigen, für deren Verlust er einsteht, möchten sich lieber selbst mit der eigenen Geschichte auseinander setzen, sie selber lösen.

Mit einem Krebs-MC wird er etwas der Mutterseite zurückzugeben haben, während ein Löwe-MC bedeutet, dass er mehr von der Vatersseite übernommen hat. Das weibliche Prinzip am MC bedeutet, dass seine Gefühle aus den Verstrickungen befreit werden müssen. Der Löwe am MC, die eigene Sonne also, hat das eigene Ich als Ziel. Sowohl Sonne als auch Mond sind persönliche Planeten, Seelenanteile, die der Waage-Aszendent aus Liebe zur Sippe geopfert hat. Mit der Loslösung aus der Verstrickung kehren sie zu ihm zurück, um seinem Leben Fülle und Kraft zu schenken.

Aszendent Skorpion

Es gibt – Gott sei Dank – keinen Aszendenten, kein astrologisches Prinzip, das »schlimmer« ist als andere. Und doch steht Pluto für das Thema der Verstrickung schlechthin. Er symbolisiert die gebundenen, gefangenen Energien. Im Gegensatz zu den anderen Aszendenten-Energien, die vor allem davon sprechen, dass der Mensch sich an einen Platz stellt, der nicht der seine ist, holt ein Skorpion-Aszendent die Geschichte und damit die Energien zu sich. Er lädt sie sich auf, lässt sich von ihnen besetzen. Er hat eine Vorliebe für dunkle, ungelöste Geschichten. Seine Wurzeln stecken zutiefst in Unfreiheit und Abhängigkeit. Um seine ganz persönliche Aufgabe lösen zu können, braucht er ein Familiensystem, bei dem der Boden von Verschwiegenem, Verborgenem und Verdrängtem durchwachsen ist. Wie magisch zieht der Skorpion-Aszendent diese Energien an und lebt wie eine Marionette in alten Geschichten. Durch sie und von ihnen wird er bewegt. Da ist wenig Platz für Eigenes. Fremde, übernommene Gefühle und Schicksale verdrängen seine eigene, persönliche Geschichte. Die Verstrickungen können sich wie ein Band um sein Herz legen, das dann schwer und müde wird. Depressionen und das Gefühl, sich in einer Sackgasse zu befinden, sind zeitweise Begleiter auf seinem Lebensweg.

Vergessen wir nicht, auch sein Herz ist ein liebendes, loyales Kinderherz. Auch er belastet seine Seele, um das Schicksal seiner Sippe zu teilen. Er lenkt Gefühle anderer auf sich und glaubt, ihnen damit Erleichterung zu bringen. Seine Wurzeln ragen tief hinein in das Unbewusste, in das Verdrängte der Sippe. Von dort holen sie herauf, was dunkel und schwer ist. All jenes, was anderen zu bedrohlich erschien, saugt er quasi in sich hinein, um es durch seine Existenz hindurch zu filtern und zu bereinigen. War z. B. der Vater zu Recht böse auf die Mutter, hat sich aber nicht gewagt, diesen Gefühlen Ausdruck zu geben, so sinken diese ungelebten, nicht ausgesprochenen Vorwürfe in die Tiefe, ins »Sammelbecken« der Sippe. Von dort übernimmt sie der Skorpion-Aszendent und wird nun seinerseits böse. Da er aber auch seine Mutter liebt und sie schützen möchte, darf er auf keinen Fall *ihr* böse sein. Er muss die übernommenen Gefühle auf jemand anderen richten, z. B. auf den Partner. Dieses nennt man eine doppelte Verschiebung. Es ist dann sehr schwer herauszufinden, woher diese irrationalen Gefühle, die bezogen auf die Partnerschaft unlogisch scheinen, kommen. Immer dann, wenn wir keine Erklärung für ein bestimmtes Verhalten, für Unglück und Misserfolg finden, sollten wir an diesen Zusammenhang denken.

Die Energien eines Skorpion-Aszendenten verlieren sich an ein magisches Bündnis. Mit einem Pakt soll immer etwas erreicht werden. Die eigenen Lebenskräfte werden zur Verfügung gestellt, um Totes, Vergangenes wieder lebendig werden zu lassen. Das kann so weit gehen, dass einer glaubt, wenn er sein eigenes Leben opfert, so würde ein anderer gesund und kehre sogar ins Leben zurück. Es geht hierbei nicht um Logik: Im Kopf wissen wir alle, dass das nicht möglich ist. In der blinden, aufopferungsbereiten Liebe des Kindes aber gibt es diesen magischen Glauben: »Lieber Gott, nimm lieber mich, mache dafür den Papa, die Mama oder wen auch immer wieder lebendig.« Diese Opferbereitschaft wirkt sich auf den Lebensweg des Menschen aus, auch wenn er davon nichts weiß. Erst wenn er fremdes Schicksal, fremde Gefühle von den eigenen zu trennen versteht, erst wenn er die darin verborgenen Machtstrukturen erkennt, mit denen er sich in sie hineinverstrickt hat, erst dann findet er zu sich selbst zurück. Mit einem Löwe-MC wird diese Rückkehr von Kraft und Freude begleitet. Es geht dann endlich wieder um ihn selbst, um sein eigenes Ich, sein ganz persönliches Leben. Erst wenn er die Wurzeln ganz aus der dunklen Gefangenschaft befreit hat, werden ihm die Flügel wachsen, auf die er zeitlebens gewartet hat.

Mit einem Jungfrau-MC wird er gezwungen werden, klein beizugeben. Das Leben wird ihn beugen, ihn bescheidener machen. Es gibt eine Bescheidenheit, die der Seele gut tut, die heilt. Sie hat damit zu tun, zurückzukehren zum Einfachen, zur Anpassung an das unspektakuläre tägliche Leben. Hier weichen selbst die dunkelsten Schatten.

Aszendent Schütze

Ein Schütze-Aszendent nimmt, wie alle Feuer-Aszendenten, einen besonders wichtigen Platz im Familiensystem ein. Meist fühlt er sich größer als seine Eltern und Geschwister. Selbst dann, wenn er von allen der Kleinste, das Nesthäkchen ist, ist er es, der den anderen die Welt erklärt. Er fühlt sich ihnen überlegen, seine Sichtweise der Dinge ist die einzig richtige. Auch in seinen späteren Beziehungen gibt es keine Ebenbürtigkeit. Der Partner – so glaubt er gerne – weiß einfach zu wenig, um mit dieser komplizierten Welt klarzukommen. Nur er selbst hat den Überblick. Schnell wächst er über die anderen Sippenmitglieder hinaus und schaut von oben auf sie herab. Es ist schwer für ihn zu sehen, dass er aus ihnen besteht, dass sie alle ein Teil von ihm sind, ihre Geschichten in ihm weiterwirken. Wer so groß ist, glaubt, dass ihn die anderen brauchen, während er hingegen unabhängig von ihnen ist. Diese Unabhängigkeit macht ihn undankbar. Aus dieser angeborenen Seelenlage heraus (wo auch immer sie herkommt) zeigt sich sein Platz im Familiensystem oft tatsächlich als ein scheinbar unpassender. Er ist wirklich klüger als die anderen, bringt es im Leben weiter. Ältere Familienmitglieder kommen zu ihm und suchen Rat. Es ist möglich, dass er für Mutter oder Vater den fehlenden Partner oder die Eltern ersetzt. Vom Schicksal hineingeworfen in diese Rolle glaubt er sich unschuldig: »Mir bleibt ja nichts anderes übrig, das ist es, was die anderen von mir wollen. Ich kann ihnen den Rat doch nicht verwehren.« Oberflächlich betrachtet stimmt das. Ohne dass wir die Wurzeln seiner Seelengeschichte tiefer verfolgten, hätte er Recht. Es sieht ja wirklich so aus, als kämen die Ansprüche von außen. Darüber hinaus ist er ja oft auch wirklich fähiger als die anderen. Ändert das aber etwas an der Tatsache, dass er das Kind ist? Hat nicht jedes Kind die Aufgabe, erst einmal zu nehmen, anzunehmen, was es bekommt? Jedes Argument, nichts nehmen zu müssen, da man schließlich selbst alles hat und kann, nimmt der Seele die Kraft. Schauen wir uns ein Kind in den Armen seiner Mutter an. Sie küsst und herzt es. Wie wichtig ist es dem Kind, wie intelligent, wie weltgewandt, wie geschickt usw. seine Mutter ist? Es nimmt vorbehaltlos ihre Liebe. Genau das fehlt einem Schütze-Aszendenten, diese Vorbehaltlosigkeit. Er verteilt stattdessen seine Weisheit auf dem Boden anderer und zieht sich dann beleidigt zurück, wenn dieser keine Früchte trägt. Er ist sich oft nicht bewusst, dass auch er nichts anderes möchte, als geliebt zu werden. Doch Liebe muss man erst einmal nehmen können. Solange er das nicht lernt, geht er leer aus. Was nutzt es ihm, dass seine Eltern, dass seine Ahnen stolz auf ihn sind, wenn er sich ihrer (in Extremfällen) sogar schämt. »Man sieht nur mit dem Herzen gut«, dieser Satz könnte der Schlüssel zu seiner Lösung sein. Solange er glaubt, seine Liebe nur »von oben« herab ausdrücken zu können, solange er sich herabbeugt und sich wie ein Meister in die Belange seiner Sippe einmischt, im Glauben, sie auf den rechten Weg zu bringen und damit ihre Probleme zu lösen, wird er keinen Anklang finden. Kein Mensch fühlt sich geachtet, wenn man ihm nichts zutraut. Jeder möchte sich aus seiner Position heraus entwickeln, so gut er eben kann. Das angemaßte Amt des Schütze-Aszendenten als »Entwicklungshelfer« ist damit völlig überflüssig und er wird »arbeitslos«. Ohne diese Aufgabe fühlt er sich klein und unwichtig. Er braucht Zeit, sich daran zu gewöhnen, sein Wissen für sich zu behalten und seiner Liebe neue Ausdrucksmöglichkeiten zu geben.

Mit einem Jungfrau-MC endet dieser mühsame Weg, auf dem er viele Federn lassen muss, damit, dass er demütig geworden ist.

Es geschieht von ganz alleine, ohne sein Dazutun. Demut ist eine Haltung des Herzens, die uns nur das Schicksal beizubringen vermag, allerdings erst dann, wenn wir das Schicksal als einen Meister anerkennen, der größer ist als wir selbst.

Wenn das Tierkreiszeichen Waage am Zenit steht, werden ihn zahlreiche Beziehungsgeschichten in ihren Bann ziehen – so lange, bis seine Seele den Boden einer Welt berührt, in der alle Menschen gleich sind. Er wird in vielen Partnerschaften scheitern müssen, bis es so weit ist.

Am wenigsten frei in seiner Position ist ein Schütze-Aszendent mit einem Skorpion-MC. Auch wenn Pluto hier Herrscher des 10. Hauses ist, so steht er doch für Verstrickung. Die Auseinandersetzung, die nicht ausbleiben darf, ist folgende: Wie bindend ist eine geistige Einmischung? Wie unfrei macht ein gut gemeinter Rat? Plötzlich hat der »Meister« mehr Verantwortung für seine »Schüler« als ihm lieb ist. Erst wenn der Schütze-Aszendent dem Rechnung trägt, wenn er verstanden hat, was es heißt, seinem Schatten ins Auge zu blicken, wird er frei. Ihm werden erst dann Flügel wachsen, wenn er auch die anderen, seine »Schüler« – diejenigen, die in Wirklichkeit niemals seine Schüler waren –, in die Freiheit entlässt. Für ihn ist deshalb der Prozess des »Kleinerwerdens« besonders schmerzvoll. Er muss andere damit im Stich lassen. Sobald er die Macht abgibt, bricht alles zusammen. Es ist furchtbar, dabei zuzusehen, und doch soll es so sein. Am höchsten von allen Vögeln fliegt der Phönix – und der wird immer aus der Asche geboren.

Aszendent Steinbock

Niemand kommt erwachsener auf die Welt als ein Steinbock-Aszendent. Von Anbeginn seines Lebens schaut er darauf, dass alles seine Ordnung hat. Dabei schaut er sowohl in die Geschichte seiner Familie als auch nach vorne in die Zukunft. Sein Platz ist der Mittelpunkt der Achse, um den sich das Schicksalsrad der gesamten Sippe dreht. Von dort aus hat er alle Fäden in der Hand. Dabei geht es ihm nicht um Macht, sondern um Verantwortung. Er möchte, dass jedes Mitglied des Systems gerecht behandelt wird und einen guten Platz hat. Wo immer er Schwachpunkte ausmacht, da springt er ein. Sobald er zu sehen glaubt, dass die Bürde des Lebens für jemanden zu schwer wird, lädt er sie auf seine Schultern. Das macht ihn selbst ernst und schwer – zu schwer. So manches Mal wäre auch er gerne leichter, würde gerne spielen, sein wie ein Kind. Die von ihm übernommene Verantwortung lässt dies nicht zu. Sie umfängt ihn wie ein Gefängnis, aus dem er sich nicht herausbewegen darf, da sonst das gesamte Gebäude zusammenbrechen würde. Mit einer einzigen Bewegung seinerseits müsste sich ein ganzes System wandeln. Die Verantwortung dafür kann und möchte er nicht übernehmen. Gäbe er die Bürde, die er trägt, der Person zurück, zu der sie gehört, gäbe es einen Ruck und das Schicksalsrad würde sich weiterdrehen. Mit seiner Existenz versucht er schon lange, es anzuhalten. Er hat sich zwischen die Mitglieder seiner Familie und die große, mächtige Gestalt des Schicksals gestellt. Schützend hält er seine Hand über die – aus seiner Sicht – von der Schwere ihrer Geschichte gebeugten Gestalten. Tief in seinem Herzen spricht er Worte, wie: »Ich trage es für dich« und »lieber bin ich krank als du«, und Ähnliches. Schon als ganz kleines Kind schließt er einen Pakt mit den höheren Mächten: »Nehmt mich, ich kann es tragen.« Andere Menschen können sich immer auf ihn verlassen. Wie selbstverständlich übernimmt er die Rolle des Erwachsenen – ein Atlas, der die ganze Welt auf seinen Schultern trägt.

In der Aufstellungsarbeit ist er derjenige, dem es am schwersten fällt, das Schwere dorthin zurückzugeben, wohin es gehört. Erst wenn man einen Stellvertreter für das Schicksal selbst dazustellt, vermag er zu spüren, dass er kleiner ist, zu klein, um diese große, von Generation zu Generation gewachsene Last zu tragen. Es ist schön mit anzusehen, wie seine Seele sich im Anblick dieser größeren Macht verneigt und sich dabei befreit.

Der ganze große Wandel eines MC im Skorpion betrifft die gesamte Sippe. Bewegt sich ein Rädchen im Räderwerk der Verstrickungen, bewegen sich alle mit. Das Risiko, das mit diesem Lösungsweg verbunden ist, ist allerdings groß. Sobald die schützende Hand aus den Geschehnissen herausgezogen wird, kommt Bewegung in die Seele der Angehörigen. Es darf wieder gefühlt werden, was ist, und was schwer ist: Trauer, Verlust, Angst vor dem Tod usw. Die Erleichterung, die nach dieser großen Bewegung eintritt, vollendet den Wandel.

Das in unseren Breiten seltenere Schütze-MC bringt eine etwas andere Lösung mit sich. Das Tierkreiszeichen Schütze steht für den Glauben und das Vertrauen in den Sinn des Lebens. Es symbolisiert die Brücke zwischen dem Unten und dem Oben, zwischen den Menschen und den »Göttern«. Tritt der Steinbock-Aszendent heraus aus den fremden Schicksalszusammenhängen, darf das Vertrauen zurückkehren – zu ihm selbst und zu seiner Sippe.

Aszendent Wassermann

Ein Schmerz, der im Laufe seines Lebens immer wieder auftaucht, kommt aus der Wunde Einsamkeit und Nichtzugehörigkeit. Plötzlich befindet er sich irgendwo außerhalb, außerhalb einer Gruppe, außerhalb seiner Familie. Der Wassermann-Aszendent steht auf dem Platz der Ausgegrenzten, Nichterwünschten. Seine Wurzeln sind verbunden mit der Geschichte von Ausgestoßenen, Missachteten, von der Sippe als nicht passend empfundenen Mitgliedern. Indem er sich an ihren Platz stellt, hält er ihre Existenz im Sippengedächtnis wach. Jedes Mitglied eines Familiensystems hat das gleiche Recht auf Zugehörigkeit. Wird einem dieses Recht, aus welchen Gründen auch immer, genommen, so greift ein später Geborener dessen Geschichte auf und verbindet sein eigenes Leben mit dem seinen. Er übernimmt energetisch dessen Schicksal und opfert dafür die eigene Zugehörigkeit. So losgelöst von den Ahnen fehlt jene Kraft, aus der Fülle und

Wachstum entstehen. In Krisenzeiten spürt der Wassermann-Aszendent, dass niemand ihm Rückendeckung gibt, dass Mitmenschen wenig Vertrauen in ihn setzen. Verrat, Unverständnis und Mobbing sind die Schicksalsschläge, an denen er leidet.

Was sucht seine Seele in dieser Isolation? Was ist der Grund dafür, dass er seine Wurzeln aus dem Heimatboden gezogen hat, um seine Liebe und Loyalität demjenigen zu schenken, der am weitesten außerhalb steht?

Man findet sehr schnell heraus, dass es eine Ebene gibt, wo ihm diese Position ausgesprochen gut passt. Bietet ihm die Welt in Form von Liebe, Partnerschaft, Anerkennung usw. einen guten Platz innerhalb einer Zugehörigkeit, werden sich seine Gefühle blitzschnell zurückziehen. Nichts und niemand wird ihn dort halten können. Er kritisiert, stellt sich über die Situation und plötzlich sieht es so aus, als bräuchten die anderen ihn, nicht er sie. Und etwas Schlimmeres, als gebraucht zu werden, gibt es für ihn nicht. Das schafft Bindung, engt ihn ein. Freiwillig verlässt er die ersehnte Zugehörigkeit und wird so selbst zum Verräter an den Werten der anderen.

Jede Aszendenten-Geschichte hat zwei Seiten. Einmal die aktive, die des Täters, und einmal die passive, die des Opfers. Hinter der sich aufopfernden Liebe, mit der schicksalhafte Konstellationen gelöst werden sollen, steht der Wunsch, die eigene Seele, den eigenen Schatten zu befreien. Ohne die Wurzeln bis in diese Tiefen hinein zu verfolgen, bleibt die Lösung auf beiden Ebenen aus. Der erste Schritt ist immer die Erkenntnis, dass der Platz, den ich mir »gesucht« habe, *mein* Platz ist, und dass die Person, die ich im System vertrete, *auch* Stellvertreter für mein »Karma« ist. Ohne die Richtigkeit dieses Zusammenhangs zu sehen und dafür die Verantwortung zu übernehmen, wachsen dem Menschen keine Flügel.

Auch nach der Lösung werden wir einen Wassermann-Aszendenten nicht inmitten seines Systems eingebettet wiederfinden. Der neu gefundene Platz befreit ihn zwar von der Identifikation mit fremdem Schicksal, doch auch hier braucht er viel Raum und Freiheit, um sich individuell entfalten zu können. Indem er in seinem Herzen der ausgegrenzten Person einen guten Platz in der Sippe gegeben hat, hat auch seine Sippe mehr Vertrauen zu ihm. Jetzt darf er dazugehören, auch wenn er weiß: »Ich bin anders als ihr.« Damit kehrt auch sein Vertrauen zu ihnen zurück. Mit dem Schütze-MC beginnt das verlorene Feuer des Lebens und der Liebe in seiner Seele wieder zu lodern und schenkt ihm Kraft und Fülle für ein positives Leben.

Aszendent Fische

Ein Fische-Aszendent bleibt, zumindest mit einem Teil seiner Energien, bei seiner Geburt drüben auf der anderen Seite. Seine liebsten Familienangehörigen befinden sich dort. Was soll er also hier? Er fühlt sich ihnen näher als den diesseitigen Eltern und Verwandten, die ihn jetzt gerne auf ihre Seite ziehen möchten. So steht er meist zwischen zwei Welten und versucht, es beiden recht zu machen. Er ist ein Grenzgänger ohne einen festen Platz. Unbewusste Seelenanteile sind gebunden an Verstorbene, während bewusste (je nachdem wie stark seine subjektiven Planeten ausgeprägt sind) sich im Diesseits zu verankern suchen.

Es ist wichtig, hier noch einmal zu erwähnen, dass wir diese Energien auch bei Menschen vorfinden, bei denen der Herrscher des Aszendenten in den Fischen bzw. im 12. Haus steht. Damit wissen wir zwar noch nicht, um wen und welche Geschichte es sich handelt, und ob es dabei um Verstorbene geht, doch ganz sicher erspüren wir, dass ein großer Teil seiner Energien im Nichts, im verlorenen Raum gebunden ist.

Gerade bei Fische-Aszendenten sieht man in der Aufstellungsarbeit sehr häufig, dass es keine Verbindung zu kraftvolleren Personen, z.B. den Eltern, gibt. Je weiter sich der Mensch mit Hilfe von Drogen, Alkohol usw. vom Leben entfernt hat, desto weniger nimmt er sie wahr. Sein gesamtes Augenmerk richtet sich auf die entsprechenden z.B. früh verstorbenen Personen. Andere Familienmitglieder werden dabei ausgeblendet. Das ist so, als hätte jemand nur einen Neptun und keine Sonne, keinen Mars und keinen Mond. Je stärker der Sog dorthin ist (besonders stark ist er, wenn Neptun irgendwie mit Pluto bzw. Skorpion verbunden ist), desto weniger wird er es verstehen, sein gesamtes Potenzial zu nutzen.

Nicht jeder Fische-Aszendent nimmt Drogen und ist in dieser schicksalhaften Weise lebensunfähig. Auf jeden Fall wird ihm allerdings von Zeit zu Zeit ein Teil seiner Energien fehlen. Auch dann, wenn sie z.B. »nur« an eine vermisste Liebe oder an eine verlorene Heimat gebunden sind, lassen sie ihn abwesend und unzugänglich erscheinen. Sein Platz im Familiensystem ist der Platz von etwas Verlorenem. Er steht für das Vermisste, das Unbekannte, eventuell für ein Geheimnis. Seine Liebe strebt weg von dieser Welt, seine Loyalität entbindet ihn von der Verantwortung zu leben – so glaubt er. Und das ist sein größter Irrtum. Seine Seele hat sich gefangen in der Unterscheidung zwischen Anwesenheit und Abwesenheit, zwischen Leben und Tod. Er selbst und nicht das Schicksal ist es, der diese Grenze zieht. Er verliert sich an diese Polarität. Sobald er erkennt, dass es diese Unterscheidung eigentlich nicht gibt, hat er die Möglichkeit, eine Entscheidung zu treffen. Sein wahrer Platz kann nicht bei den Verstorbenen sein. Diese wünschen immer, dass er lebt und sein Dasein genießt, solange es ihm beschieden ist. Ihnen ist ein Platz im Herzen der Angehörigen lieber, als das Jenseits mit jenen zu teilen, die dort (noch) nicht hingehören.

Dem Fische-Aszendenten fehlt es oft an Kraft und Motivation, diesen wichtigen Schritt zu machen. Das Leben erscheint ihm anstrengend und sinnlos. Aus seiner Seelengeschichte heraus betrachtet »versteckt« er sich dort vor den Anforderungen des Lebens. Es geschieht oft, dass eine in einer Aufstellung gefundene Lösung deshalb nicht wirkt. Der Fische-Aszendent möchte den jenseitigen Platz nicht wirklich verlassen. Und das ist schließlich sein gutes Recht.

Im Schütze-MC liegt ein Ziel, das eigentlich eine Brücke ist: eine Brücke zwischen oben und unten, zwischen Diesseits und Jenseits. Wer gelernt, hat auf dieser Brücke zu wandern, der ist überall zu Hause, dem ist es letztendlich gleichgültig, wo er sich befindet. Und was spricht dann noch dagegen, sich im Hier und Jetzt, im Diesseits aufzuhalten?

Sonne und Mond
Die Eltern

Eigentlich hätte dieses Kapitel Sonne/Mond/Saturn heißen müssen, da das Thema der Verantwortung und Erziehung unweigerlich mit dem der Eltern verbunden ist. Saturn kommt dann mit ins Spiel, wenn ich Fragen stelle, wie: »Wer der beiden hat sich mehr um die Erziehung des Kindes gekümmert? Haben sie sich diese Aufgabe geteilt oder hat einer sie verweigert? Welcher Elternteil hat zum Wohlergehen der Familie mehr beigetragen?« Oder: »Hat das Kind selbst – wie wir ja wissen, kommt dies recht oft vor – das Verhältnis umgekehrt und das Schicksal seiner Familie selbst in die Hand genommen?« Dieser Aspekt gehört zwar in den Eltern/Kind-Zusammenhang, doch um die Verbindung der Familiensystemik mit der Astrologie klarer und prinzipienbezogener auszudrücken, wird dem Saturn ein eigenes Kapitel gewidmet. Hier an dieser Stelle schauen wir auf den Aspekt von Vater und Mutter, der maßgeblich an der Weitergabe von Werten ist. Hier beschäftigen wir uns vor allem mit dem Verhältnis der Eltern zueinander.

Eine der wichtigsten Fragen in diesem Zusammenhang kann die Astrologie leider nicht mit Sicherheit beantworten. Die Frage nämlich, ob der Mensch seine Eltern (schon!) angenommen hat oder nicht. Sagt er »Ja« zu ihnen und holt sich damit die Kraft, oder lehnt er sie ab? Es gibt Faktoren, die sprechen für einen längeren Weg dorthin. Doch auch sie sind nur die Ausgangsposition. Es ist die Entwicklung und die Arbeit an sich selbst, die es dem Menschen ermöglicht, Frieden mit seiner Herkunft zu schließen.

Ein junger Mann kam zu mir in die Praxis zur Beratung. Er fühlte sich schon lange kränklich und müde und sein kurzes Leben bestand aus einer Kette von Misserfolgen. Das Erste, was er sagte, war: »Sie können mit mir über alles sprechen, ich vertrage die Wahrheit. Nur eines lassen Sie bitte aus: meine Eltern!« Das allerdings war genau das Hauptthema, das ich mit ihm besprechen wollte. Der Mann wehrte sich mit Händen und Füßen, er sprach in großer Missachtung von seinen Eltern. Seine immer kranke Mutter nervte ihn maßlos und sein Vater, »der Versager«, hatte im Leben ein Geschäft nach dem anderen in den Sand gesetzt. Aus diesem Grund hatte er mit den Eltern gebrochen und schon lange keinen Kontakt mehr. Als ich ihm sagte: »Sie müssen Ihre Eltern ja sehr lieben, wenn Sie sich so viel Mühe geben, so zu werden wie sie«, wurde er sehr wütend. Später berichtete er mir, dass er die Beratungskassette zu Hause sofort weggeworfen habe. Wie klug doch sein Unbewusstes war! Nachdem die nächsten Jahre ihm keine deutliche Verbesserung seiner Situation brachten, fand er die Kassette wieder und beschäftigte sich damit. Er holte sich Hilfe, die verlorene Achtung zu seinen Eltern wiederzugewinnen. Nachdem diese Arbeit (und das ist wirkliche Arbeit!) getan war, ging es mit ihm gesundheitlich und beruflich aufwärts. Ich kann sein Horoskop hier nicht abdrucken, da er sich schämt und ganz sicher sein möchte, dass seine Anonymität gewahrt bleibt. Doch so viel darf ich sagen: Er hat einen Feuer-Aszendenten (groß!), eine Sonne/Neptun- und eine Mond/Pluto/Uranus-Konstellation. Der Aszendent macht ihn größer als seine Eltern. Das Sonne/Neptun-Quadrat steht für den schwachen, erfolglosen Vater, den er nicht akzeptiert und nicht nehmen kann. (Wer seine Sonne nicht nimmt, hat quasi selbst kein Ich und damit keine Kraft.) Die unbewusste Identifikation mit der Geschichte seiner Mutter (Mond/Pluto) und die gleichzeitige Ablehnung (Mond/Uranus) bringen ihn in eine Falle, in der er so lange »schmort«, bis die Liebe, die hinter dieser Identifikation steht, ans Licht kommt. Dann findet Neptun eine Öffnung im zuvor verschlossenen Herzen, und aus Uranus, der erst die Distanz zur Mutter darstellt, wird eine positive Kraft – ein Befreier.

Es versteht sich von selbst, dass er bei diesem negativen Frauenbild bis zu jenem Zeitpunkt noch keine nennenswerte Beziehung hatte.

Für den geschäftlichen Erfolg braucht der Mensch Kreativität und Individualität. Diese wird von den Themen der Sonnenstellung bestimmt. Jeder Sonnenstand, jeder Mensch hat seine Vorzüge, seine ganz einzigartigen Fähigkeiten. Kein noch so »harter« Aspekt schafft es, diese Kräfte zu löschen. Sie stehen dem Menschen, der sie sich zu nehmen versteht, immer zur Verfügung. Nur der Weg dorthin kann schwer und von großen Verstrickungen behindert sein.

Schafft es der junge Mann in unserem Beispiel, von ganzem Herzen zu sagen: »Du bist der richtige Vater für mich, so schwach und erfolglos wie du bist«, dann sagt er damit zu sich selbst: »Ich nehme mich an, so schwach ich (Sonne/Neptun-Quadrat) auch bin.«

Das Geheimnis besteht darin, dass eine Schwäche, in diesem Fall eine Durchsetzungs- und Egoschwäche, zur Kraftquelle wird, wenn der Mensch sie nicht mehr ablehnt. Ebenso kann der Vater für den Sohn zu einer einzigen großen »Energie-Tankstelle« werden, egal, wie der Vater sein Leben verbracht hat. Seine Misserfolge und seine Schwächen müssen dann nicht mehr weitergetragen werden. Sie gehören zu ihm. Das Kind, das seine Liebe und seine Achtung zu den Eltern wiedergefunden hat, kann diese jetzt in eine sinnvollere Richtung lenken. Es muss seine Loyalität nicht mehr durch Wiederholung unter Beweis stellen.

Sonne/Mond-Aspekte
Die Beziehung der Eltern zueinander

Jedes Kind liebt beide Eltern und möchte ihnen beiden gleichermaßen treu sein. So sichert es sich seinen Platz in der Familie. In den Eltern stoßen zwei Sippen und deren Werte aufeinander, so dass das Kind sehr oft in einen Loyalitätskonflikt kommt. Auf der sichtbaren Ebene stellt es sich mehr auf die Seite des stärkeren, auf der unbewussten, unsichtbaren Ebene rückt seine Seele gleichzeitig ganz zum schwächeren Elternteil hin und »schwört«

diesem die Treue – zumeist durch Nachahmung. Es gibt kaum etwas »Schlimmeres« für ein Kind, als zwischen diesen beiden Polen hin und her gerissen zu werden und dabei keine Ruhe, keinen Platz zu finden. Im Horoskop drückt sich dieser Konflikt in den Sonne/Mond-Aspekten aus. Wer von den Eltern der »Stärkere« und wer der »Schwächere« ist, erkennt der Astrologe an den entsprechenden Tierkreiszeichen.

Es gibt im Horoskop keine Verbindung zwischen diesen beiden Planeten, die nicht eine gewisse Spannung beinhaltet. Nicht einmal die als so harmonisch gepriesenen Trigone und Sextile garantieren den Familienfrieden. Allerdings drücken sie die Bereitschaft und Fähigkeit des Kindes aus, seine Eltern – wie immer diese sich verhalten haben – in sich zusammenzuführen. Es gibt Scheidungskinder mit einem Sonne/Mond-Trigon und im Horoskop von Kindern, deren Vater oder Mutter früh verstorben ist, finden wir ein Sextil. Es geht also auch hier vor allem um das innere Erleben und weniger um äußeres Geschehen. Machen wir uns erst einmal bewusst, dass das Männliche und das Weibliche seit der »Vertreibung aus dem Paradies« unvereinbar sind. Egal wo meine Sonne und mein Mond stehen, mit oder ohne Aspekt, ich kann mich niemals gleichzeitig mit beiden identifizieren. Keiner schafft es, in einer einzigen Situation sich weiblich hingebend und männlich agierend zu verhalten. Der Mensch muss sich wieder und wieder entscheiden. Wen wundert es da, dass sich unsere Seelen in unseren Eltern so zerrissen, so unvereinbar spiegeln. Bei der Auswertung der verschiedenen Sonne/Mond-Aspekte war das Überraschendste die Konjunktion. Bei Quadraten, Oppositionen und Spiegelpunkten erwartet der Astrologe die Spannungen. Doch dass sich gerade hinter einer Sonne/Mond-Konjunktion oft eine fast schon dramatische Geschichte verbirgt, war neu.

Die verschiedenen Aspekte sagen nur etwas aus über die Position des Kindes im Konflikt der Eltern. Der Konflikt selbst ist immer der gleiche: Streit, Unvereinbarkeit, jeder vertritt andere Werte usw. Für diese Grundproblematik gibt es eine einfache Lösung. Sie wird im Ritual am Ende des Textes beschrieben.

Sonne/Mond-Opposition

Stehen Sonne und Mond in einer Opposition, so vertreten die Eltern klar abgegrenzte, unterschiedliche Positionen. Die beiden entsprechenden Tierkreiszeichen stehen einander diametral gegenüber und bilden damit zunächst etwas Unversöhnbares. Vater und Mutter sind ihrer eigenen Herkunft treu und vertreten dem Kind gegenüber die Werte ihrer Sippe. Das Kind kennt diese Wertsysteme, sie werden angesprochen und fließen in die Erziehung mit ein. Da es jedes Kind beiden Eltern recht machen möchte, ist es deshalb ständig bemüht, zwischen ihnen auszugleichen. Es pendelt zwischen den beiden Seiten hin und her und findet nur schwer seine eigene Position. Die größte Angst der Kinderseele besteht immer darin, dass die Eltern auseinandergehen. So versucht es zu vermitteln und hofft damit, die beiden wichtigsten Personen in seinem Leben zusammenzuhalten. Dieser Aufgabe widmet sich der Mensch so intensiv, dass er sich und seine Wünsche an das Leben darüber vergisst. Sehr belastend wirkt sich diese Opposition aus, wenn einer der Eltern wesentlich stärker ist (z.B. die Sonne im Widder in Opposition zu einem Waage-Mond) und seine Werte in der Familie durchsetzt. Das Kind ist verunsichert und weiß noch weniger, wie es seiner Loyalität zu beiden gerecht werden soll. Es versucht, den Schwächeren zu stärken, ohne damit die Werte des stärkeren Elternteils zu verletzen; ein Balanceakt, der sich in späteren Beziehungen fortsetzt. Stellt sich der Mensch mit der Sonne/Mond-Opposition auf den Platz seiner Sonne und begibt sich von hier aus in eine Partnerschaft, so sucht er den Platz des Mondes zu besetzen. Ist er ein Mann und steht beim Vater (bleiben wir im Beispiel der Widder-Sonne), so ist ihm jede Frau, die auf dem Platz der Mutter (Waage-Mond) steht, unterlegen. Das Kind in ihm, das niemals aufgibt zwischen den Eltern zu vermitteln, überträgt diesen Wunsch unbewusst auf die Partnerschaft und opfert dafür (anstelle des Vaters) seine starke Position. Der Mensch gibt jetzt einen Teil seines Ichs auf und stellt sich – die Gemeinsamkeit anstrebend – zur Frau, zum Mond hin. An diesem Platz geht ihm die männliche Kraft verloren, was ihm jetzt von der Partnerin vorgeworfen wird. Und so kehrt er zurück zur Sonne usw. Es fällt nicht schwer, uns diese unendliche Geschichte vorzustellen. Es ist nicht bedeutsam, ob die Ausgangsposition der Mond oder die Sonne war. Es ist wichtig, die aussichtslose Pendelbewegung zu beenden, die Vermittlerrolle zwischen den Eltern aufzugeben: Sie dürfen unterschiedliche Werte vertreten, das Kind muss sich nicht zwischen ihnen entscheiden und vor allem dürfen sie auseinandergehen, wenn sie wollen.

Sonne/Mond-Quadrat

Mit dieser Konstellation hat der Mensch Eltern, die nicht nur unterschiedliche Werte vertreten, sondern die – zumindest zeitweise – darüber hinaus in einen Kampf, in eine Feindschaft geraten sind. Die Eltern begegnen sich mit wenig Achtung, sie werten einander ab. Ist z. B. die Sonne stärker, wird sich das Kind zu ihr hingezogen fühlen und Mitleid mit dem anderen Pol, der Mutter, empfinden. Durch die Augen des überlegenen Elternteils betrachtet ist der andere weniger wert. Wenn sich das Kind mit dem abgewerteten Teil identifizieren würde, könnte es kein gesundes Selbstbewusstsein entwickeln. Bleibt das Kind (besser gesagt seine Seele) mit dem »guten« Platz identifiziert, fühlt es sich dem »Abgelehnten« gegenüber als Verräter und bestraft sich unbewusst selbst, indem es sich in seinem eigenen Schicksal dem Schwächeren ähnlich macht. So pendeln die Energien in dem Spannungsfeld des Sonne/Mond-Quadrates hin und her und werden in weiteren Beziehungen wiederholt, indem die Unvereinbarkeit von Männlich und Weiblich zum Suchbild wird.

Im Unterschied zur Sonne/Mond-Opposition bleibt ein Teil dieses Geschehens unbewusst, und so ist eine direkte Auseinandersetzung mit den unterschiedlichen Werten der Eltern nicht so einfach möglich. Das Problem ist, dass ein Teil des Spannungsfeldes ignoriert und damit verdrängt wird. Über Schicksalsumstände oder Partnerschaftsprobleme wird die Geschichte wiederholt ins Bewusstsein gebracht und kann dann bis in die Wurzeln verfolgt und dort gelöst werden.

Sonne/Mond-Konjunktion

Von einer Konjunktion nimmt man erst einmal an, die Eltern stünden Hand in Hand, einander ähnlich in Geschichte und Charakter, harmonisch vor dem Kind. Auch wenn das Horoskopbild dieses suggeriert, zeigt die Erfahrung etwas Gegenteiliges. Nirgends finden wir unvereinbarere Eltern als in dieser Konstellation. Nicht nur, wenn die beiden Prinzipien in benachbarten Zeichen liegen, sondern auch im selben – oder besser gesagt – gerade dann ist die Wahrnehmung des Kindes erschreckend. Es erlebt seine Eltern als zerrissen, als im Negativen gefangen.

Betrachten wir diesen Aspekt aus astrologischer Sicht: Eine Sonne als das männliche Prinzip kann sich in einem Tierkreiszeichen wie z.B. dem Widder oder Löwen ganz anders identifizieren als z.B. der Mond. Der Mond verliert hier seine weiblichen Fähigkeiten, seine Hingabe und seine Mütterlichkeit. Steht die Konjunktion z.B. im Krebs, ist es umgekehrt, die Sonne verliert ihre Kraft an den Mond, an das Weibliche. Für das Kind, das wie alle Kinder beiden Eltern treu sein möchte, beide Eltern in sich aufnehmen will, wird die Einseitigkeit, die Überlegenheit der einen Person zum großen Problem. Fast könnte man sagen, ein Elternteil besetzt die *gesamte* Konstellation und verdrängt damit den anderen. Wie soll das Kind hier einen Ausgleich schaffen? Seine Seele weiß nur eines: Du musst beiden gegenüber loyal sein, beide in dir vereinen, beide Energien in eines, ein Schicksal, einmünden lassen. Immer gleichzeitig beiden gerecht zu werden, ist unmöglich. Sie sind – wie alle Eltern – Mann und Frau und, wie wir wissen, als solche unterschiedlich. Je höher der Anspruch eines Menschen ist, Unvereinbares zu vereinen, desto zerrissener wird er sich fühlen. Je nachdem, ob die Sonne oder ob der Mond sich in dem jeweiligen Tierkreiszeichen eher zu Hause fühlt, wird der andere Planet von ihren/seinen Energien verschlungen. Damit wird auch deutlich, warum diese Neumond-Konstellation nach Hekate, der Schicksalsgöttin, benannt wird. Es wird gesagt, dass, wenn dieser Aspekt gradgenau ist, kein Leben entstehen kann. Gott sei Dank gibt es Menschen, die eine Neumondgeburt überlebt haben und denen es gut geht. Auch diese Aufgabe scheint lösbar.

Betrachten wir diesen Aspekt auf der Symbolebene. Der Mond steht bei einer Neumond-Konstellation zwischen Erde und Sonne. Er verdeckt damit – von der Erde aus betrachtet – die Sonne. Damit können ihre Wärme, ihre Kraft und Lebensenergie nicht zu ihm durchdringen. Stellen wir jetzt an diese Stelle die Eltern. Das Kind steht also vor zwei hintereinander stehenden Personen, bei der die eine die andere verdeckt. Es kann nicht hin zu der Person, die in seinem Horoskop die Sonne vertritt. Bei einer Sonne/Mond-Konjunktion muss man sehr genau nachschauen, wer das ist. Welches Schicksal auch immer dazu geführt hat, dass ein Elternteil so im Vordergrund steht, die Aufgabe des Kindes besteht darin, ihn zu bitten, zur Seite zu treten, um den Blick auf den anderen Elternteil freizugeben. Systemisch betrachtet gibt es viele Ursachen für diese Konstellation. Sie lassen sich am besten an den Pluto-Verbindungen ablesen.

Sonne/Mond-Spiegelpunkt

Befinden sich zwei Planeten in gleicher Entfernung zur 0° Widder/0° Waage-Achse, so haben sie einen Spiegelpunkt. Steht auf diesem gespiegelten Punkt kein Planet, ist er dennoch als Energiepunkt vertreten. So hat z. B. ein Planet auf 10° Widder stehend den Spiegelpunkt auf 20° Fische. Befindet sich dazu ein Planet im Quadrat oder in Opposition, hat er ebenfalls einen Aspekt zum ursprünglichen Planeten. Ein Spiegelpunkt hat einen Orbis von maximal 1°. Spiegelpunkte stellen eine tiefe, fast plutonische Verbindung zwischen zwei Planeten her. Oft sind sie für bestimmte Geschehnisse und Umstände die einzige Erklärung. Deshalb dürfen sie hier nicht fehlen.

Sind Sonne und Mond über einen Spiegelpunkt miteinander verbunden, ist das Kind in die Geschichte seiner Eltern hineinverwickelt. Es wird als Puffer, als Ausgleich oder als Energieableiter zwischen sie gezogen und verliert sich oft an ihr Schicksal. Es kann zum Spielball der elterlichen Energien oder als Stütze ihrer Ehe missbraucht werden. Seine bedingungslose Liebe lässt es zu, dass es hier nicht nehmen darf, sondern geben soll. Es geht dabei weniger um verschiedene Wertsysteme, als um die unvereinbare Seelenlage der Eltern. Sie möchten zueinander finden, doch ihre Verstrickung mit der jeweils eigenen Familie stellt sich verhindernd dazwischen. Das Kind versucht nun, das Unvereinbare auf sich selbst zu lenken und glaubt damit, für die Eltern eine Brücke zu bauen. Dieses Opfer muss misslingen und ist somit sinnlos. Je nach Schwere der Familiengeschichte sieht das Opfer unterschiedlich aus. Was auch immer die Eltern hindert, einander zu nehmen, was auch immer ihnen fehlt, das Kind will es mit der ganzen Kraft seines Herzens und der ganzen Magie seiner Seele bereitstellen. Ob der Vater seine frühere Frau vermisst und die Mutter nur »zweite Wahl« ist, oder ob die Mutter einer ausgegrenzten Person treuer ist als dem Vater, der Mensch mit dem Sonne/Mond-Spiegelpunkt wird versuchen, die fehlende Person zu ersetzen und damit die Eltern zusammenzuhalten. Er will verhindern, dass sie auseinander gehen, dass der Elternteil, dem etwas fehlt, dem Fehlenden folgt und er es außerhalb der Beziehung sucht.

Ritual

Setze dich bequem hin. Wenn du möchtest, nimm ein Foto deiner Eltern und stelle es vor dich hin. Suche eines heraus, auf dem deine Eltern harmonisch wirken, oder nimm zwei deiner Lieblingsfotos und stelle sie nebeneinander. Nimm diese Bilder ganz in dich auf und schließe deine Augen. Hole dir jetzt deine Eltern nebeneinander stehend vor dein inneres Auge. Beginne langsam und tief zu atmen. Stelle dir vor, du wirst mit jedem Atemzug jünger und kleiner. Du atmest so lange, bis du als Kind vor deinen Eltern stehst. Deine Seele weiß, welches Alter für dieses Ritual das richtige ist.

Jetzt schau zu ihnen auf und sprich laut: »Liebe Mama, lieber Papa, ihr habt euch oft gestritten und das war schlimm für mich. Manchmal hatte ich Angst, dass ihr auseinander geht.«

Überprüfe, nachdem du diese Worte ausgesprochen hast, ob dies so stimmt.

»Ich habe versucht, euch zusammenzuhalten und zwischen euch beiden zu vermitteln. Diese Aufgabe ist zu schwer für mich, ich bin nur ein Kind. Von mir aus dürft ihr, wenn ihr wollt, auch auseinander gehen.« Das sprichst du auch dann aus, wenn deine Eltern schon getrennt sind oder wenn sie sich heute ganz füreinander entschieden haben. »In mir seid ihr sowieso vereint. Und es ist eine gelungene Mischung. Ihr seid die richtigen Eltern für mich und mir beide gleich viel wert. Ich muss mich nicht zwischen euch entscheiden. Ich danke euch für mein Leben und mache, euch zu Ehren, das Beste daraus.«

Die Sonne

Es gibt genügend Astrologiebücher, die sich mit der Qualität der verschiedensten Sonnenstände beschäftigen. Diese bekannten Aussagen müssen hier nicht wiederholt werden. Eine Löwe-Sonne bleibt eine Löwe-Sonne, ob ich mir – bevor ich zu den Eigenschaften des Horoskopinhabers komme – zuerst den Vater oder die Männer der Sippe anschaue oder nicht. So ist es an dieser Stelle nicht notwendig, auf diese bekannten Aussagen einzugehen.

Es gibt allerdings Aspekte zu Sonne und Mond, die das Verhältnis zu Vater und Mutter gravierend verändern. Geben und Nehmen zwischen den Eltern und Kindern wird durch sie gestört.

Da es sich bei den folgenden Beschreibungen vor allem um Inhalte und Energien handelt, ist es möglich, die verschiedensten Aspekte zusammenzufassen. Die Unterschiedlichkeit der Aussagen dieser verschiedenen Aspekte liegt im Erleben eines Spannungsfeldes und seiner Schwierigkeiten und nicht im Inhalt.

Pluto-Aspekte stellen eine Besonderheit dar und werden in Kapitel 6 beschrieben.

Sonne/Saturn

Der folgende Text gilt für Sonne/Saturn-Konjunktion, -Opposition, -Quadrat, -Spiegelpunkt und abgeschwächt für die Sonne im 10. Haus.

Zur Ordnung zwischen den Eltern und Kindern gehört als Allererstes das Nehmen des Lebens. Archetypisch steht die Sonne als männliches Prinzip für den Vater und der Mond als weibliches für die Mutter. Es ist jedoch möglich, dass die Eltern ihre Rollen tauschen. Die Mutter übernimmt dann die Erziehung und ist maßgeblich an der Weitergabe von Werten beteiligt. Sie stellt dann in Ausnahmefällen die Sonne dar und der Vater, als der Schwächere (aus Sicht des Kindes), den Mond. Wer auch immer hinter der Sonne steht, von ihm kommt die Kraft, die männliche Energie, die Möglichkeit, sich mit sich selbst und dem Leben zu identifizieren. Wird dieser Vorgang des »Nehmens« durch Saturn behindert, so sprechen wir von einer Parentifizierung. Die Rangfolge des Gebens – von oben nach unten, gemäß dem Früher und dem Später – wird nicht gewahrt.

Diese Ordnung gibt es auch zwischen den Geschwistern: Wer früher da war, muss dem Späteren geben, und wer später da war, muss vom Früheren nehmen. Auch hier steht der Mensch mit seinem Sonne/Saturn-Aspekt oft am falschen Platz.

Der Planet Saturn ist unser innerer Lehrmeister, Träger unseres Gewissens. Er steht für eine höhere Ordnung. Stoßen seine objektiven Kräfte mit den subjektiven der Sonne zusammen, entsteht Unordnung. Die Sonne, das Ich, bemächtigt sich dieser Energien und führt sie der eigenen Existenz zu. Jetzt glaubt der Mensch, er sei der Hauptverantwortliche. Er tut sich schwer, andere Autoritäten, wie z. B. die des Vaters, anzuerkennen. Er kämpft je nach Art des Aspektes offen (Konjunktion), kämpferisch (Opposition), unterdrückt (Quadrat) oder unbewusst (Spiegelpunkt) dagegen an. Da ihm das Vertrauen in die Größe und Kraft eines Elternteils fehlt, fällt es ihm schwer, sich an ihn anzulehnen. Er »versteift« sich darauf, alles alleine tragen zu müssen. Mit der Zeit fühlt er sich, als sei er Vater oder Mutter seiner Eltern bzw. eines Elternteils oder seiner Geschwister. Er setzt seine Kräfte, seine Sonne, ein für das Wohlergehen der Familie. Das Kind in ihm zieht sich zurück, übrig bleibt ein überforderter Erwachsener, der sich schwer tut, die übernommene Verantwortung wieder abzugeben. So wird er im Laufe seines Lebens mit Lehrern und Vorgesetzten in Konflikt geraten und in seinen persönlichen Beziehungen wird er die Rolle des Größeren wählen. Dem Partner bleibt er damit die Ebenbürtigkeit schuldig.

Um mit einem Sonne/Saturn-Aspekt einigermaßen ins Gleichgewicht zu kommen, wird er sich in jedem Lebensbereich viel aufladen und viel Verantwortung tragen. Dieses Muster wird erst dann gebrochen werden, wenn ihm auffällt, dass irgendetwas nicht stimmt. Geben und Nehmen sind ebenso wenig in Harmonie wie die Verantwortlichkeiten ausgeglichen. Der Weg heraus aus der Gefangenschaft dieses Aspektes führt über ein konsequentes Opfer. Er muss »dem Himmel« ein Stück Saturn abgeben, damit die Kräfte seiner Sonne sich freier entfalten können. Mit einem Blick von unten nach oben beginnt dieser Prozess. Noch bevor er damit den »Göttern« begegnet, trifft er auf seine Eltern, auf die Person, für die er den Platz des Kindes aufgegeben hat. Dieser Person schuldet er eine Verbeugung, eine Verbeugung, die ihn aus der Rolle, in die hinein er sich »versteift« hat, herausholt. Wie schwer auch immer das Schicksal dieser Person, wie schwach und labil ihr Charakter auch sein mag, er könnte es auch nicht besser bewerkstelligen als diese. Er trägt dafür keine Verantwortung.

Da es sich bei der Sonne eben doch zumeist um den Vater handelt, beziehen sich die Worte des folgenden Rituals auf ihn. Bei jeder »größeren« Person, wie z.B. dem Großvater, kann einfach der Name ausgetauscht werden. Handelt es sich um übernommene Verantwortung den Geschwistern gegenüber, müssen die Worte ein wenig verändert und auf Gleichheit und Ebenbürtigkeit ausgerichtet werden.

Ritual

Du stellst dich mit geschlossenen Augen mitten in einen Raum. (Achte darauf, dass du nicht gestört wirst.) Nun visualisiere deinen Vater, wie er dir gegenübersteht. Achte genau darauf, wie groß du in diesem Moment bist. Wahrscheinlich viel zu groß. Jetzt verneige dich ganz tief und spreche laut (es ist wichtig, die Worte laut auszusprechen): »Vater, ich gebe dir die Ehre.« Scheue dich nicht, diese altmodischen Worte zu benutzen, sie sind sehr wirksam. Sprich (weiterhin aus der Verbeugung heraus): »Ich bin klein und du bist groß. Ich bin das Kind, für dein Schicksal trage ich keine Verantwortung. Ich traue dir zu, dass du alleine damit fertig wirst.« Richte dich wieder auf und bleibe – möglichst für immer – das Kind, das seinen Vater braucht und von ihm nimmt.

In der Beratung bzw. Therapiesituation kann auch der Therapeut die Position des Vaters übernehmen.

Zu den Geschwistern: »Ich bin nur euer/eure (oder dein/deine) Bruder/Schwester und nicht euer Vater. Ich bin (falls du älter bist) nur ein wenig größer.« Falls du jünger bist, sprich auch dies aus. »Ich habe keine Verantwortung für euer Wohlergehen. Alles, was ihr braucht, müsst ihr euch von den Eltern holen. Ich bin gerne euer Bruder/eure Schwester.«

Nach Vollendung dieses Rituals darf der Blick »eine Etage« höher auf die »Götter« gerichtet werden. Mit den Worten: »Ihr macht das schon«, fließt jetzt Kraft von oben nach unten. So kann auch der spannungsgeladenste Saturn-Aspekt »geheilt« werden.

Sonne / Uranus

Der folgende Text gilt für Sonne/Uranus-Konjunktion, -Opposition, -Quadrat, -Spiegelpunkt und abgeschwächt für eine Sonne im 11. Haus.

Im Gegensatz zur Parentifizierung der Sonne/Saturn-Aspekte hat der Mensch mit einem ausgeprägten Sonne/Uranus-Aspekt wenig Identifikation mit dem Elternteil, der für ihn die Sonne verkörpert. Auch wenn im weiteren Verlauf des Textes dabei vom Vater gesprochen wird, ist es möglich, dass die Mutter oder einer der Großeltern hinter diesem Aspekt steht. Falls z.B. der Vater des Vaters seinen Pflichten nicht nachkam, hat das eine unmittelbare Auswirkung auf die Kraft des Vaters. Deshalb können sich beide Personen hinter dieser Konstellation verbergen.

Das Tierkreiszeichen Wassermann, dem der Uranus zugehörig ist, steht dem Löwen und damit der Sonne gegenüber. Dieses Prinzip verkörpert die weiteste Entfernung zur Sonne. Ein Mensch mit einem Sonne/Uranus-Aspekt hat eine große Distanz zum Vater und damit zum eigenen Ich zu überwinden. Er ist sich selbst ebenso fremd wie der Elternteil. Er vermag keine Ähnlichkeit zwischen sich und seinem »Erzeuger« – so nennt ihn der Sonne/Uranus-Mensch oft, um die Distanz zu verstärken – zu erkennen. Irgendetwas in der Familiengeschichte hat ihn dazu gebracht, seinen Vater »vom Thron« zu stoßen. Dafür gibt es viele »Gründe«, viele Geschichten. Um der eigenen besser auf die Spur kommen zu können, hier einige Beispiele:

Die Mutter fühlt sich vom Vater verlassen und verraten, sie hält sich für den besseren Elternteil. (Nicht vergessen: Es ist auch umgekehrt möglich.) Sie entwürdigt den Vater in den Augen des Kindes und macht es ihm damit unmöglich, den Vater anzunehmen.

Oder: Der Vater ist seiner Verantwortung für die Familie tatsächlich nicht nachgekommen. Das Kind fühlt sich verraten und weigert sich, vom »Verräter« zu nehmen. Mag auch sein, der Vater hat Eigenschaften, die dem Kind nicht gefallen. Er ist z.B. unstet, unzuverlässig und machtlos. Ihm fehlt es an ausdauernden Kräften. Da jedes Kind ein Verlangen nach Beständigkeit hat und diese mit der Sonne/Uranus-Komponente nicht vorhanden ist, kehrt es dem Vater beleidigt den Rücken zu und lässt damit auch das Gute zurück. In allen hier aufgezählten Fällen geschieht auf einer tiefen, inneren Ebene das Gleiche. So sehr dem Menschen der Zugang auf der bewussten Ebene verwehrt bleibt, so innig verbindet er sich unbewusst mit dem Vater und seinen Energien. Eines Tages wird er in den Spiegel schauen und feststellen, dass er genauso unstet, untreu usw. ist wie dieser. All die Ablehnung hat nichts gebracht. Sobald er selbst Kinder hat, wird dies noch deutlicher. Jeder gibt das weiter, was er selbst bekommen bzw. genommen hat.

Wo steht geschrieben, dass ich nicht anders sein darf als meine Eltern? Oft verlangt der Fortschritt genau dieses von uns Menschen. Vieles, was in der Sippengeschichte wiederholt wird, bringt Unglück. Es ist wichtig, dass jemand kommt, der den Faden durchtrennt und einen Neuanfang wagt. Ablehnung ist allerdings der schlechteste Weg dorthin. Erst wenn der Mensch seine Wurzeln achtet, das Kind seinen Vater »nimmt«, darf er es anders machen, anders sein. Dann bekommt Uranus eine neue, zukunftsweisende Bedeutung.

Ritual

Stelle zwei Stühle einander gegenüber in den Raum und setze dich auf einen der beiden. Schließe deine Augen. Stelle dir vor, dein Vater sitzt dir jetzt gegenüber. Spüre, wie weit weg, wie fremd er dir ist. Mag sein, du fühlst dich gar nicht wie sein Kind.

Als Erstes lasse dich ganz drauf ein, wie du dich jetzt, in diesem Moment, fühlst und sprich laut zu ihm (es ist immer gut, die Worte laut auszusprechen, sie haben dann eine höhere Wirksamkeit). Sprich also aus deinem Herzen, so z.B.: »Ich fühle mich nicht wie dein Kind« oder »Du bist so weit weg« oder »Es fällt mir schwer, mich in dir zu sehen.« Es geht erst einmal nur um diese sachliche Feststellung. Lasse sie wirken.

Jetzt fahre fort: »Ich weiß, dass ich deine Tochter/dein Sohn bin, auch wenn wir sehr unterschiedlich sind.« Schau mit deinen inneren Augen auf deinen Vater und sage: »So, wie du bist, achte ich dich, du bist in Ordnung, wie du bist, ich richte und urteile nicht. Auch ich bin in Ordnung, so, wie ich bin, ich darf anders sein als du. Ich nehme von dir das Leben und die Kraft und mache das Beste daraus. Ich fühle mich dabei frei und von dir gesegnet.« Senke einen Moment deinen Kopf und empfange den Segen.

Jetzt hat Uranus für dich eine neue Bedeutung. Du darfst den Vater und alles Gute, was vom Vater kommt, nehmen und es doch ganz anders machen als er.

Sonne/Neptun

Der folgende Text gilt für Sonne/Neptun-Konjunktion, -Opposition, -Quadrat, -Spiegelpunkt und abgeschwächt für eine Sonne im 12. Haus.

Jede Sonne/Neptun-Konstellation, ob Quadrat, ob Opposition usw. oder auch eine Sonne im 12. Haus weist auf etwas oder jemand Fehlenden hin. Der Sonne, dem Ich des Menschen, fehlt es zumindest zeitweise an der Kraft, die vom Vater und vom männlichen Teil der Familie kommt. Hier reißt Neptun ein Loch ins System, aus dem Energie entweicht. So gerne das Kind hier »nehmen« möchte, es gelingt ihm nicht, da entweder eine Person fehlt (z.B. ist der Vater früh verstorben oder die Eltern trennten sich) oder dem entsprechenden Familienangehörigen fehlt Lebenskraft, so dass einfach wenig vorhanden ist. So ist es schwierig, von einem Kranken, Schwachen oder etwa alkoholabhängigen Vater zu nehmen. Auch wenn in der Sippengeschichte des Vaters jemand fehlt (z.B. sein Vater ist im Krieg geblieben), fehlt an dieser Stelle die Lebensenergie.

Es ist nicht Aufgabe der Astrologie, sich darauf festzulegen, an welche Umstände die männlichen Energien verloren gingen. Das weiß der Mensch selbst am besten oder kann es zumindest erforschen. Ihre Möglichkeit, Schicksal zu spiegeln, liegt ganz tief im Prinzip verborgen. Solange wir uns ganz auf die Inhalte eines Aspektes konzentrieren und den roten Faden in einem seelischen Zusammenhang sehen, kann uns eine Horoskopanalyse befreien und Lösungswege aufzeigen. Solange ich einem Menschen erkläre, dass er mit seiner Sonne/Neptun-Konstellation oft Einbrüche und Zweifel in die eigene Existenz erlebt, dass sein Ego von Zeit zu Zeit vor dem Nichts steht usw., wird er ebenso nicken, wie wenn ich ihm das Fehlen der männlichen Energie beschreibe. Die Aussage, die Lösung läge im Spirituellen, wird ihn trösten, doch sein »innerer König« wird weiterregieren wollen und sei es in Bereichen wie Esoterik und Meditation. Das »Ego« gibt sich ebenso wenig geschlagen, wie ein Kind ohne Vater auskommt. Die Sehnsucht, den Vater im Rücken stehen zu haben, sich anlehnen zu dürfen und Lebendigkeit und Kraft in sich zu spüren, wird nie vergehen.

Der erste Schritt heraus aus diesem als Manko empfundenen neptunischen Zustand ist – wie immer – das »Ja« dazu. Erst wenn der Mensch sein Schicksal so nimmt, wie es ist, also auch das Fehlende annimmt, kann Fülle entstehen. Bei einer Neptun-Konstellation geschieht Heilung, wenn der Mensch nicht mehr wartet, das Kind nicht mehr von der Rückkehr z.B. des Vaters träumt, sondern wenn er sich – in Demut – holt, was zu ihm gehört.

Ritual

Lege dich entspannt hin, überprüfe, dass du ungestört bist. Schließe deine Augen und stelle dir vor, du bist ein Kind (so alt, dass du gerade schon sprechen kannst). Nun visualisiere deinen Vater, hole ihn dir vor dein inneres Auge. Du stellst dich, klein wie du jetzt bist, vor ihn hin und schaust nach oben in seine Augen. Jetzt kannst du mit ihm sprechen.

ZUM FRÜH VERSTORBENEN VATER:

»Es war schlimm für mich, dass du so früh gegangen bist, ich hätte dich noch gebraucht. Doch jetzt bist du ja da. Ich nehme von dir das Leben und deine Kraft. Bitte begleite mich als mein Schutzengel.«

Zum kranken oder schwachen Vater:
»Es tut mir leid, dass du so krank (so schwach) warst und mir so wenig geben konntest. Du bist mein Vater und ich darf von dir nehmen, auch wenn es dir nicht so gut geht. So nehme ich jetzt von dir mein Leben und die Kraft. Deine Krankheit und Schwäche lasse ich bei dir.«

Zum abwesenden Vater:
»Es war schlimm für mich, dass du so wenig für mich da warst. Ich bin froh, dass du jetzt da bist. Jetzt nehme ich von dir alles, mein Leben und die ganze Kraft, und ich danke dir dafür.«

Zum alkoholabhängigen Vater:
»Du bist der richtige Vater für mich, der beste, auch wenn du trinkst. Ich nehme dich und deine Kraft. Deine Sucht ist ganz alleine deine Sache, ich lasse sie bei dir«.

Der Mond

Im Gegensatz zur Sonne ist es wichtig, den Mond in den verschiedenen Zeichen neu, aus einem anderen Blickwinkel, zu betrachten. Sicherlich ist ähnlich wie bei der Sonnenstellung vieles bekannt und vielfach beschrieben worden. Doch kein Planet steht der Familiengeschichte so nahe wie der Mond. Die Mondstellung im Horoskop beschreibt, was das Kind von all dem, was ihm von der Mutter gegeben wird, nimmt und sich zu eigen macht. Wir sprechen vom Mond als der Mutter, vom inneren Kind, vom Gefühlsleben, vom emotionalen Lebenskern des Menschen. Dieses »Kind« wird sicherlich zuerst von der Mutter gespeist. Die Beziehung, die schon vor der Geburt besteht, »trägt« zum größten Teil die Mondstellung. In diesem Sinne können wir aufgrund eines Horoskops Aussagen über die Mutter machen, besser gesagt darüber, wie das Kind seine Mutter empfindet. Schauen wir uns Horoskope von Geschwistern an, so haben sie alle dieselbe Mutter, doch eine gänzlich unterschiedliche Mondstellung.

Einerseits verhält sich die Mutter zu jedem Kind anders (eventuell wollte sie kein Kind mehr oder sie war gerade krank und trennte sich vom Vater usw.), andererseits verändert sich dabei gleichzeitig das Gefühl des Kindes zu ihr. Es steht dann auf einem ganz anderen Platz als seine Geschwister.

Das Tierkreiszeichen, in dem sich der Mond befindet, beschreibt, wie sich das Kind zur Mutter fühlt: geborgen, erdrückt, in den Arm genommen, distanziert usw. Sein Seelenleben ist direkt von ihrem abhängig. Später verselbstständigen sich die frühen Gefühle und werden als ganz eigene wahrgenommen. Sie werden besonders in Liebesbeziehungen wiederholt und bestimmen damit auf der Gefühlsebene die Partnerwahl.

Die Häuserposition des Mondes gibt Aufschluss darüber, welche Umstände das Kind bei seiner Geburt und in den ersten Lebensjahren vorfindet. Diese Schicksalsumstände beeinflussen sein Seelenleben ebenso wie die vorangegangene Einheit. Beides fließt ineinander über und stellt somit eine Wechselwirkung dar, die nur schwer auseinander zu halten ist. Ein Beispiel: Steht der Mond im Steinbock, spricht man davon, dass das subjektive Empfinden eines Menschen abgekapselt und seine Gefühle verschlossen bleiben. Das Kind erlebt seine Mutter als zu belastet, als dass es von ihr »nehmen« dürfte. Ist der Mond – sagen wir ruhig ein Krebs-Mond – im 10. Haus, dann ist das Kind emotional viel offener und anspruchsvoller, doch aufgrund der »Umstände« des 10. Hauses hat die Mutter zum Beispiel so viele Pflichten und damit wenig Zeit für das Kind, so dass es sich vernachlässigt fühlt und sich zurückzieht. Das Ergebnis ist sehr ähnlich: Ob ich Wasser (Mond im Krebs) in die Kälte des 10. Hauses bringe und es dort einfriert, oder ob ich Kälte (Mond im Steinbock) in ein warmes Becken (Krebs, 4. Haus) bringe, die seelische Temperatur wird ähnlich ausfallen. Somit gelten die folgenden Texte sowohl für die Tierkreiszeichen als auch für die Häuserebene.

Die später beschriebenen Aspekte zum Mond beschäftigen sich vor allem mit der Position, die das Kind zur Mutter und ihrer

Geschichte einnimmt (z.B. groß oder klein, tragend und Gefühle übernehmend usw.).

Mond im Widder oder im 1. Haus

Das Kind übernimmt von der Mutter eine gewisse emotionale Anspannung. Die Mutter war aufgrund welcher Umstände auch immer mehr mit sich selbst als mit dem Kind und der Mutterschaft beschäftigt. So konnte wenig Gemeinsamkeit und Nähe entstehen. Die für die Entwicklung eines Kindes so wichtige Symbiose der ersten Lebensmonate fehlt. Es ist schon früh auf sich selbst gestellt. Jetzt hat es das Gefühl, es müsse unentwegt auf sich aufmerksam machen, um von ihr etwas zu bekommen. Viele Menschen mit einem Mond im Widder beschreiben ihre Mutter als unstet und unberechenbar. Sie hatten als Kind das Gefühl, nie genau zu wissen, woran sie waren. Sie mussten immer zittern, ob die Mutter gut gelaunt und dem Kind zugewandt war oder wütend und abgewandt. So lernt der Mensch schon früh, eine Situation auf Anhieb zu erfassen und zu reagieren. Oft kommt allerdings die Reaktion wie aus der »Pistole geschossen« und überfordert die Mitmenschen mit der darin versteckten Portion Aggression.

Das Gute, was ein Mensch mit dieser Mondstellung mitbekommen hat, ist ein eigenständiges, unabhängiges, intensives Gefühlsleben. Er besitzt ein seelisches Engagement und eine große Bereitschaft, sich immer wieder neu auf das Leben einzulassen und die Flammen seiner Emotionen auch nach schweren Enttäuschungen wieder zu entfachen.

Mond im Stier oder im 2. Haus

Die Mutter eines Kindes mit einem Mond im Stier bzw. im 2. Haus identifiziert sich vollständig mit ihrer Rolle in der Familie. Sie bindet ihr Kind an sich und bildet mit ihm eine enge

Gemeinschaft. Oft fühlt sich der Vater dabei ausgeschlossen. Solange das Kind klein, hilflos und auf Schutz angewiesen ist, wird es sich in ihrer festen Umarmung wohl fühlen. Doch seine Loyalität zum Vater und sein späterer Entwicklungsdrang lassen dieses Wir-Gefühl auf Dauer nicht zu. Früher oder später wird der Mensch diesen Impulsen nachgeben wollen und in einen Konflikt geraten. Einerseits möchte er seine emotionale sichere Heimat verlassen, andererseits fürchtet er nichts mehr als das. Sein Selbstwertgefühl speist sich aus der Bindung an die Mutter und er hat große Angst, von ihr ausgeschlossen zu werden und alleine dazustehen, wenn er sich aus ihrer Umarmung windet. Dieses Grundgefühl begleitet seine weiteren Beziehungen. Er zieht die Gemeinschaft der Individualität vor und opfert zeitweise seinen natürlichen Impuls, sich zu bewegen und frei zu sein. Jede Verletzung eines Stier-Mondes wiegt doppelt schwer. Besonders die Uranus- und Neptun-Aspekte verunsichern Mutter und Kind auf das Tiefste. Ihrer beider Wunsch nach einer sicheren Zugehörigkeit wird ihnen durch Schicksalsumstände verwehrt. Das Vertrauen des Kindes wird dadurch so nachhaltig gestört, dass diese Wunde nur schwer heilt. Manchmal bleibt sie ein Leben lang. Wichtig für das Kind ist, dass es sich erinnert an die frühe, noch ungestörte Gemeinschaft. Hier findet es Wärme und Geborgenheit. Mit einem Mond im Stier erlebt es die Unbeirrbarkeit und Stabilität von Gefühlen. Mit dieser guten Basis dürfte es nicht schwer fallen, auch das Loslassen zu lernen und dem immerwährenden Wandel des Lebens zuzustimmen.

Mond in den Zwillingen oder im 3. Haus

Ein Mann sagte einmal: »Ich gehe oft zu Therapiegruppen, weil ich davon fasziniert bin, was die Menschen so alles fühlen. Ich bin dabei nur Beobachter und verstehe nicht, wo sie diese Leidenschaft hernehmen.« Er fühlte sich mit seinem Zwillinge-Mond als Außenstehender. Nicht, dass er keine Gefühle hatte – jeder Mensch hat Gefühle, wie geartet auch immer sie sind –, doch die Intensität und den leidenschaftlichen Ausdruck, der ihm dort begegnete, konnte er nicht nachvollziehen. Wie kommt es zu dieser »Neutralisierung« der Gefühle? Wieso unterdrückt ein Kind sein natürliches Bedürfnis nach Nähe und Intimität? Jedes Kind ist darauf angewiesen zu nehmen, was es bekommt. Ist die Mutter – im schlimmsten Fall – desinteressiert an dem Kind, muss es ebenso damit fertig werden, wie mit der Tatsache, dass die Mutter einfach zu viel zu tun, also keine Zeit hat, sich intensiv mit ihm zu beschäftigen. Oder es hat so viele Brüder und Schwestern, dass es in der Geschwisterreihe untergeht. Auf jeden Fall muss es auf seinen emotionalen Anspruch zum Teil verzichten und gewissermaßen »in den Kopf« gehen und vernünftig seinen Platz einnehmen. Das mag grausam klingen, doch hat diese Mondposition auch Vorteile. Die oft allzu subjektive Identifikation mit den Gefühlen entfällt. Der Mensch lernt schon früh, einen gewissen Abstand zu halten und sich nicht blindlings dem oft mitreißenden Strom von Emotionen zu überlassen. Sobald wir einen Menschen im Ganzen mit all seinen Aspekten, all seinen Persönlichkeitsanteilen betrachten, werden wir sehen, wie gut ihm gerade diese etwas distanzierte Haltung eines Zwillinge-Mondes tut. Ein guter Grund, die Mutter und die Beziehung zu ihr so zu nehmen, wie sie ist, und das Beste daraus zu machen.

Mond im Krebs oder im 4. Haus

»Meine Mama und ich – für immer vereint«, so könnte die Überschrift für einen Mond im Krebs bzw. im 4. Haus lauten. Wenn da nicht die Geburt, das Schicksal, das Erwachsenwerden oder Sonstiges dazwischen käme. Die Verbindung Mutter/Kind ist enger, der Gefühlsaustausch unvermittelter und dichter als bei jeder anderen Mondstellung. Das Kind *ist* seine Mutter. Die Mutter geht in der Mutterrolle auf, sie gibt ihrem Leben einen Sinn. Sie ist Übermutter, ernährend und bedrohlich zugleich. Die Geborgenheit, die sie schenkt, kann allerdings ebenso bedrückend und einengend wirken, wie sie schützt und wärmt. In jedem Fall ruft diese Konstellation bei dem Kind die Angst hervor, die »Gebärmutter« verlassen zu müssen. Einerseits besteht eine Furcht, dem Leben nicht stark genug entgegentreten zu können, und andererseits scheut es sich, die Mutter zu »verraten«, die ihr Kind offensichtlich ebenso braucht, wie es sie. Je mehr das Kind im Mittelpunkt steht, desto schwieriger wird der Ablösungsprozess werden. Haben Vater und Mutter eine harmonische Beziehung und fühlt sich die Mutter von ihren Eltern unterstützt, so ist das Kind entlastet. Hat sie jedoch »nur« ihr Kind und bezieht ihre Kraft vor allem aus der Mutterschaft, so überflutet sie es mit ihrer »Liebe«, so dass beide unterzugehen drohen. Dieser Umarmung ist oft nicht mehr anzusehen, wer wen hält und wer sich an wem festhält. In der zunehmenden Enge erstickt oft die ursprüngliche Zuneigung und wird zur massiven Abwehr. Das heranwachsende Kind kehrt ihr den Rücken zu. Ohne seine Mutter und den Schutz der von ihr ausgehenden Wärme aber fühlt es sich einsam und ängstlich. Jetzt sollen andere ihm die emotionale Sicherheit geben, die es dringend benötigt. Die sprichwörtliche Launenhaftigkeit und Stimmungsabhängigkeit eines Krebs-Mondes hat vor allem seinen Ursprung in dieser Unsicherheit. Einerseits kann es nie nahe genug sein, und andererseits fühlt sich seine Seele sofort erstickt, wenn die Ansprüche anderer auf ihn zukommen. Es fehlt dem Menschen vor allem an Disziplin, seine Gefühlswelt zu ordnen und unter Kontrolle zu halten. Diese Eigenschaften konnte er von der Mutter nicht lernen. Was er jedoch von ihr mitbekommen hat und damit auch weitergeben kann, ist ein großes Feingefühl, die Fähigkeit, sich in seine Mitmenschen hineinzuversetzen und mit ihnen mitzufühlen.

Mond im Löwen oder im 5. Haus

Der Mond, der sein Zuhause ursprünglich im Krebs hat, befindet sich hier im Löwen, im Prinzip der Sonne, was darauf hinweist, dass die Eltern ihre Rollen getauscht haben. Die Mutter ist die Stärkere und übernimmt die Führung. Manchmal fehlt der Vater tatsächlich, aber zumeist tut sie so, als hätte das Kind nur sie und keinen Vater, zumindest keinen, der so geeignet ist, die Elternschaft anzutreten wie sie. Sie ist eine wahre Löwenmutter, für die ihr »Kleines« das Wichtigste auf der Welt ist – zu wichtig.

Falls keine massiven Verletzungen des Mondes vorliegen, handelt es sich in nahezu allen Fällen um ein Wunschkind. So wunderbar dies auf den ersten Blick auch klingen mag, ist dieser Umstand bei näherem Hinsehen nicht. Das Kind wird zum Zentrum aller Hoffnung und Wünsche, es stellt eine Art Ich-Verlängerung der Mutter dar und wird so zu ihrem ganzen Stolz. Dieser Umstand macht einen Menschen zwar zu einem eigenständigen, starken Individuum, jedoch nur solange jemand ihn mit ebenso viel Bewunderung und Liebe betrachtet wie die Mutter.

Hat der Mond schwierige Aspekte, so z. B. Uranus- und Neptun-Verbindungen, so ist die Situation sehr viel schwieriger für das Kind. Es kennt die Ansprüche der Mutter und weiß, dass es sie niemals erfüllen kann. Das von der Mutter und ihrer Zuwendung abhängige Selbstwertgefühl steht auf wackligen Füßen.

Auch in späteren Beziehungen versucht der Mond/Löwe-Geborene den Erwartungen des Partners zu entsprechen. Es liegt ihm viel daran, in dessen Augen perfekt und unersetzbar zu sein. Dabei erträgt er weder Kritik noch Zweifel an seiner Person. Diese empfindet er als Zurückweisung. Dabei ist es so einfach, diese Mutter/Kind-Konstellation zum Guten zu führen. Wer so in den Mittelpunkt gestellt wurde und so viel Vertrauen in seine Person erleben durfte, trägt ein ungeheures Kraftpaket in sich, mit dem er die ganze Welt erobern kann – oder besser doch nur die halbe, das ist gesünder.

Mond in der Jungfrau oder im 6. Haus

Ein Mensch mit einem Mond in der Jungfrau oder im 6. Haus wird es immer schwer haben, auf der Gefühlsebene Ansprüche anzumelden. Er ist in eine Situation hineingeboren worden, in der er seiner Mutter irgendwie ungelegen kam – oder zumindest empfindet er dies so. Es kann sein, dass die Mutter seelisch nicht in der Verfassung war (Schwierigkeiten mit dem Partner), sich auf ein Kind einzulassen, oder dass sie materielle oder gar existenzielle Sorgen hatte. Das Kind empfindet sich von Anfang an als

Last und verbindet seine eigene Existenz mit Schuld. Um diesen Umstand auszugleichen, versucht es besonders brav zu sein und der Mutter keine zusätzlichen Sorgen zu machen.

Auch in späteren Beziehungen wird der Mensch »stillhalten« und sich als möglichst unkompliziert darstellen. Er ist immer bemüht, ausgleichend auf seine Partnerschaften einzuwirken, so wie er es von Anfang an gewohnt ist. Dieses Muster lässt sich schwer durchbrechen. Die Angst, seinen Gegenüber zu belasten, sitzt sehr tief. So ist er meist vernünftig und hält unangenehme Gefühle wie Wut und Hass unter Kontrolle.

Sobald er bereit ist, einmal ganz genau hinzuschauen, wie sich die Anfänge seines Lebens objektiv gestaltet haben, gibt es für ihn dort viel zu holen. Was auch immer war, die Mutter hatte sich für ihr Kind entschieden, es ist gut ausgegangen. Die Mutter ist fürsorglich und stark, sie braucht sein Opfer nicht. Sie selbst war bereit zu opfern, nun muss er dieses Opfer nur noch annehmen. Dann ist er frei, seine besten Eigenschaften anderen zugute kommen zu lassen: Er ist hingebungsvoll, treu und loyal, vor allem aber ist er fähig, Geben und Nehmen in Einklang zu bringen – und das ist schließlich eine gute Basis für das Glück.

Mond in der Waage oder im 7. Haus

Das Mond/Waage-Kind steht zu Anfang seines Lebens ganz auf der Mutterseite. Ob es sich um ein Mädchen oder einen Jungen handelt, das Kind ergänzt seine Mutter, es ist ihr näher als der Partner. In manchen Fällen, besonders wenn es sich um einen Sohn handelt, fühlt sich der »kleine Mann« schon ganz so, als könne er den Vater ersetzen. Mädchen sind da eher so etwas wie eine Freundin für die Mutter. Das Tierkreiszeichen Waage ist ein Symbol für Ausgleich, Harmonie und Gleichberechtigung. In einer ebenbürtigen Partnerschaft ist dies angebracht und wünschenswert. Der Mond jedoch, das kleine Kind, ist mit diesem Anspruch überfordert. Aus Liebe zur Mutter »erhebt« er sich auf die erwünschte Ebene und wächst blitzschnell zur Ebenbürtigkeit heran. Wir können uns nur schwer vorstellen, wie ein Baby oder Kleinkind dieser Rolle gerecht wird. Doch was äußerlich – noch! – nicht möglich ist, ist energetisch durchaus schon vorhanden. Stellen wir uns vor, die Mutter hätte vor der Heirat eine unerfüllte Liebe erlebt. Oder ihr Verhältnis zum Vater ist kühl und sie hätte ihn verlassen, wenn das Kind nicht unterwegs gewesen wäre. Das Kind reagiert gefühlsmäßig auf den leeren Platz und versucht, das Fehlende auszugleichen. Es entwickelt eine ungewöhnliche Sensibilität für die Gefühlslage der Mutter und später auch für die seiner Mitmenschen. Der Mensch weiß jetzt, dass es auf ihn ankommt. Mit seiner Präsenz deckt er »Löcher« zu, mit viel Einsatz versucht er, seine Eltern zusammenzuhalten, indem er der Mutter gibt, was ihr fehlt, und damit schafft er Bindung. Er reagiert auf ihre Stimmungen und ist gefühlsmäßig mehr bei ihr als bei sich selbst. Die Mutter nimmt dies gerne von ihrem liebevollen, ihr zugetanen Kind an. Zumeist kommt sie nicht auf die Idee, dass hier etwas »falsch« läuft. Später ist sie sogar stolz, wie freundschaftlich und gleichberechtigt ihr Verhältnis ist. Der Mond/Waage-Geborene hat es besonders schwer, die mütterliche Umarmung zu verlassen. Weder fühlt er sich überfordert noch eingeengt. Ja er ist stolz darauf, so »erwachsen« behandelt zu werden. Oft tritt die problematische Seite dieses Aspektes erst in den eigenen Beziehungen ans Licht. Jetzt entsteht auf einmal Konkurrenz zwischen Partner und Mutter – im Besonderen zwischen Partnerin und Mutter. Beide besetzen den gleichen Platz! Hier hilft nur die Ordnung: Das Kind muss erst einmal Kind werden, und das fühlt sich an wie ein Verlust. Es muss der Mutter – zumindest im Inneren – die »geliehene« Größe zurückgeben und den Platz freiwillig aufgeben. Als Sohn muss das Kind sich zum Vater stellen, die Tochter muss auf die Freundschaft mit der Mutter verzichten.

Falls sich das Muster in einer aktuellen Partnerschaft nicht schon wiederholt hat (ein Gefälle, das überbrückt werden soll) und der Mond/Waage-Geborene sich in einem ähnlichen Verhältnis befindet, ist es jetzt an der Zeit, seine partnerschaftlichen Fähigkeiten an der richtigen Stelle einzusetzen: in einer ebenbürtigen Beziehung. Dort bringen sie Freude und Harmonie, er ist ein Mensch, der seinen Gegenüber versteht, und er weiß aus der Tiefe seines Seins heraus, was Gemeinsamkeit bedeutet.

Mond im Skorpion oder im 8. Haus

Ein Kind mit einem Mond im Skorpion entwickelt zur Mutter die größtmögliche Nähe. Mutter und Kind bilden eine Schicksals-, eine Gefühlseinheit, die schwer zu trennen ist. Das Prinzip der Wiederholung spielt hier eine besondere Rolle. Das Kind, ob Junge oder Mädchen, stellt sich ohne Widerstand in den Dienst der Geschichte der Mutter und je nachdem, wie viel Leid dies beinhaltet, so bereit ist auch das Kind zu leiden. Diese Ähnlichkeit des Lebensweges bedeutet keinesfalls, dass der direkte Gefühlsaustausch zwischen den beiden besonders herzlich und liebevoll ist. Ganz im Gegenteil ist dieser oft ausgesprochen kühl.

Die aufnehmende Fähigkeit des Mondes, der seinem Urprinzip entsprechend wie eine Schale ist, die bereit ist zu empfangen, wird durch das Skorpion-Prinzip zu einem geschlossenen Kreislauf. Zwar »nimmt« das Kind von der Mutter, doch gleichzeitig gibt es zurück. Eine Symbiose, die lange gut funktioniert und beide ernährt. Solange niemand die »siamesischen Zwillinge« zu trennen versucht, wird sich nicht herausstellen, wem letztendlich ein Arm oder eine Niere fehlt. Die Mutter ge-braucht ihr Kind ebenso, wie das Kind sie ge-braucht. Große Emotionen haben bei diesem »Geschäft« nicht so viel Platz.

Dieses Muster trägt der Mond/Skorpion-Geborene in seine späteren Partnerschaften hinein. Dort gestaltet er sich ähnliche Abhängigkeiten. Zumeist sucht er im Partner das Kind, das auf ihn angewiesen ist. Doch auch für ihn ist der Gedanke, verlassen zu werden, so unerträglich, dass es ihn »umbringen« würde. Diese Wiederholung des Kindheitsmusters ist nur mit viel seelischer Arbeit zu durchbrechen. Zuerst einmal muss das Abhängigkeitsverhältnis Mutter/Kind geklärt werden. Übernommene Gefühle und Schicksalswiederholungen müssen zurückgegeben werden (siehe Text zu Mond/Pluto). Um eine Partnerschaft wieder entwicklungsfähig zu machen, muss zumeist ein großes Opfer gebracht werden. Manchmal ist es die Beziehung selbst, die geopfert werden muss. In jedem Fall aber muss das Machtverhältnis geändert werden. Und das ist viel schwieriger, als man denkt, da immer *beide* Positionen sehr fest umrissen sind.

Schaut der Mensch auf das Gute seines Skorpion-Mondes, so fällt auf, wie zäh, wie ausdauernd er zu lieben versteht. Von der Mutter konnte er lernen, seine Gefühle zu konzentrieren, sich ganz einem Weg mit einem Menschen zu verschreiben. Daraus entsteht Kraft, viel Kraft. Wenn man mit dieser Energie sogar Berge versetzen könnte, sollte auch der Transformationsprozess von der Abhängigkeit zur Freiheit gelingen.

Mond im Schützen oder im 9. Haus

Seine ersten Lebensjahre empfindet ein Mond/Schütze-Kind meist als schön und unbeschwert. Wenn keine Verletzungen des Mondes (zum Beispiel Neptun- und Saturn-Aspekte) das Mutter/Kind-Glück trüben, so hat die Mutter sich sehr auf ihr Kind gefreut. Sie zieht aus der Schwangerschaft Kraft und Selbstbewusstsein. Sie ist stolz darauf, eine besonders gute Mutter zu sein und sehr stolz, ein besonderes Kind zu haben. Solange diese außergewöhnliche Beziehung durch nichts getrübt wird, fühlt das heranwachsende Kind sich geborgen und getragen. Sein Selbstbewusstsein kann sich frei entfalten und stark werden. Nur leider gibt es keinen ganz intakten, unverletzten Mond. Entweder ist die Häuserebene ungünstig oder Aspekte zu weniger »freundlichen« Planeten stören das »Glück«. Alles andere würde auch wenig Sinn machen, da es kaum zur Entwicklung eines Menschen beitragen würde, so »gesättigt« ins Leben entlassen zu werden.

Wenn jemandem alles so mühelos zufällt, ist er schnell enttäuscht, wenn sich ihm Hindernisse in den Weg stellen. Er hat nicht gelernt, sie aus eigener Kraft zu beseitigen. Der »Mutter«-Vorschuss ist irgendwann aufgebraucht, und wenn dann Schwierigkeiten auftauchen, entsteht das Gefühl, sie seien riesig, unzumutbar, und der Mensch fühlt sich dem Schicksal und seinen Mitmenschen gegenüber benachteiligt. Besonders wenn er zu lernen hat, mit Geschwistern zu teilen, tut er sich schwer. Gewohnt, die gesamte Aufmerksamkeit zu bekommen, ist ihm dieser Anspruch in Fleisch und Blut übergegangen. Auch in seinen späteren Beziehungen fordert er diesen Platz. Der Partner empfindet dies oft als anmaßend und möchte ihm diese Rolle nicht zugestehen (zu Recht!). Es ist nicht einfach, hier bescheidener zu werden und sich zurückzubesinnen, wie viel der Mond/Schütze-Geborene von seiner Mutter bekommen hat. Kann er zu ihr sagen: »Danke, es war viel – es reicht für ein ganzes Leben«, dann erfüllen seine guten Eigenschaften seine Partnerschaft mit Optimismus, Fantasie und einem festen Glauben an den positiven Ausgang aller Schicksalsumstände.

Mond im Steinbock oder im 10. Haus

Ein Mond/Steinbock-Kind erlebt seine Mutter meist ernst, arbeitsam und mit dem Schicksal ringend. Da bleibt wenig Zeit für Spaß und Spiel. Egal ob es eine große Familie, der Beruf oder zum Beispiel Krankheit war, was sie so viel Kraft kostete, eines steht fest: Das Kind fühlt mit ihr und möchte helfen, mittragen. Dafür verzichtet es – zumindest zum Teil – darauf, von ihr getragen zu werden. Die meisten Menschen mit einem Mond im Steinbock beschreiben ihre Mutter als verschlossen und mit ihren Aufgaben beschäftigt, aber selten als lieblos. Das Kind weiß ganz tief in seinem Inneren, dass es geliebt wird und es weiß auch, dass einfach keine »Zeit« ist, dies zum Ausdruck zu bringen. Es lernt früh, sich zu bescheiden und verzichtet nun seinerseits auf zu große Emotionalität. Der spätere Partner findet in seinem Gefühlsleben eine »harte Nuss« vor, die er gerne »knacken« würde. Auch er weiß, dass da eigentlich viel zu holen wäre, wenn da nur nicht die Mauer wäre, die undurchdringbare Mauer, hinter der sich das kleine Kind versteckt hat, als es merkte, dass für seine Ansprüche kein Platz im Leben ist. Es lässt sich leichter leben, sofern das Emotionale und die Berührbarkeit hinter dieser Schutzmauer bleiben. Der Mensch hat nun – scheinbar – alles im Griff. Er steuert so lange seine Gefühle durch das gefährliche Meer der Liebe, bis er eines Tages kentert und das »Eis« schmilzt. Überraschenderweise kommt es dann zu großen Gefühlsausbrüchen. Das Kind, das niemals wirklich auf dem Schoß seiner Mutter saß, verlässt seine »brave« Distanz und sprengt die auferlegte Einengung. So wird das Kind – das damals beiseite gestellte Kind – wiedergeboren und mit ihm seine subjektiven Gefühle, die den objektiven Zwängen des Schicksals zum Opfer fielen: »Mama, ich bin klein, ich bin das Kind, ich darf spielen, auch wenn du es schwer hast. Du bist groß, du machst das schon.« Was bleibt, ist ein gradliniger Mensch mit einem stabilen Seelenleben, treu, verantwortungsbewusst und emotional sehr eigenständig. Ein Glücksfall für jeden Partner.

Mond im Wassermann oder im 11. Haus

Das Mutter/Kind-Verhältnis, das über einen Mond im Wassermann ausgedrückt wird, kann man sicherlich nicht als sehr nah, sehr intim ausdrücken. Doch eigentümlicherweise zeigt sich dies selten schon in früher Kindheit. Erst mit dem Abnabelungsprozess, spätestens mit Eintreten der Pubertät tritt eine gewisse Fremdheit ein. Das Kind hat das Bedürfnis, sich vom Wesen und vom Lebensweg der Mutter abzugrenzen und bringt seine persönliche Freiheit und seine Einzigartigkeit heftigst zum Ausdruck. Dieser Prozess ist oft mit viel Streit und Auseinandersetzung verbunden. Erst wenn diese schwierige Entwicklungsphase beendet und der Mensch erwachsen ist, wird der tiefere Sinn der Mond/Wassermann-Konstellation ersichtlich. Es gibt meist etwas Schweres in der Herkunftsgeschichte der Mutter. Sie selbst steht auf keinem guten, kraftvollen Platz. Es macht wenig Sinn, dem Kind diesen Platz zu »vererben«. Die Mond/Wassermann-Energie soll das Kind von der Übernahme des Schicksals entbinden –

es *soll* einen anderen Weg einschlagen. Diese Entfremdung ist von Anbeginn des Lebens angelegt, doch braucht es in den meisten Fällen Zeit, bis der Schritt in die Freiheit gemacht werden kann. Ein kleines Kind ist dafür noch zu bedürftig und abhängig. Und doch gibt es Erzählungen von Mond/Wassermann-Geborenen, die schon sehr früh an ihrer Zugehörigkeit zweifeln. Wenn die Wassermann-Distanz des Mondes von der Häuserebene oder von den Aspekten verstärkt wird (zum Beispiel Mond im 11. oder 12. Haus), dann glaubt ein Kind oft, es sei adoptiert, im Krankenhaus vertauscht worden o.ä. Ein Mann sah sich in seiner Trance-Therapie zu einem anderen Planeten (anderen Sippe) gehörig, und eine Frau sah sich in ihren inneren Bildern erst in einem späteren Alter quasi vom Himmel fallend und ohne Erinnerung an vorher; beide so, als hätten sie keine Eltern, keine Wurzeln.

In den späteren eigenen Beziehungen hat der Mensch große Mühe, ein gesundes Verhältnis von Nähe und Distanz zu entwickeln. Welchen Platz er in der Partnerschaft einnehmen möchte, ist für ihn so ungeklärt, dass er zwischen den Empfindungen, eingeengt zu werden, und dem Gefühl, nicht genug geliebt zu sein, hin und her schwankt. Bis er herausgefunden hat, wohin er gehört und welche guten Eigenschaften er aus der Geschichte mit seiner Mutter nehmen kann, kann viel Zeit vergehen. Das wirklich große Geschenk, das er an den Partner weitergeben kann, ist die emotionale Freiheit und Unabhängigkeit, mit der er zu lieben versteht.

Mond in den Fischen oder im 12. Haus

Bei keiner anderen Mondstellung gibt es so viele unterschiedliche Geschichten, so viele andersgeartete Mütter wie bei dem Fische-Mond. Der eine spricht von Überfürsorge und demütiger Hingabe, der andere war als Kind viel allein, wieder ein anderer hat überhaupt kein Gespür, keinen Kontakt zur Mutter. Das Einzige, das alle Betroffenen erzählen, ist, dass ihnen allen irgendetwas gefehlt hat – und es fehlt heute noch. Noch heute wartet das Kind auf ausschließlichere, tiefere, dauerhaftere, umfassendere Liebe. Diese Sehnsucht besteht auch dann, wenn das Kind (scheinbar) alles bekommen hat. Auch dann fühlt es sich ebenso entwurzelt und hilflos, als hätte es keine Mutter gehabt. Ist die Mutter tatsächlich früh gestorben oder das Kind war nach der Geburt im Brutkasten o. ä., dann verstehen wir das große Minus und das Verlangen nach ihrer schützenden Anwesenheit. Doch wieso fühlt sich ein Mensch auch dann noch so allein und nicht zugehörig, wenn die Mutter anwesend war? Es gibt keinen Mond, der so offen ist, der ein so unbegrenztes Empfinden an den Tag legt, wie ein Fische-Mond. So ohne Abgrenzung ist er orientierungslos und hat wenig eigenständige Seelenkraft. Er muss sich anlehnen können, braucht den anderen, um die eigene Existenz zu spüren. Am meisten braucht natürlich das Kind die Mutter. Seine emotionalen Bedürfnisse sind so groß, dass seine Seele niemals satt wird. Keine Mutter der Welt kann diese erfüllen, selbst wenn sie es versucht. Das Mond/Fische-Kind hat keine Fähigkeit, die Liebe, die es bekommt, bei sich zu halten. Alles, was ihm gegeben wird, nährt für den Moment und ist im nächsten verschwunden. So wartet es immer auf die nächste »Mahlzeit«, ohne dass der seelische Hunger je gestillt würde. Erst mit zunehmendem Alter und einer spirituellen Entwicklung lässt sich diese Abhängigkeit lösen. Das häufigste aus der Trance-Therapie stammende innere Bild, ist das Bild eines winzig kleinen Kindes, das sich fast noch im embryonalen Zustand befindet, das auf Erlösung wartet. Manchmal hat es noch keine Hände, oft keine Stimme. Es muss warten, da ihm die Möglichkeit zur Bewegung fehlt. Beziehen wir dieses Bild auf die (reale) Mutter, so wissen wir – egal wie liebevoll sie sich verhalten hat – dass auch sie nicht wirklich anwesend war. Ob sie bei einem Verstorbenen ihrer Sippe oder eher lebensfremd war, oder ob das Schicksal sie von ihrem Kind getrennt hat, irgendwie verkörpert sie etwas Fehlendes. Dort und nur dort, an jenem Ort der Nichtanwesenheit, hat das Kind eine Mutter. Also begibt es sich dorthin, um auf dieser Ebene eins zu sein mit ihr. Diese Begegnung findet im Traum, in der Fantasie statt und hat keinen realen Bezug. Manchmal wird die Mutter so idealisiert, als sei sie ein wahrer Engel.

Das Sehnsuchtsmuster setzt sich dann in den späteren, eigenen Beziehungen fort: Der Partner ist seelisch unerreichbar, lebt räumlich getrennt, ist verheiratet usw. Oder er ist sehr bodenständig und wird gewählt, um den Bezug zur Realität herzustellen. In jedem Fall bleibt das träumende Kind irgendwo außerhalb von Zeit und Raum – erreichbar nur über die Sehnsucht. Mit der spirituellen Entwicklung zeigt sich die Kraft dieser Mondstellung, dann erst überwinden die Gefühle die Begrenzungen der persönlichen Liebe und die damit verbundenen Erwartungen und öffnen sich dem großen Ganzen. Hier erst hört die Seele auf zu warten – sie ist angekommen.

Mond / Saturn

Der folgende Text gilt für Mond / Saturn-Konjunktion, -Opposition, -Quadrat und -Spiegelpunkt.

Der Unterschied zwischen den Sonne- und den Mond-Aspekten ist, was das Nehmen der Eltern angeht, nicht sehr groß. Die Auswirkung auf die Gefühlslage und den späteren Lebensverlauf eines Menschen ist jedoch gravierend anders, je nachdem, ob dem Kind Vater oder Mutter fehlen. Der Mond als das weibliche Prinzip steht dem Familiensystem viel näher als die Sonne. Während die Sonne, das Ego, als sehr viel individueller empfunden und dies auch angestrebt wird, stellt sich der Mond ganz nah und ohne Abgrenzung zur Sippe, zur Mutter. Das Kind möchte eins sein, dazugehören, koste es, was es wolle. Jeder Verlust wiegt deshalb doppelt schwer. Wir kennen den Unterschied, ob der Vater oder die Mutter früh sterben. Wird die Einheit Mutter / Kind verletzt, reißt dies eine tiefere, existenziellere Wunde als alles andere. Die verschiedenen Mond / Saturn-Konstellationen werden vom Menschen als Kälte, Distanz, Einsamkeit, Trauer bis hin zur Depression empfunden. Die Signaturen Krebs und Steinbock sprechen von einem Zusammengehen des Unvereinbaren. Sie stehen im Tierkreis diametral gegenüber und bilden damit zunächst etwas Unversöhnliches. Auf der einen Seite steht der Mond, das kleine Kind mit seinem Wunsch nach Geborgenheit, auf der anderen Seite der saturnine Anspruch des Schicksals nach Härte und Verantwortlichkeit. Wie immer dieses Schicksal konkret aussehen mag, es erscheint dem Kind als unbarmherzig, als Strafe. Seine Lebensgeschichte erlaubt ihm nicht, auf dem Schoß der Mutter zu sitzen. Es fühlt sich schon früh gezwungen, diesen schützenden Platz zu verlassen, um schnell groß und stark zu werden. Die Vehemenz und Härte, mit der dies geschieht, wird von der Art des Aspekts (Quadrat, Spiegelpunkt usw.) dargestellt. Manchmal geschieht dies über Nacht, wenn z. B. die Mutter (oder die Geborgenheit schenkende Person, die hinter dem Mond steht) krank wird. Sofort verlässt das Kind die Position des Mondes und stellt sich auf den Platz von Saturn. Von hier sieht die Mutter jetzt aus, als sei sie das Kind: schwach und hilfsbedürftig. Die Übernahme dieser Position nennen wir Parentifizierung. Jetzt trägt das Kind die Verantwortung und kümmert sich um die Belange der Mutter – es wird vom Nehmer zum Geber. Welches Leid auch immer die Mutter trifft, z. B. Schwierigkeiten in der Beziehung mit dem Vater, dem Leben an sich, mit der eigenen Psyche, das Kind lädt die Bürde auf seine Schultern. Oft werden einem Menschen mit einer Mond/Saturn-Konstellation die kleineren Geschwister in die Arme gelegt. Er fühlt sich dann bald wie eine Mutter und nicht mehr wie ein Kind. Im späteren Lebensverlauf hat der Mensch eine ungeheuere Anziehungskraft auf Schwächere. Sie begegnen ihm auf Schritt und Tritt, all die bedürftigen Kinder dieser Welt. Aus frühester Kindheit gewohnt übernimmt er auf der seelischen Ebene einen Teil ihres Schicksals und fühlt sich damit permanent überfordert. Er vermisst die Fürsorge der anderen, z. B. die des Partners. Sein tief in der Familiengeschichte verankertes Muster lässt eine Öffnung, ein Nehmen nur sehr schwer zu. So bleibt – auf einer tieferen Ebene – das innere Kind einsam und verschlossen. Nichts wünscht es sich jetzt mehr, als dass jemand käme, es aus der Erstarrung zu befreien, aufzutauen und zu wärmen. Wer könnte das sein? Es gibt niemanden auf der ganzen Welt, der eine Mutter ersetzen könnte. Noch deutlicher gesagt: Jeder Mensch hat nur eine Mutter und somit nur eine Chance, Kind zu sein. So sehr wir auch überall nach Lösungen suchen, es gibt nur eine und die liegt in den Wurzeln der Familiengeschichte. Mond/Saturn heißt, die verlorene Ordnung zwischen Mutter und Kind wiederherzustellen, zurückzukehren in die Position des Kindes und von dort aus allmählich erwachsen zu werden. Erst wenn der Mensch selbst Kinder hat, darf er die Verantwortung übernehmen. Dann darf er der Große sein. Damit sich die Verwechslung groß/klein nicht in die nächste Generation fortsetzt, ist es eine Pflicht, die Ablehnung (vom Saturn aus betrachtet) der Mutter bzw. des Mutter-Mond-Prinzips aufzuarbeiten und mit den entsprechenden Ritualen zu lösen.

Ritual

Schaue zuerst auf die Fakten deiner Familiengeschichte. Wer steht wirklich hinter der Mond/Saturn-Konstellation? Es ist zwar selten ein Mann, aber durchaus möglich. Wenn es sich nicht um deine Mutter handelt, schaue auf die beiden Großmütter, eventuell auch auf die Tanten. Wer hatte es schwer in seinem Leben, welche Frau musste vieles alleine tragen?

Diese Person visualisierst du, nachdem du dich mit geschlossenen Augen in die Mitte des Raumes gestellt hast. Schau sie mit deinem inneren Blick an und sprich: »Liebe Mama (liebe Mutti, Oma etc.), ich weiß, dass du es sehr schwer hattest in deinem Leben. Auch ich mache es mir schwer, wo ich nur kann. Das tue ich aus Liebe und Loyalität zu dir.« Mache hier eine Pause und spüre in diese Schwere hinein. Fahre fort: »Indem ich deine Last und Bürde trage, verändere ich nichts. Es bringt dir und mir nichts. Alles Schwere und die Verantwortung für dein Leben gebe ich dir hiermit zurück. Schau, wie klein ich bin, ich bin dein, (das Kind).« Jetzt machst du dich wirklich klein, vielleicht kniest du dich auf den Boden. Erst, wenn du dich wirklich klein fühlst (vielleicht musst du ja noch üben) streckst du die Hände aus und drehst die Handflächen nach oben zum Zeichen dafür, dass du bereit bist zu nehmen und sprichst: »Du bist die

Mutter und ich das Kind, ich nehme dich jetzt ganz in mir auf. Von dir kommt die weibliche Energie und Kraft. Ich danke dir dafür.«

In der Beratungs- bzw. Therapiesituation kann auch der Therapeut stellvertretend die Position der Mutter etc. einnehmen.

Mond / Uranus

Der folgende Text gilt für Mond / Uranus-Konjunktion, -Opposition, -Quadrat und -Spiegelpunkt.

Mit einer Mond/Uranus-Komponente hat der Mensch keine tiefen Wurzeln in seiner Sippe. Er fühlt sich wie »das hässliche kleine Entlein«, das allerdings später als Schwan die anderen Familienmitgliedern überragt. Zu Beginn seiner Geschichte leidet er, weil er so klein und so ungeborgen ist, später fühlt er sich zwar frei und groß, aber immer noch nicht zugehörig. In beiden Positionen ist er emotional nicht auf die Mutter gerichtet. Er kann sich mit ihr nicht identifizieren. Eine Tochter wird mehr unter dieser Fremdheit leiden als ein Sohn. Sie ist eine Frau, wie die Mutter, und braucht den Zugang zur weiblichen Energie, um sich selbst zu finden. Für den Sohn macht die Mond / Uranus-Komponente im Horoskop den Schritt zum Vater leichter. Auch ihm bleibt in den ersten Lebensjahren die intime Nähe zur Mutter verwehrt. Doch selbst dann, wenn er in bewussten Vorwürfen zu ihr stecken geblieben ist (»Mama, du hast mir nicht genug gegeben!«), blockiert ihn dies in seiner weiteren Entwicklung nicht so sehr wie ein Mädchen. Alles im Leben ist leichter, wenn ein Mensch sich mit dem gleichgeschlechtlichen Elternteil identifizieren kann. Wenn der Platz beim Vater unsicher ist (Sonne / Uranus), so schadet das mehr dem Sohn, der dann das Männliche nicht nehmen kann und es deshalb später schwer hat mit den Frauen. Wenn die Tochter die Mutter nicht annehmen kann, so kann sie nicht zur Frau werden und wird später in der Beziehung zum Mann darunter leiden.

Trifft Uranus auf den Mond, so ist die Hinbewegung zur Mutter (oder zu der Person, die hinter dem Mond steht) unterbrochen. Das Kind steht wie angewurzelt an einer Stelle und kann nicht vor und nicht zurück. Was immer geschehen ist, diese Bewegung muss vollendet werden. Das Schicksal hält für diese Konstellation unzählige Möglichkeiten bereit. Hier nur einige als Anregung, die eigenen zu finden: So kann die Mutter die Familie gewollt oder gezwungenermaßen verlassen haben. Sie wurde z.B. krank, musste ins Krankenhaus oder zur Kur. Eventuell wurde sie von anderen Familienmitgliedern mehr gebraucht und musste sich deshalb um diese kümmern. Auf jeden Fall fühlt sich das Kind verraten und ausgegrenzt. In seinem Schmerz zieht es sich seinerseits zurück und geht in die emotionale Distanz. Je nach Mondstellung wird dies gefühlsmäßig unterschiedlich ablaufen: Mond im Widder = Trotz, Mond im Krebs = beleidigt sein, Mond in den Zwillingen = Unberührbarkeit, um nur einige Beispiele zu nennen. Mit einem Ritual, das die Hinbewegung vollendet, kann sich das Kind zwar jetzt die Liebe holen, die ihm schicksalhaft verwehrt blieb, doch eine gewisse Fremdheit wird bleiben. Oder nennen wir es lieber jetzt Andersartigkeit. Es scheint so, als sei dies von Uranus (mehr davon im entsprechenden Kapitel) auch so gewollt. Er möchte verhindern, dass bestimmte Werte und Geschichten weiter»vererbt« werden. Der Mensch mit einer Mond/Uranus-Komponente hat die Aufgabe, sich in Liebe und Achtung von etwas zu lösen. Es gibt auf der mütterlichen Seite seiner Sippe Geschehnisse, die nicht wiederholt werden sollen. So sehr die Zugehörigkeit zur Sippe einem Menschen einerseits Kraft gibt, so kann sie ihm durch Wiederholung und Stillstand in bestimmten Bereichen auch Kraft nehmen. So trägt Uranus in dieser Verbindung auch das Zeichen des Verrats auf seiner Stirn. Immer, wenn ein Mensch aus dem Erbe, das ihm von Generationen übergeben wird, austritt, empfindet er sich selbst als Verräter. Die Uranus/Mond-Komponente legt dem Kind diesen Verrat in die Wiege. Das Opfer, das er (ungewollt) zu erbringen hat, ist ein Gefühl der Nicht-Zugehörigkeit und Ungeborgenheit. Tief in seinem Inneren weiß er um seine Fremdheit, um seine Andersartigkeit. Bis er diese für sich selbst als Freiheit definieren und spüren kann, vergeht viel Lebenszeit.

Ritual

Du nimmst ein großes Blatt Papier und schreibst erst einmal Mama, Mutti oder den Namen der Person darauf, die für dich den Mond-Uranus vertritt (an dieser Stelle könnte auch der Therapeut oder eine Freundin stehen). Dieses Papier legst du an ein Ende des Raumes und stellst dich ihm gegenüber an das andere Ende. Jetzt schließt du die Augen und visualisierst an der Stelle des Blattes deine Mutter. Du sprichst zu ihr: »Mama (Mutti), obwohl wir sehr weit voneinander entfernt sind, bist du meine Mutter und ich dein Kind (du kannst auch Tochter oder Sohn sagen). Auch wenn ich es im Moment vielleicht nicht fühle, du fehlst mir.« Jetzt gehst du ganz langsam tief einatmend auf sie zu. Lasse dir Zeit und achte auf deine Gefühle. Erst wenn du direkt vor ihr stehst, sagst du: »Ich achte dich, ich achte und nehme dich so an, wie du bist, mit allem, was dazugehört.« Atme dabei tief ein und nehme sie und eure Geschichte ganz in dich auf. Sage jetzt: »Doch ich bin anders als du. Ich mute dir zu, dass ich jetzt in mein Leben gehe, mein Leben, das sich von deinem unterscheidet.« Dann drehst du dich um und entfernst dich einige Schritte, wendest den Kopf und sagst: »Ab und zu schaue ich gerne auf dich zurück.«

Mond/Neptun

Der folgende Text gilt für Mond/Neptun-Konjunktion, -Opposition, -Quadrat und -Spiegelpunkt.

Ein Mensch mit einer Mond/Neptun-Komponente wird niemals ganz in der diesseitigen Welt zu Hause sein. Ein Teil seines Wesens ist in Sehnsucht und in Träumen gefangen. Eine tiefe Erinnerung an einen Verlust und an eine Fremdheit der eigenen Familie gegenüber bestimmen sein Gefühlsleben. Ein Kind mit dieser Konstellation hat oft das Gefühl, nicht bei den richtigen Eltern aufgewachsen zu sein. Manchmal entwickelt es sogar die Fantasie, kurz nach der Geburt adoptiert worden zu sein. Eines Tages werden schon die richtigen Eltern auftauchen – und dann wird endlich alles gut. Nicht, dass irgendjemand grausam oder ablehnend war – es fehlt einfach an Geborgenheit schenkender Energie.

Die Auswertung vieler Horoskope hat ergeben, dass es sich bei diesem Aspekt wesentlich häufiger um die fehlende Mutter als um andere Personen handelt. Besser gesagt, es fehlen der Mutter die mütterlich–versorgenden Energien. Es ist durchaus möglich, dass sie körperlich anwesend war und das Kind mit allem, was auf der äußeren Ebene notwendig ist, versorgt hat. Bei genauerer Erforschung der Familiengeschichte stellte sich immer heraus, dass die Seele der Mutter zutiefst verbunden war mit einem Verstorbenen oder einem Verlust. Das kann z.B. auch ein verschollenes Familienmitglied oder eine vom Leben und von der Liebe enttäuschte Frau sein. Um eine Lösung zu finden, lohnt es sich, diesen tieferen Zusammenhängen von Mond-Neptun auf die Spur zu kommen. Es ist keine Konstellation, die direkt zur tatsächlich abwesenden oder gar verstorbenen Mutter führt (das ist eher die Ausnahme). Da jedes Kind – und ganz besonders das Mond-Neptun-Kind – zutiefst mit der Mutter verbunden ist, spürt es ihre Sehnsucht, ihre Trauer, ihren Verlust, als wäre es der eigene. Da nutzt es oft wenig, dass es auf der äußeren Ebene versorgt wird. Neptun reißt ein Loch in die Kinderseele, das von nichts und niemandem – und sei er noch so lieb – gefüllt werden kann. Es gibt eine Ebene, da ist die Mutter nicht erreichbar. Von ihr kann das Kind nicht nehmen, da es »weiß«, dass sie nichts zu geben hat. Es spürt, dass der Mutter etwas – jemand fehlt. Aus Liebe zu ihr entschließt sich das Kind, dem »Fehlenden« zu folgen. Es fühlt sich nun ebenso leer, ungeborgen und heimatlos. So läuft es wie Sterntaler mit der offenen Schürze auf der Suche nach Erfüllung durch die Welt. Immer schaut es suchend nach oben, wer ihm das Fehlende schenken könnte. Irgendjemand »Größeres« sollte doch bereit sein, sein »Hemdchen« zu füllen. Sehr problematisch wird diese Geschichte, wenn der Partner dafür gewählt wird. Er soll nun den fehlenden Elternteil ersetzen und die Geborgenheit und Zuwendung schenken, die das Kind vermisst hat. Wir erkennen schon alleine daran, dass wir hier

»vom Kind« sprechen, dass die Geschichte so nicht zu lösen ist. Der Partner ist entweder hoffnungslos überfordert oder wird tatsächlich zu Mutter oder Vater. Die Ebenbürtigkeit der Beziehung geht in jedem Fall verloren. Viele Enttäuschungen dieser Art liegen auf dem Weg einer Mond/Neptun-Konstellation.

Es gibt nur einen »Ort«, einen Platz, an dem sich das Kind das Fehlende zu holen vermag: bei der Mutter. Wo immer sie sich befindet, ob sie lebt oder lange verstorben ist, es ist nie zu spät, zu ihr zurückzukehren. Sobald das Kind sich auf den Weg macht, die Liebe zu holen, auf die es schon ein Leben lang gewartet hat, kann auch diese Wunde heilen. Jeder Planet hat zwei Seiten, so auch Neptun. Er steht sowohl für den Verlust und das Nichts, wie er auch für das ewige, zeitlose Sein, das Ganze steht. Jedes Ritual findet außerhalb der Zeit statt. Es geht nicht um das, was war, sondern um das, was ich in mir geschehen lasse. Hier hilft Neptun, als eine Art Schutzengel, der Kinderseele, den Weg zurück zum Mond, zur Heimat zu finden.

Ritual

Lege dich bequem hin und schließe deine Augen. Atme langsam und tief und stelle dir dabei vor, wie du Tag für Tag – Woche für Woche – Jahr für Jahr zurückgehst in der Zeit. Atemzug für Atemzug wirst du jünger. Das machst du so lange, bis du fühlst, dass du klein bist, das kleine Kind, das du einmal warst. Jetzt holst du dir deine Mutter (oder die Person, die für dich hinter deiner Mond/Neptun-Konstellation steht) vor dein inneres Auge. Sprich jetzt zu deiner Mutter: »Mama (Mutti), schau wie klein ich bin, ich bin so alleine, ich brauche dich.« Schaue deiner Mutter ins Gesicht. Ich bin sicher, du wirst die Liebe entdecken, die sie für dich hat. Sprich nun weiter: »Liebe Mama, du konntest mir nicht so viel geben, wie ich es gerne gehabt hätte. Ab heute bin ich damit zufrieden und nehme alles, was du mir geben konntest – und das reicht. Ich danke dir dafür. Alles andere hole ich mir jetzt wo anders.« Wenn du magst, kannst du jetzt in deinem inneren Bild deine Mutter umarmen – eine heilsame Umarmung.

Pluto
Verstrickungen

Das Tierkreiszeichen Skorpion und sein Herrscher, der Planet Pluto, sind Symbole für Magie, Idealisierung und Verbindlichkeit. Überall dort, wo ein Mensch durch Bindung – sei es an eine Idee oder an einen anderen Menschen – unfrei geworden ist, hat er, zumeist ohne es zu wissen, einen Teil von sich geopfert. Deshalb ordnen wir diesem Tierkreiszeichen die größte Opferbereitschaft bzw. Opferneigung zu. Die klassische Astrologie spricht von Pluto als dem Herrn der Unterwelt, dem Diabolos, dem Zerwerfer. Er ist der Meister der Dualität, der es versteht, den Menschen zu zerspalten, ihn von seinem lebendigen Kern zu entfernen. Er symbolisiert die Kräfte im Menschen, die sich gegen das Leben stellen.

Im subjektiven Bereich einer Person wirkt Pluto wie ein Verführer, der sich verschiedenster Mittel bedient, den Menschen an Ideen (z. B. von Größe, Reichtum und Macht) zu binden. Im Leben eines jeden gibt es diese Geister, die er ruft, denen er sich verschreibt, bis das »magische« Bündnis seinen Tribut verlangt (Burn-out-Syndrom, Herzinfarkt usw.).

Auf der tieferen, der zumeist unbewussten Seelenebene erfüllt Pluto eine sehr ähnliche Aufgabe. Er verlockt die Seele des Menschen, sich des Schicksals eines anderen anzunehmen und über ein Selbstopfer auszugleichen, zu heilen oder wenigstens zu verbessern. Der magische Pakt, obgleich er aus Liebe geschlossen wird, birgt immer eine Anmaßung in sich und bringt im Familiensystem eine Verkettung von Unglück hervor. Mit dem Satz z. B.: »Wenn Du stirbst, möchte ich auch nicht leben«, wird die höhere Ordnung gestürzt: »Jeder nimmt das Leben, so lange es ihm beschieden ist.« Pluto wird hier zum Vollstrecker. Er verlässt Ordnung und Gesetz. Es liegt in den Händen von Chronos/Saturn, über Schicksal und Tod zu entscheiden, nicht in seinen.

Je exponierter die Stellung von Pluto in einem Horoskop ist, je mehr (Aspekt-) Fäden dieser in der Hand hält, desto mehr seiner persönlichen Energien gibt ein Mensch ab an die Geschichte seiner Sippe. Man könnte fast sagen, er opfert die Lebensbereiche, die Planeten, die eine Verbindung zu Pluto haben. Er stellt diese »inneren Personen«, wie wir sie gerne nennen, oder auch diese Persönlichkeitsanteile in den Dienst früherer Schicksale. Indem es bestimmte Bereiche seines Lebens aufgibt – so glaubt das innere Kind – stünden nun diese Kräfte den Ahnen zur Verfügung. Die Kinderseele »betet« um Erleichterung und Ausgleich für die schwer belasteten Vorfahren und glaubt ganz fest daran, ihnen etwas abnehmen zu können, indem es »Schlimmes« auf sich zieht. Pluto erhört dieses »Gebet« und lässt es in diesem Glauben, man könne etwas ungeschehen machen, wenn man es wiederholt. Es gibt hier keine Logik: Mit unserem Verstand sind diese Geschehnisse nicht zu erfassen. Dennoch zeigen uns die Erfahrungen nichts anderes. Plutos Wurzeln führen uns tief in die Familiengeschichte hinein.

Er ist der gefallene Engel, den es wieder zum Himmel emporzuheben gilt. Er ist es, der unsere Seele einfängt und uns glauben macht, es sei gut und hilfreich, uns einzumischen. Er verspricht uns Erfolg und vergisst dabei zu erwähnen, wie unfrei diese von ihm geführte Liebe uns macht. Nur das »entmachtete« Kind, das Kind, das seine magischen Wünsche aufgibt und die sich opfernde Liebe in eine lebensbejahende Kraft verwandelt, kann uns retten. Der Erwachsene in uns vermag dies nicht. Er ist an diesem Pakt nicht beteiligt. Er weiß zwar, was ihm fehlt (Lebensenergie), ist aber weit von einer Lösung entfernt. Deshalb beginnt jeder Wandel, jede Rückkehr aus dem »dunklen Reich« mit der Suche nach dem verzauberten inneren Kind und seiner magischen Liebe (von allen Symbolen für Pluto wird dies am deutlichsten vom Kreis, in dem der Mond gefangen ist, dargestellt). Erst wenn ich entdeckt habe, an wen, in welche Geschichte ich mich hineinverstrickt habe, vermag ich mich zu lösen und der dort gebundenen Liebe zu neuen Flügeln zu verhelfen, den Flügeln des Phönix, des gefallenen Engels, der zurückkehrt zu den Göttern, zurück zu Gesetz und Ordnung.

Pluto / Mars
Verbrechen und Gewalt

Der folgende Text gilt für Mars/Pluto-Konjunktion, -Quadrat, -Opposition oder -Spiegelpunkt, sowie für Aszendent Skorpion mit Pluto im 1. Haus und Aszendent Widder mit Mars im Skorpion oder im 8. Haus, abgeschwächt auch für Pluto im 1. Haus und Mars im 8. Haus.

Diese Konstellation weist auf unheilvolle Gewalt in der Familiengeschichte hin. Aus langjähriger Erfahrung weiß die Astrologie, dass, sobald der sich normalerweise nach außen orientierte Mars auf Pluto trifft, seine initiativen Kräfte eingefangen werden. Ihm fehlt dann die Energie, Neues zu erobern, Entscheidungen zu treffen usw. Sein Schwert wird jetzt nach innen auf die Seele gerichtet. Der Mensch beginnt, sich selbst zu quälen. Er fängt sich in einem Teufelskreis. Auf das Familiensystem bezogen heißt dieser Teufelskreis ein sich wiederholendes Täter/Opferschicksal.

Ein Beispiel:
Die Großmutter der Klientin wurde in Kriegszeiten mehrfach vergewaltigt. Die Mutter (Skorpion-Aszendent) fürchtet, dass ihrer Tochter etwas geschieht. Schon bei der Geburt der Tochter drückt sie dies folgendermaßen aus: »Wenn sich jemals jemand an meiner Tochter vergreift, dann bringe ich ihn um.« Die Tochter (Pluto im 1. Haus/Quadrat-Mars) wird über viele Jahre vom Stiefvater missbraucht. Hier kann man gut erkennen, wie das »Schlimme« oft eine Generation »überspringt«. Auch die Mutter trägt das Wissen darum tief in sich, sonst hätte sie diesen Satz nicht aussprechen können. Und doch opfert sich erst die Enkelin, um an das Verbrechen zu erinnern. Die Mutter versteht später nicht,

wie es sein konnte, dass sie jahrelang vom Missbrauch nichts wusste. So will es die Geschichte. Die (unbewusste!) Wahl eines Partners, der dazu fähig ist, gehört ebenso dazu, wie das (ebenfalls unbewusste) Dulden. So sind alle gleichermaßen verstrickt und beteiligt. Jeder opfert sich auf seine Weise für die Großmutter. Es muss ein neuer Täter gefunden werden, um an die frühere Tat zu erinnern. Mit diesem plutonischen Sog ziehen die Familienmitglieder das Schicksal auf sich und stellen sich Generation für Generation an den gleichen Platz. Das Verbrechen wird so lange durch die Wiederholung im Sippengedächtnis wach gehalten, bis es gesühnt ist.

Es gibt unzählige Formen des Täter/Opfer-Geschehens. Nicht jeder Mars/Pluto-Aspekt spricht von körperlicher Gewalt. Auch seelische und geistige Grausamkeit, ein gewaltsames Eindringen fremder Energien in das eigene System wird von Mars/Pluto-Konstellationen dargestellt. Das Wichtigste für einen Menschen mit diesem Aspekt ist die genaue Recherche. Gibt es in der Familiengeschichte irgendwo einen Täter, der sich weigerte, seine Schuld anzunehmen? Gibt es in der Sippe ein unschuldiges Opfer, das ungewollt einen Nachkommen dazu auffordert, das Verbrechen an ihm zu sühnen und auszugleichen? Besonders wenn der Täter sich weigert, seine Schuld anzunehmen und relativ ungerührt weiterlebt, wirkt die Tat in der Familie fort. Die Nachkommen übernehmen die Schuld. Handelt es sich dabei um Mord, geschieht dies in zwei Formen: Entweder wird ein anderer später auch zum Mörder oder jemand identifiziert sich mit dem Opfer und es zieht ihn zum Tod, so dass er möglicherweise Selbstmord begeht oder ein Leben voller Sühne führt.

Ebenso wie der Mars/Pluto-Aspekt nicht immer von Mord und körperlicher Gewalt spricht, ist es auch leider nicht die einzige astrologische Konstellation, die ein Täter/Opfer-Geschehen ausdrückt. Letztlich können sich hinter allen Pluto-Verbindungen Geschichten dieser Art verbergen. Der Unterschied besteht darin, welche Identifikation sich der Mensch wählt und auf welche Art er die Geschichte weiterträgt. Bedeutsam dabei und für die Lösung wichtig ist, welches Opfer er seinen Ahnen bringt. In jedem Fall ist es ein Stück Freiheit und die Erfüllung in einem Teilbereich seines eigenen Lebens.

Die Täter/Opfer-Geschehnisse des Dritten Reiches z.B. finden ihren Spiegel im Horoskop auch in Sonne/Mond und Saturn/Pluto-Konstellationen.

Ritual

Für dieses Ritual brauchst du eventuell eine Einzelsitzung bei einem Therapeuten bzw. eine Familienaufstellung. Solltest du es doch wagen, dich dieser Geschichte alleine zu stellen, so behalte das Wichtigste im Auge. Auch wenn unser Verstand das erst einmal nicht begreift, ein von außen kommender Täter, in welcher Form er auch immer einem Familienmitglied geschadet hat, gehört ***immer*** *mit zum System. Er und das Opfer gehören zusammen.*

Schließe die Augen und atme so lange tief und gleichmäßig, bis du entspannt bist, und visualisiere Täter und Opfer. Sprich zum Opfer: »Ich kenne dein schweres Schicksal, es tut mir leid, was dir geschehen ist. Ich dachte, ich könnte dir helfen, indem ich ähnlich leide wie du. Doch das stimmt nicht, ich bin nur dein Kind (Enkelkind, Nichte etc.). Dein Schicksal hat dich mit dem Menschen verbunden, der dir das angetan hat. Es ist eine Sache zwischen euch beiden.« Jetzt schau auf den Täter und sprich: »Was immer du getan hast, du alleine musst es tragen. Durch die Bindung an meine Tante (Onkel, Mutter, Großvater etc.) gehörst du jetzt zu uns. Es ist eine Sache zwischen euch beiden und ich lasse sie jetzt bei euch.« Schau noch einmal auf die beiden und präge dir ganz fest ein, dass sie zusammengehören wie ein Paar, ja manchmal sogar wie ein Liebespaar.

Ist der Täter ein Familienmitglied, so gehören das/die Opfer zu ihm. Sein Platz ist bei den Geschädigten, entweder außerhalb oder am Rande des Familiensystems.

Schließe die Augen und visualisiere Täter und Opfer. Sprich zuerst zum Täter: »In erster Linie bist du mein Vater (Mutter, Onkel, Großvater etc.), auch wenn es mir schwer fällt, dich anzunehmen.

Deine Tat steht mir dabei im Weg. Meine Sympathie gilt dem Opfer.« Schaue auf das Opfer und sprich: »Du tust mir sehr leid. Mit meinem Leben erinnere ich an das, was dir angetan wurde. Doch das ist anmaßend, es nimmt dir die Würde. Deine Geschichte mit meinem ... gehört zu dir. Jeder Mensch muss sein Schicksal selber tragen. Ich ziehe mich aus deinem zurück.«

Schaue noch einmal auf deinen Familienangehörigen und sprich (wir nehmen den Vater als Beispiel): »Du bist mein Vater, durch dich habe ich mein Leben bekommen. Das ist das größte Geschenk und ich danke dir dafür. Über dein Leben und deine Taten richte ich nicht. Ich lasse Verantwortung und Schuld bei dir. Ich weiß, dass das Band zwischen dir und dem Opfer stärker ist als das zu mir. Ich stimme dem jetzt zu.«

Du kannst den Text selbst verändern, je nachdem, um welche Person deiner Sippe es sich handelt. Trete jetzt – in deinem Inneren – einige Schritte zurück und überlasse die beiden sich selbst. Du hast damit nichts zu tun. Alles Schwere findet hier ein Ende.

Pluto / Venus Übernommene Werte und magische Beziehungsmuster

Der folgende Text gilt für Venus/Pluto-Quadrat, -Konjunktion, -Opposition oder -Spiegelpunkt, Aszendent Skorpion mit Pluto im 2. oder 7. Haus, Aszendent Stier mit Venus im Skorpion oder im 8. Haus und in abgeschwächter Form für Pluto im 2. bzw. 7. Haus und Venus im 8. Haus.

Eine Venus/Pluto-Verbindung kann sowohl auf ein Beziehungsthema als auch auf die Übernahme einengender Werte hinweisen. Wenn das Horoskop eine deutliche Verbindung zum 2. und 7. Haus aufweist, ist die Unterscheidung einfach. Fehlt dieser Hinweis, gibt das Horoskop in seiner Gesamtheit Aufschluss, welche Thematik vorherrscht. Die endgültige Antwort kommt natürlich von der Familiengeschichte selbst.

Betrachten wir zuerst einmal den möglichen Stieranteil dieser Konstellation. Die beiden Tierkreiszeichen Stier und Skorpion stehen archetypisch einander gegenüber. Sie vertreten unvereinbare Prinzipien wie Natürlichkeit und Vorstellungsgebundenheit, Sinnlichkeit und Zwanghaftigkeit, Materie und Idee und natürlich Leben und Tod. Mit dieser letzten Unterscheidung sind nicht Leben und Tod als die beiden Seinszustände *eines* größeren Ganzen gemeint, sondern die von Menschen gemachte Unterscheidung. Der Mensch selbst ist es, der eine scharfe Grenze zieht, als gäbe es nur lebendige, beseelte Materie und tote, unbeseelte Materie und nichts Ewiges. Aus dieser Bewertung heraus fürchtet sich der Mensch vor dem Tod, vor den vielen kleinen Toden, die er zeitlebens zu sterben hat. Hier findet Pluto leichten Zugang zur Angst des Menschen, loslassen zu müssen. Er verspricht Bindung, wo Wandel angesagt ist, und verspricht Dauer, wo das Schicksal längst ein Ende gesetzt hat. Er versteht es, den Menschen zu verführen, so lange festzuhalten, bis er zur Marionette seiner eigenen Lebensumstände geworden ist. Die Auswirkungen eines solchen Aspektes sind immer schmerzhaft spürbar, die Unfreiheit und Begrenzung, die er mit sich bringt, unübersehbar. Nur derjenige, der die Fäden bis an ihren Beginn verfolgt, wird sich allmählich von ihnen lösen können. Es gibt immer eine unsichtbare Verbindung zu früheren moralischen, religiösen oder sippengeschichtlichen Werten. An diesen Fäden hängt der Mensch, ohne es zu wissen. Sie beeinflussen seine Gefühle und seine Handlungen, oft ohne dass er es bemerkt. Eine »Marionette« glaubt nur allzu gerne, sie könne alleine stehen und laufen. Erst wenn sie eine eigene Richtung einschlagen möchte, wird ihr die Abhängigkeit bewusst.

Eine Frau erzählte die Geschichte ihrer sexuellen Unfreiheit. In ihrer Sippe war, wie in vielen Familien, das Thema Sexualität tabu. Jede Frau, die sich außerhalb der Ehe mit einem Mann einließ, wurde als »Hure« bezeichnet und ausgegrenzt. Ihre Großmutter war eine von diesen »verdammten« Frauen. Sie ließ sich während der Ehe mit dem Großvater mit einem anderen Mann ein. Dieses sexuelle Abenteuer kostete sie ihren Ruf und ihren

Platz in der Familie. Später durfte ihr Name nicht mehr erwähnt werden. Die Enkelin, die Klientin mit dem Venus/Pluto-Aspekt, spürte einen großen Sog, eine tiefe Verbundenheit mit der Großmutter und ihrer Geschichte. Einerseits wollte sie es der Großmutter – aus Liebe – gleichtun und nahm sich, schon verheiratet, immer wieder Liebhaber. Andererseits wollte sie gleichzeitig den Werten ihrer Sippe gerecht werden und bestrafte sich auf das Heftigste dafür. Sie fühlte sich nach jedem zwanghaft eingegangenen Liebesabenteuer mies, schuldig und depressiv. Sie verstand sich selbst nicht mehr, war sie doch glücklich in ihrer Ehe. Wieder und wieder versuchte sie, ihre Fehltritte »gutzumachen« und für den Ausgleich Opfer zu bringen. Ihre Seitensprünge waren alles andere als »Luftsprünge«. Sie dienten dazu zu fallen, zu fallen wie die Großmutter. Im magisch-unbewussten Glauben, dass, wenn *sie* mit dieser Schuld in die Arme ihres Ehemanns zurückkehren durfte, es auch der Geschichte der Großmutter eine positive Wende geben könne, dass diese gleichsam mit ihr zusammen wieder aufgenommen werde, wiederholte sie die Geschichte, einer Marionette gleich, wie sie selbst sagte. Für eine lange Zeit hielt sie auf diese Art den beiden Seiten ihrer Familiengeschichte die Treue: der Großmutter durch Wiederholung, den Werten der Sippe durch Selbstbestrafung. Eines Tages brach alles zusammen, der Mann wollte nicht mehr so weitermachen. Allzu oft hatte er »verziehen«. Er warf sie hinaus. Den gemeinsamen Kindern zuliebe und um die Beziehung zu retten, machte sich die Frau jetzt auf die Suche nach den ihr bis dahin unbewussten Zusammenhängen. So kam die Geschichte ans Licht und konnte gelöst werden. Bleibt nur noch zu sagen, dass die beiden wieder zueinander gefunden haben.

Ritual

Stelle dir zuerst folgende Fragen: Welche Lebensmaßstäbe hast du übernommen? Darfst du wachsen und gedeihen, groß werden, es leicht haben? Oder gibt es in deiner Sippe Werte wie: »Das Leben ist nun mal schwer«, »Arbeit ist das halbe Leben«, »Nichts wird einem geschenkt« usw.? Welche moralischen Werte vertritt deine Sippe? Welche weiteren Glaubenssätze sind vorherrschend und werden schon von Generation zu Generation weitergegeben? Was hast du davon übernommen und inwiefern lebst du – wenn auch unwillig – in alten, längst überholten Wertvorstellungen?

Lege oder setze dich bequem hin und schließe die Augen. Hole dir deine Sippe, möglichst zahlreich vertreten, vor dein inneres Auge. Jetzt stelle die Person bzw. die Personen, die für dich Venus/Pluto darstellen, in ihre Mitte. Schau sie lange und aufmerksam an und sprich laut und deutlich zu ihnen: »Ich bin der/die Jüngste von euch, ich gehöre zu einer anderen Generation. Mein Leben unterscheidet sich von dem euren. Ich achte eure Werte und Moralbegriffe, doch es sind nicht die meinen. Bitte steht hinter mir und gebt mir die Kraft, Neues zu beginnen, leichter und freier zu sein.«

Der lösende Satz der zuvor erzählten Geschichte könnte lauten: »Liebe Großmutter, es war sicherlich schlimm für dich, dass du aufgrund deiner Liebesgeschichte ausgegrenzt wurdest. Für mich ist es bedeutungslos. Du bist meine Großmutter, so wie du bist. Aus Liebe und Treue zu dir habe ich es genauso gemacht wie du und mir Liebhaber genommen. Für mich ist es gut ausgegangen, mein Mann und ich sind zusammengeblieben. Die moralischen Werte sind heutzutage nicht mehr so eng. Freue dich mit mir über diese positive Veränderung.« Das wird sie sicherlich tun, die auf diesem Wege geachtete Großmutter.

Beziehen sich Venus und Pluto mehr auf das 7. Haus, so steht diese Konstellation ganz im Dienste einer Beziehung. Der Mensch ist in eine nicht zu seinem Leben gehörige Partnerschaft eingebunden. Entweder er wiederholt eine – oft dramatisch beendete – Beziehung oder er vertritt z.B. eine frühere Liebe eines Elternteils. Frühere Beziehungen der Eltern haben eine Wirkung auf das Kind, auch wenn dieses nichts von ihnen weiß. Es »bekommt« seine Eltern mit der Vorgeschichte, mit dem Schmerz und dem Leid, das durch eine frühere Liebe entstanden ist. Ergibt die Erforschung der Familiengeschichte, dass die Bindungsenergie von Venus/Pluto zu einer früheren Liebe gehört (sei es in der Geschichte der Großeltern oder der der Eltern), so muss diese Person unbedingt ins Blickfeld *aller* geholt werden.

Die Aufstellung einer Frau blieb lange ohne Lösung. Alle Familienmitglieder fühlten sich schwer und traurig. Am traurigsten war der Vater. Die Klientin, die aufstellte, konnte nicht weiterhelfen, obwohl sie vieles erforscht und erfragt hatte. Kurz vor Abbruch der Arbeit sagte ihre Stellvertreterin: »Ich glaube, es geht hier nicht um einen Familienangehörigen, es geht um eine außenstehende Person, ich glaube, sie fehlt dem Vater.« Sie hatte Recht: In diesem Moment erinnerte sich die Klientin, dass es einmal eine Liebe des Vaters gegeben hatte und dass sie deren Namen trug. Sie holte eine junge Frau – stellvertretend für die große Liebe des Vaters – dazu. In diesem Moment ging ein großes, erleichtertes Aufatmen durch die gesamte Familienseele. Alle beteiligten Personen hatten Tränen in den Augen, als der Vater seine Liebe in die Arme schloss. Jeder spürte ganz tief in seinem Inneren, was es heißt, einen Menschen zu verlieren – und wiederzufinden. Die Klientin war zuerst überrascht, sie wusste (im Kopf) nichts von der Trauer des Vaters. Er erschien ihr immer fröhlich und lebensbejahend. Ihre Kinderseele aber war bereit, mehr zu tun, als den Namen der früheren Geliebten zu tragen. Sie blieb als »Ersatz« beim Vater. Sie stellte sich an den Platz der »fremden Frau« und verzichtete in ihrem eigenen Leben weitgehend auf Partnerschaft. So und ähnlich kann die Venus im Banne von Pluto wirken. Die eigenen Partnerschaften fallen einer früheren Geschichte zum Opfer. Oft zieht ein Mensch es unbewusst vor, eine Beziehung in seiner Vorstellung zu leben, ohne sie je Realität werden zu lassen. Auch dies ist eine Form, einen Verlust zu wiederholen. Das »Objekt der Sehnsucht« wird so gewählt, dass die Liebe auf keinen Fall erfüllt wird. Der Mensch bindet sich an einen Verzicht und leidet Höllenqualen. Diesen Schmerz nimmt er auf sich und wiederholt ihn, bis das Liebespaar, um das es in Wirklichkeit geht, zusammengeführt wird; bis die beiden sich – im Inneren der Seele des Klienten – wieder in die Arme nehmen.

Ritual

Wenn du herausgefunden hast, um welches Paar deiner Familiengeschichte es sich handelt, dann ist es deine Aufgabe, sie einander zuzuführen. Im Inneren deiner Seele werden sie für immer zusammengehören und du bist frei für eine eigene Liebe.

Setze oder lege dich bequem hin und hole dir die beiden Betroffenen vor dein inneres Auge. Sprich zuerst zu der Person, die du vertreten hast: »Du hast meinem Vater (Großvater, Mutter etc.) sehr gefehlt. Er/sie hat dich sehr vermisst. So habe ich deinen Platz eingenommen und dich vertreten. Doch jetzt sehe ich, ich bin nicht du. Auch wenn ich deinen Namen trage«, falls dies so ist. »Du bist die große Liebe meines Vaters (etc.), ich bin nur sein Kind. Ich bin froh, dass du jetzt da bist, da kann ich mich zurückziehen.«

Jetzt schaue auf die zweite Person, deinen Familienangehörigen, und sage: »Es tut mir leid, dass du deine große Liebe verloren hast. Ich wollte sie dir ersetzen. Doch das war falsch und bringt dir und mir wenig. Ab heute will ich nur noch dein Kind (Enkelkind) sein.« Jetzt lege in deinem inneren Bild die Hände der beiden ineinander und sage: »Schön, dass ihr wieder zusammen seid.« Damit in deinem Inneren kein schlechtes Gewissen zu dem anderen Elternteil (oder der betroffenen Person) entsteht, hole ihn nun ebenfalls vor dein inneres Auge und stelle ihn dazu. Jetzt sprich zu den beiden: »Ihr seid meine … und werdet es immer bleiben. Eure Beziehungsgeschichte geht mich nichts an. Ab heute lasse ich sie ganz bei euch.«

Pluto/Merkur Stellvertretende Handlungen und übernommene Schuld

Der Text gilt für Merkur/Pluto-Quadrat, -Opposition, -Konjunktion oder -Spiegelpunkt, Aszendent Skorpion mit Pluto im 3. bzw. 6. Haus, Aszendent Zwillinge und Aszendent Jungfrau mit Merkur im Skorpion oder Pluto im 1. Haus, abgeschwächt auch für Pluto im 3. oder 6. Haus und Pluto in der Jungfrau.

Die Auswirkungen eines Merkur/Pluto-Aspektes auf einen Menschen sind hinreichend bekannt. Der Mensch erlebt viele seiner

Handlungen als zwanghaft und unfrei. Es gibt sich wiederholende Muster, die oft unverständlich erscheinen. In bestimmten Lebensphasen erlebt er sich als Opfer von Manipulation und Intrigen. Die Geschichten, die sich hinter dieser Konstellation verbergen, sind so vielfältig und unterschiedlich, dass es ein ganzes Buch füllen würde, sie zu beschreiben. Deshalb ist es bei diesem Aspekt besonders ratsam, ihn ganz auf seiner inhaltlichen Ebene zu begreifen.

Zuerst muss geklärt werden, ob der Merkur im Horoskop mehr auf der Zwillinge- oder auf der Jungfrau-Seite steht. Ist er Aszendentenherrscher oder hält er sich in den entsprechenden Häusern auf, ist die Aussage klar. Kann man seine Hauptenergie nicht deutlich verfolgen, geht man am besten mit folgenden Fragen an das Thema heran und bezieht dabei das gesamte Horoskop mit ein: Aus welchem Grund ist dieser Mensch bereit, einen Teil seiner Handlungsfreiheit zu opfern? Ist er der Mensch, der es allen recht machen, der sich unschuldig fühlen möchte, um etwas, was auf dem Sippengewissen lastet, auszugleichen (Jungfrau)? Oder übernimmt er den Platz eines Familienmitgliedes und führt Handlungen an dessen Stelle oder in dessen Auftrag aus (Zwillinge)?

Zwei Geschichten, die die verschiedenen Möglichkeiten einer Merkur/Pluto-Konstellation beleuchten:

Im ersten Fall hat der Merkur eine deutliche Jungfrau-Komponente, da er im 6. Haus steht. Die Leiterin einer großen Firma sucht Hilfe in einer Beratung, da sie schon zum wiederholten Male von Angestellten hintergangen wurde. Intrigen und Betrügereien verfolgen sie schon ihr Leben lang. Jedes Mal kostet es sie so viel, dass ihre Firma über Jahre kurz vor dem Bankrott steht. Mit höchstem Kraftaufwand und gegen den Rat der Banken und Berater kämpft sie immer weiter. Sie kann nicht aufgeben, obwohl sie sich körperlich sehr schwach fühlt und eine Krankheit die andere jagt. Sie selbst versteht nicht, warum sie sich so darauf versteift, die Firma behalten zu wollen, obwohl ihr die Arbeit dort eigentlich keine Freude bereitet und sie sich schon lange (über 15 Jahre!) auf einen anderen Beruf vorbereitet hat. Sie dreht sich im Kreis, findet nicht heraus aus dem Bann des täglichen Kampfes, der erschöpfenden Organisation etc. Soweit Merkur/Pluto – was steckt dahinter? Auf den ersten Blick gibt es keine Ähnlichkeit zu dem Schicksal anderer Familienmitglieder. Niemand hatte eine Firma, musste so sehr kämpfen wie sie oder erlebte gar eine Pleite. Erst das tiefere Eindringen in größere Zusammenhänge brachte die Loyalität ans Licht, die sie so viel Kraft und Energie kostete. Mit dieser endlosen, ausweglosen Situation schaffte sie es, zwei schwierige Geschichten in sich zu vereinen. Zwischen ihrem Vater und ihrer Mutter gab es einen großen Standesunterschied. Der Vater war Arzt, die Mutter Bauersfrau. Die Mutter hatte keinen sehnlicheren Wunsch, als einen Beruf zu erlernen. Sie heiratete früh und kümmerte sich um die Kinder, so gab es dafür keine Gelegenheit. Jetzt war sie sehr stolz auf ihre Tochter, die eine große Firma führte. Mit dem Erhalt des Geschäftes erfüllte die Frau einerseits den Wunsch der Mutter und gleichzeitig machte sie sich dem »größeren« Vater ähnlich. (Sie hat übrigens eine Sonne/Mond-Konjunktion, wobei die Sonne im Widder und der Mond im Stier steht.) Wieso darf sie keinen Erfolg haben? Wieso muss sie ein Leben voller Arbeit führen und dabei doch immer am Existenzminimum bleiben? Auch hierfür gibt es ein »Doppelbündnis«. Einerseits bleibt sie der Geschichte der Mutter treu, die ja auch niemals den gewünschten Beruf ergreifen konnte, und andererseits fand sie bei der Erforschung der Familiengeschichte heraus, dass ihr Vater niemals von seinen Eltern finanziell unterstützt wurde. Obwohl sie Geld hatten, weigerten sie sich, sein Studium zu finanzieren. Darüber hinaus wurde er vom eigenen Bruder um sein Erbe betrogen. So wiederholt das Kind die frühe Armut des Vaters, lebt am Existenzminimum, und erfüllt doch gleichzeitig den Eltern, besonders der Mutter, den Wunsch, groß und stark zu sein. In diesem Kreislauf verbraucht ein Mensch seine gesamte Lebensenergie. Groß sein zu müssen und doch niemals die Fülle nehmen zu dürfen, lässt dem Kind zwar seine Unschuld: »Schaut mal, ich mache es euch beiden recht«, doch für das eigene Leben bleibt da wenig übrig.

Die zweite Geschichte:
Hier steht der Merkur mehr auf der Zwillingeseite.

Ein Mann verliert seinen älteren Bruder, als dieser gerade 20 Jahre alt war und mit dem Studium beginnen wollte. Er starb an einem Verkehrsunfall. Sein Tod war so schlimm für die Eltern und die anderen Geschwister und schockierte alle so stark, dass man selten von ihm sprach. Der Schmerz war zu groß. Der Mann stellt sich – unbewusst – an den Platz seines Bruders und versucht, den Eltern den fehlenden Sohn zu ersetzen. Er wählt das gleiche Studium, das sein Bruder kurz vor seinem Tod begonnen hatte. Erst sehr viel später findet er heraus, dass ihm dieser Beruf nicht liegt und ihn unglücklich macht. Er führt einen jahrelangen inneren Kampf. Jedes Mal, wenn er nahe daran ist, den ungeliebten Beruf aufzugeben, wird er traurig und depressiv. Erst als ihm der Zusammenhang klar wird und er beginnt, mit seiner Familie über den verstorbenen Bruder zu sprechen und dessen Tod endlich betrauert wird, fühlt er sich frei, für sich selbst und die eigenen Interessen einzustehen.

Ritual

Zunächst schaue dir genau an, in welchen dir fremden Handlungen du gefangen bist. Überprüfe, was wirklich zu dir, zu deinem Wesen gehört und an welcher Stelle deines Lebens du mehr Energie verlierst als du zurückbekommst. Ein Ungleichgewicht zwischen Kraftaufwand und Erfolg ist immer ein Hinweis auf eine Verstrickung. Finde die Person und die Schicksalsumstände, denen du mit deinen übernommenen, stellvertretenden Handlungen die Treue erweist. Falls du dir unsicher bist, lässt sich die Richtigkeit des Zusammenhangs auf einfache Weise überprüfen. Sobald du die Lösungssätze aussprichst und dabei auf die entsprechende Person blickst, muss sich in deiner Seele Erleichterung einstellen. Bleibt dein Gefühl schwer und unbewegt, so handelt es sich entweder um eine andere Bindung oder dir fehlen noch Informationen, die die Geschichte und den Zusammenhang mit deinem Leben vervollständigen.

Suche dir einen ruhigen, bequemen Platz und schließe deine Augen. Beschäftige dich eine Weile mit dem Muster, das du heute lösen möchtest. Da es sich dabei um etwas handelt, was dir schon lange unlösbar erscheint, erlaube diesem Gefühl, sich ganz in dir auszubreiten. Es ist das vertraute Gefühl der Unfreiheit, der Ausweglosigkeit, das jetzt von dir Besitz ergreift. Erst wenn es dich ganz ergriffen hat, so dass nichts anderes mehr in dir Raum findet, rufe die Person/Personen herbei, der du in diesem Gefühl besonders treu bist, und sprich: »Liebe/r …, ich habe mein Leben, meine Energien, mit dem deinen verbunden. Ich tue Dinge, die du gerne getan hättest. Ich opfere meine Freiheit, um es dir recht zu machen – aus Liebe zu dir. Doch ich merke, wie unwohl ich mich dabei fühle, und ich sehe auch, dass du das gar nicht möchtest. Ich kann für dich nichts gutmachen und es ist auch nicht meine Aufgabe, dich zu vertreten. Du bist du und hast dein Leben, deine Wünsche, dein Schicksal – und ich habe meins. Schau freundlich auf mich, wenn ich mich jetzt meinem eigenen Glück zuwende.« Das einengende Gefühl, das du vorher herbeigerufen hast, wird sich jetzt auflösen.

Pluto/Mond
Eigene und fremde Gefühle

Der folgende Text gilt für Mond/Pluto-Konjunktion, -Quadrat, -Opposition oder -Spiegelpunkt, Aszendent Skorpion mit Pluto im Krebs bzw. im 4. Haus, Aszendent Krebs mit Mond im Skorpion oder im 8. Haus oder im 1. Haus, Pluto im 4. Haus und abgeschwächt für Mond im Skorpion und Pluto im Krebs.

In der Zusammenführung von Astrologie und Familienstellen haben sich die Mond/Pluto-Aspekte als die markantesten herausgestellt. In der Verbindung dieser beiden Planeten finden wir die Opferhaltung des Kindes archetypisch dargestellt. (Der im Kreis – Symbol für den Geist – gefangene Mond). Der Mond als astrologisches Signum für Mutter/Kind, Geborgenheit und Familie verliert durch die übergreifenden Energien von Pluto seine ihm zustehende Position. Das »Kind« wird aus den Armen seiner Mutter, aus dem Schoß der Familie gerissen und folgt der Verführung Plutos in sein Reich – in das Reich, in dem alles möglich scheint, selbst Tote zum Leben zu erwecken.

Jedes Kind (wir alle) ist in einer unglaublich tiefen, hingebungsvollen Liebe mit seinen Eltern, seiner Sippe verbunden. Diese Liebe stellt die Grundlage seines Lebens dar. Für diese Liebe tut es alles, ja ist sogar bereit, dafür zu sterben. In dieser bereitwilligen Hingabe ist die Seele des Kindes wie ein offenes Gefäß, in das das Schicksal, die Geschichte und die Gefühle der Sippe einfließen können. So sind wir alle, welchen Mond, welche Mondverbindung unser Horoskop auch ausweisen mag: liebende Kinder. Mit einer Mond/Pluto-Verbindung ist das »Mond-Becken« einfach tiefer – viel tiefer, es hat mehr Platz für »Fremdes«. Mag sein, dass dieser aufnehmende Raum auch dadurch entstanden ist, dass mehr hinein *muss,* dass die Geschehnisse der Sippe einen »Ort« brauchen, um aufbewahrt und gehütet zu werden. Auf jeden Fall ist die Mond/Pluto-Konstellation ein solcher »Ort«. Nirgends ist Unterdrücktes und Verdrängtes so gut aufgehoben wie im Seelenraum eines Menschen, der bereit ist, sich ganz aufzugeben, der die Bedürfnisse des inneren Kindes sterben lässt, damit andere besser leben können. Oft ist es schwer, dieses »Kind« dazu zu überreden, den machtvollen, magischen Ort des »großen« Opfers zu verlassen und zurückzukehren an seinen Platz. Es fällt ihm schwer, einfach nur Kind zu sein, alle Fäden aus der Hand zu geben. An diesen Fäden hängen hilfsbedürftige und schwache Personen, die alleine – so glaubt er – durch seiner Seele Kraft überleben können. Er fühlt ihre Gefühle, leidet an ihrer Stelle, trägt für sie Trauer und Verzweiflung. Und nun sollen all diese Gefühle zurückfließen zum Entstehungsort, sollen wieder zurückkehren in die Seelen der Betroffenen? »Undenkbar! Lieber ich als ihr!«, schreit das Kinderherz. »Das kann ich meiner Mama doch nicht antun, sie tut mir so leid.«

Die Geschichte einer Mond/Pluto-Tochter verdeutlicht dies besonders gut:

Der Vater war früh gestorben, sie blieb mit der Mutter und der jüngeren Schwester alleine. Die Mutter war nach außen hin stark und zeigte keinen Schmerz über den Tod ihres Mannes. Die Kinder folgten ihr und waren ebenfalls sehr tapfer. Bald darauf wurde die Mutter krank und erholte sich nie ganz von dieser Krankheit. Die ältere Tochter kümmerte sich um ihre jüngere Schwester und die Mutter. Sie übernahm für alle die Verantwortung. Eines Tages, als sie schon etwa 25 Jahre alt war, verliebte sie sich zum ersten Mal. Der Mann wollte sie unbedingt heiraten. Von dem Moment an, als er ihr den Heiratsantrag machte, wurde sie immer trauriger. Tief in ihrem Inneren wusste sie, sie würde ihre Mutter nicht verlassen können. Sie würde auf den Mann, die Liebe ihres Lebens, verzichten. Eines Tages war es soweit, der Mann verabschiedete sich. Jetzt war sie untröstlich, ihre Seele fiel in eine tiefe Trauer. Eine so große Trauer, wie sie es noch nie gefühlt hatte. Die Mutter stand ungerührt daneben. Sie hatte ihre Gefühle beim Tod des Vaters – aus Angst, nicht aus Böswilligkeit – abgeschaltet. Die Tochter weinte und wurde depressiv. Sie weinte für sich selbst, um den verlorenen Vater, den verlorenen Mann. Sie weinte für die Schwester, aber besonders weinte sie für die Mutter. Im »Sammelbecken« ihres Herzens hatte sie die Trauer ihrer Mutter um den Vater aufbewahrt und jetzt flossen die Gefühle über. Solange sie den Anteil des Schmerzes, der nicht zu ihr, sondern zu ihrer Mutter gehört, nicht zurückgegeben hat, kann der Strom nicht versiegen. Der Mensch gerät dann immer tiefer in einen Strudel dunkler Gefühle.

Der zweite Teil des Opfers: »Ich bleibe bei dir, Mama«, heißt übersetzt nichts anderes als: »Ich bin jetzt zuständig für dein Glück. Wenn ich mich an einen anderen Platz – in mein eigenes Leben – stelle, gehst du unter.«

Oft wird ein Mensch von Entscheidungen dieser Art geplagt, wenn Eltern alt, krank oder einsam sind. Hier erscheint es uns richtig, dass das Kind Verantwortung übernimmt und sich kümmert. Sicherlich soll niemand alte oder bedürftige Eltern sich selbst überlassen, doch auch hier gibt es eine Ordnung, die eingehalten werden muss.

1. Das Kind bleibt immer das Kind und darf, unter welchen Umständen auch immer von den Eltern »nehmen«.
2. Kinder brauchen die Eltern und nicht umgekehrt.
3. Das eigene Leben geht vor, es darf unter keinen Umständen für einen Elternteil geopfert werden.
4. Die eigene Familie, Beziehung und Kinder kommen an erster Stelle.

Wird diese Ordnung eingehalten, so ist es dennoch möglich, bedürftige Eltern zu pflegen. Das Kind versorgt sie jetzt aus der Position des Kindes heraus. Aber zuerst, und das ist für Mond/Pluto das Wichtigste, muss der Mensch erst einmal ein eigenes Leben haben. Von dort aus darf er dann zurückkehren – ab und zu.

Immer wenn Gefühle irrational und der Situation nicht gemäß erscheinen, müssen wir daran denken, dass sie vielleicht zu einer anderen Person und zu einer anderen Situation gehören. Übernommen werden nicht nur Gefühle wie Trauer und Schmerz, sondern auch Wut und Angst. Oft ist es für den Menschen nicht einfach zu unterscheiden, ob es sich um seine eigenen, auf sein Leben bezogene Emotionen handelt, oder ob ihn fremde Gefühle quälen. Diese erscheinen ihm im Inneren seiner Seele so nahe, so zu ihm selbst gehörig, dass er sich – sobald sie zum ursprünglichen Träger zurückfließen – erst einmal leer und einsam fühlt. Die Erleichterung stellt sich oft sehr viel später ein. Bis dahin waren seine Beziehungen von diesen Emotionen getragen und erfüllt. Der Abstand zu den eigenen Gefühlen kann so groß geworden sein, dass er sie nicht kennt. Er muss sich erst einmal auf die Suche machen nach sich selbst. Sein Wesen war so verbunden mit den Gefühlen eines anderen, dass die Loslösung einem Geburtsprozess gleichkommt. Mond/Pluto kann auch übersetzt werden als das noch nicht ins eigene Leben entlassene Kind, das auch dann noch mit der Mutter über die Nabelschnur verbunden ist, wenn es längst erwachsen ist. Nur wird es jetzt nicht von der Mutter ernährt, sondern der Vorgang hat sich umgekehrt. Dieses Bild stimmt auch dann, wenn hinter der Mond/

Pluto-Konstellation eine andere Person steht. Das Kinderherz opfert sich für jeden in der Familie, der es »braucht«, der – so will es glauben – die Last des eigenen Lebens nicht zu tragen vermag. Vor allem steht dieser Aspekt für die weibliche Seite der Sippe, in erster Linie natürlich für die Mutter. Doch auch hier bestätigt – wie immer – die Ausnahme die Regel.

Ritual

Der Text des Rituals bezieht sich auf die Mutter. Falls du herausgefunden hast, dass du über Gefühle an das Schicksal einer anderen Person gebunden bist, so tausche einfach den Namen aus.

Wähle eine sanfte, ruhige Meditationsmusik aus und lege dich zu ihren Klängen bequem hin. Schließe deine Augen und atme tief und gleichmäßig ein und aus. Bei jedem Atemzug stellst du dir vor, wie du kleiner wirst – Atemzug um Atemzug. Du tust dies so lange, bis du ein Kind bist. Jetzt rufe nach deiner Mutter, sie wird vor deinem inneren Auge erscheinen. Du siehst sofort, dass sie sich in dem Gefühlszustand befindet, den du auch bei dir so gut kennst. Zumeist sind dies Trauer und Schmerz. Doch auch wenn du siehst, dass es sich dabei um Einsamkeit, Wut oder anderes handelt, ist dies richtig.

Jetzt sprich zu ihr: »Liebe Mama, es tut mir so leid, dich so zu sehen. In meinem Wunsch, dir zu helfen und dir nahe zu sein, fühle ich wie du. Ich bin genauso traurig (einsam etc.) wie du. Ich trage deine Gefühle für dich, damit du glücklich und frei sein kannst. Doch jetzt sehe ich, dass es dir nicht weiterhilft. Deine Trauer (Schmerz etc.) gehört zu dir, zu deinem Leben. Diese Gefühle haben mit meinem Leben nichts zu tun. Ich lasse sie jetzt zu dir zurückfließen.« Atme dabei tief aus und atme diese Gefühle wirklich aus dir heraus! Lasse dir Zeit. Dann sprich weiter: »Schau Mama, ich bin viel zu klein für so große Gefühle, ich bin dein Kind und möchte auch nichts anderes sein als dein/e kleine/r Sohn/Tochter – liebe Mama.« Geh in deinem Inneren auf deine Mutter zu, umarme sie und lege deinen Kopf auf ihren Bauch. Du darfst sie jetzt ganz tief in dein Herz hineinatmen. Auch hier lasse dir Zeit – viel Zeit.

Löse dich sanft und atme dich zurück in dein jetziges Alter. Ebenso wie du dich kleiner atmen konntest, vermagst du dich jetzt in deine ursprüngliche Größe zurückzubringen. Schaue hin, vielleicht wird dadurch auch deine Mutter älter. Jetzt schau sie an und sage: »Mama, ich bin jetzt erwachsen, ich verlasse dich, um bei meiner Familie (Partner, Leben) zu sein. Mein Platz ist nicht an deiner Seite, doch komme ich dich gerne ab und zu besuchen – als Kind. (Ob innerlich oder tatsächlich bleibt deinen Lebensumständen überlassen.) Jetzt drehe dich um und gehe. Gehe in ein Leben, das erfüllt ist von eigenen Gefühlen, eigenem Glück.

Ein weiteres Mond/Pluto-Thema ist die Abtreibung. Das ungewollte Kind bindet ebenso viele Energien an sich wie das Kind, das wie eine Mutter bei seiner Mutter bleibt. In beiden Fällen wird das *kleine* Kind geopfert. Es muss gehen, es darf nicht gesehen, nicht gefühlt werden, es findet erst einmal keinen Platz im Herzen der Mutter.

Auch wenn sich das Thema Abtreibung sehr oft in Mond/Pluto-Konstellationen spiegelt, so gibt es hier keine feste Regel. Auch in anderen Konstellationen finden wir das ausgegrenzte, weggeschickte Kind wieder. Die Beweggründe und die inneren Umstände sind es, die wir im Horoskop erkennen können, nicht die »Taten«. So gibt es außer der seelischen Ursache, die sich in Mond/Pluto zeigt, noch viele andere, die zu einer Abtreibung führen können.

Zuerst einmal kann niemand dieser Konstellation ansehen, zu welchem Familienmitglied die »Abtreibung« gehört. Es ist möglich, dass Geschwister unerwünscht waren, dass eine der Großmütter oder eine Tante sich gegen ein Kind entschieden hat. Auch die abgetriebenen Kinder des eigenen Lebens finden wir hier. Oft steht zeitgleich mit der Entscheidung gegen eine Schwangerschaft der Pluto im Transit zum Mond oder zum 4. Haus. Es hat sich herausgestellt, dass viele Abtreibungen Wiederholungen sind und somit eine Art »Opfer« an das Familiengeschehen darstellen. Das entbindet die Eltern keinesfalls davon, die Verantwortung für ihre Entscheidung zu übernehmen. Es ist nicht einfach, das Thema Abtreibung zu betrachten, ohne dabei auf ideologische und moralische Kontroversen zu stoßen. Holen sich die Eltern das abgetriebene Kind vor ihr inneres Auge, dann werden diese Auseinandersetzungen hinfällig. Was dann zählt, ist nur noch das Gefühl, das bis dahin zumeist verdrängte Schuldgefühl und seine Folgen. Besonders ausgeprägt ist dies bei den Eltern des Kindes. Haben z.B. meine Eltern ein Kind abgetrieben, so ist es eigentlich ihre Sache und geht mich nichts an. Und doch erleben wir es oft in Aufstellungen, dass auch diesem Geschwisterchen gegenüber eine Schuld besteht: die Schuld, dass es nicht leben durfte, man selbst aber doch. In einem Falle hatten die Eltern fünf Kinder abgetrieben, bevor die Klientin auf die Welt kam (Mond/Pluto im 12. Haus). Sie war sehr unglücklich und nichts in ihrem Leben machte ihr Freude. Ihre ganze Liebe galt den abgetriebenen Geschwistern. Ihre Trauer löste sich erst, als sie ihre Geschwister in den Arm nahm und sich selbst neben sie, auf den sechsten Platz, stellte.

Diese und ähnliche Geschichten widerlegen die Aussage, abgetriebene Kinder gehörten immer nur zu ihren Eltern und nicht in die Geschwisterreihe. Auf welchen Platz die ungewollten Kinder gehören, bleibt also zu untersuchen und es muss – im Sinne der Lösung – immer neu entschieden werden. In jedem Falle muss das Kind ins Blickfeld seiner Eltern kommen. Die meisten Abtreibungen werden »abwesend« durchgeführt. Die Mutter schaut auf ihre schweren Lebensumstände, auf den »falschen« Vater, die missglückte Beziehung, den Mangel an Sicherheit usw. Sie betrachtet, erklärt und entschuldigt, schaut auf alle Umstände und besonders auf sich selbst und ihre Zukunft. Nur auf eines schaut sie nicht – auf das Kind. Es gibt eine Instanz im Inneren der Seele, die sich durch Argumente und Rechtfertigungen nicht beeindrucken lässt. Diese Instanz empfindet – zumindest in unserem Kulturkreis – die Abtreibung als Unrecht und als Schuld und sucht im weiteren Verlauf des Lebens nach einem Ausgleich. Zumeist wird alles verdrängt, was im Zusammenhang mit der Abtreibung steht. Jedes Gefühl, das entstehen könnte, wird unter einem Berg von guten Entschuldigungsgründen begraben. Besonders die Mutter, die ja letztendlich die Entscheidung trifft, *muss* verdrängen. Zusammen mit den versunkenen Schuldgefühlen verschwindet nicht nur das Kind aus dem Blickfeld, sondern auch der Zusammenhang mit dem unbewusst bereitgestellten Ausgleich geht verloren. Manchmal wird eine Abtreibung damit bezahlt, dass die Beziehung in die Brüche geht. Manchmal auch mit eben dem, wofür das Kind letztendlich geschickt wurde.

Ein Beispiel: Eine Frau (Aszendent Skorpion, Pluto im 10. Haus im Quadrat zum Mond) entscheidet sich für eine Abtreibung (der Vater wird nicht einmal informiert), da sie ganz kurz vor einer für ihr Berufsleben wichtigen Prüfung steht. Vierzehn Jahre später hat sie immer noch keinen Erfolg in diesem Beruf. Erst als der Zusammenhang mit der Abtreibung aufgedeckt wird und als sie Kontakt mit dem Kind aufnimmt, gibt es hierfür eine Erklärung und eine Lösung. Aus ihren unbewussten Schuldgefühlen heraus hatte sie sich den Erfolg im Beruf versagt. Im Anblick des Kindes, das dafür sein Leben gegeben hatte, war es ihr nicht möglich gewesen, ein erfüllendes Berufsleben zu führen. Noch einmal: Es geht hier nicht um Moral und eine von außen aufgedrückte Schuld. Die Seele selbst bestraft sich und sucht den Ausgleich. Sie glaubt, nur so die innere Ruhe wiederfinden zu können. Um jedoch wirklichen Frieden zu finden, braucht es zwei Voraussetzungen: 1. Vater und Mutter müssen auf das Kind als einen eigenständigen Menschen schauen. Schauen sie ihrem Kind – im Inneren der Seele oder über Stellvertreter in einer Aufstellung – in die Augen, so kommt als angemessene Reaktion Schmerz über den Verlust. Diesem gilt es sich zu stellen, nur er bringt Heilung. 2. Beide Eltern müssen erst einmal für sich alleine die Verantwortung tragen. Sobald die Schuld weggeschoben wird: »Du wolltest ja das Kind nicht!«, verliert sich der Kontakt zum Kind. Erst wenn beide diese schwierige Aufgabe bewältigt haben, ist es schön und hilfreich, wenn sich dann beide zusammen hinter das Kind stellen, um ihm Wärme und Geborgenheit zu geben. Jetzt tragen sie es gemeinsam. Doch zuerst das Ritual, das jeder für sich allein im Inneren macht.

Ritual
Setze dich bequem hin und schließe deine Augen. In deinem Inneren gibt es ein Bild des Kindes, das du damals abgetrieben hast. Du weißt, ob es ein Mädchen oder ein Junge ist. Atme ein paar Mal tief und atme damit dein abgetriebenes Kind vor dein inneres Auge.

Schau es jetzt an und sprich: »Du bist das Kind, das ich damals abgetrieben habe. Ich allein trage die Verantwortung dafür. Du hast mir das Größte gegeben, was man geben kann, dein Leben. Ich nehme es von dir an, dass du Platz gemacht hast. Heute bin ich sehr traurig darüber.« Nimm dein Kind auf den Schoß und schließe es fest in deine Arme. Atme jetzt tief und öffne dabei dein Herz und hole es Atemzug für Atemzug ganz zu dir. Sprich dabei die Worte: »Ich gebe dir jetzt einen guten Platz in meinem Herzen.«

Pluto/Sonne
Das besetzte Ich

Der folgende Text gilt für Sonne/Pluto-Konjunktion, -Quadrat, -Opposition oder -Spiegelpunkt, Aszendent Skorpion mit Pluto im Löwen oder im 5. Haus, Aszendent Löwe mit Sonne im Skorpion oder Pluto im 1. Haus, abgeschwächt auch für Pluto im Skorpion, Pluto im Löwen und eine Skorpion-Sonne.

Die Tierkreiszeichen Löwe und Skorpion, sie stehen archetypisch im Quadrat, bilden eine außergewöhnlich starke Feindschaft. Nicht alle Prinzipien, die im Horoskop ein Quadrat bilden, entwickeln so unverträgliche, lebensbehindernde Energien wie diese beiden. Die Sonne möchte scheinen, ihre Wärme verströmen – urteilsfrei und bedingungslos. Sie macht keine Unterscheidung, ob derjenige, der Nutzen von ihr hat, es wert ist oder nicht. Sie ist einfach anwesend, beständig, kraftvoll, lebensspendend. Der Mensch und die Natur dürfen sich auf sie verlassen. Wer hätte nicht gerne einen Vater mit diesen Eigenschaften? Einen großen, mächtigen König, der sein Kind in die Arme schließt und ihm seine Kraft und Liebe schenkt, ohne etwas dafür zu verlangen? Pluto-Verbindungen im Horoskop werfen einen Schatten auf diese helle, warme Sonne. Pluto schiebt sich zwischen Vater und Kind wie ein Filter, der das Licht absorbiert, der es einfängt, um es zu binden. Die wärmende Kraft wandelt sich in seinen Händen zu kalten Ideen und Konzepten. Er formt daraus ein Gefängnis, ein Korsett, dessen einengende Stäbe aus Vorstellungen und Richtlinien bestehen. Pluto besitzt die Macht, das Ich eines Menschen so zu besetzen, dass der lebendige Wesenskern diesem Zugriff weicht und sich zurückzieht.

Wir dürfen auch hier nicht auf die Idee kommen, wir hätten nun endlich einen Schuldigen gefunden, zum Beispiel einen schuldigen Vater. Alles, was wir mit Sonne/Pluto im Verhältnis zwischen Vater und Kind vorfinden, ist Geschichte – die Geschichte von Menschen, die sich oft seit Generationen im Gefängnis dieser Konstellation befinden. Betrachtet das Kind den Vater (oder die Person, die hinter Sonne/Pluto steht) sieht es, dass auch er gefangen ist, gefangen wie sein Vater und dessen Vater. Die Wurzeln dieser Verstrickung reichen tief in das Schicksal einer Sippe hinein, doch die Lösung findet heute statt. Der Auftrag und damit die Möglichkeit zur Lösung trifft die Person, die diesen Text liest, die sich mit den Sonne/Pluto-Problemen an einen Therapeuten oder auch an einen Astrologen wendet. Der Weg ist frei für den Menschen, der ausbrechen möchte aus dem jahrhundertealten Gefängnis von unterdrückter Kraft, der seine Sonne, seine Lebendigkeit aus den kalten Händen von Pluto zurückfordert. Er muss nur eines wiederfinden, um den Pakt zu lösen: die Liebe. Die gebundene, abhängige Liebe des Kindes muss gewandelt werden in eine frei strömende, unabhängige Energie.

Wie schwer das sein kann, davon erzählt diese Geschichte: Der Vater einer Frau (Sonne/Pluto-Konjunktion im Löwen) war treues Mitglied einer Sekte. Die gesamte Familie musste den strengen Richtlinien dieser Kirchengemeinde folgen. Sowohl vorehelicher Sex als auch andere Genüsse des Lebens waren strengstens verboten. Die Tochter versuchte über 20 Jahre lang, aus dieser Sekte auszutreten. Sowohl die zu erwartende Strafe als auch der Zorn und Liebesentzug des Vaters hielten sie wieder und wieder davon ab. Erst mit beinahe 50 Jahren wagte sie mit schlechtem Gewissen den Schritt. Prompt enterbte sie der Vater, er wollte mit ihr nichts mehr zu tun haben. Sie quälte sich noch lange tief im Inneren weiter. Jetzt erwartete sie nach der Ablehnung des Vaters auch noch die »Strafe des Himmels«. »Wenn ein Kind so untreu ist, dann hat es nichts anderes verdient.« Erst wenn die Frau es schafft, eine Trennung zwischen Glauben, Kirche und Vater herzustellen, wird sie ihn wieder lieben können.

Der Lösungsprozess einer Sonne/Pluto-Konstellation hat verschiedene Stufen: Zuerst wird die Seele (zumeist Uranus-Transite) vom Drang nach Freiheit bewegt. Daraufhin wird das Kind vom schlechten Gewissen gequält, es kann sich kaum vorstellen, die Loyalität zu verletzen. Das enge Band um sein Herz zieht sich im Kampf um die Freiheit immer weiter zu, bis der Mensch glaubt zu ersticken. Um sich aus den Fängen des Fremdartigen zu retten, muss jetzt der erlösende Schritt folgen, sonst glaubt er, sich für immer verloren zu haben. Der notwendige Schnitt hinterlässt tiefe Wunden bei beiden Beteiligten, ein bisschen so, als würde man siamesische Zwillinge trennen. In der Regel wird das »zurückgelassene« Familienmitglied böse (das gilt nicht für Verstorbene, sie sind da deutlich gütiger und weiser). Die im plutonischen Pakt gebundene Liebe versiegt, eine Trennung ist unausweichlich. Der Mensch darf sich durch nichts von diesem Schritt – es handelt sich hier um eine gute Trennung – abbringen lassen. Auch wenn der Vater aus Enttäuschung tobt, enterbt, schreit, weint oder zu was er sonst noch fähig ist, ohne deutliche Abgrenzung bliebe alles beim Alten. Auch wenn es in dieser Phase keinen Kontakt mehr gibt, so muss dies als zum Lösungsprozess gehörig akzeptiert werden. Erst wenn das Kind das Bündnis: »Ich mache es dir und deinen Vorstellungen recht, Papa«, ganz verlassen hat, kann es zurückkehren. Ganz gleich wie viel Zeit zwischen dem ersten Schritt und dieser Rückkehr liegt – egal ob der Vater verschlossen bleibt oder nicht, das Lösungsziel, das nicht aus den Augen gelassen werden darf, ist die freie Liebe: »Ich bin dein dich liebendes Kind, aber ich bin, denke, handle nicht wie du. Ich bin ganz anders und das ist in Ordnung so.«

In einem anderen Fall, in dem die Tochter (Aszendent Löwe – Sonne Skorpion) ebenfalls ganz nahe beim Vater stand – sie ergriff den gleichen Beruf und führte mit ihm gemeinsam ein Geschäft – begann das Drama, als sie sich, nach einer Familienaufstellung, erstmals ernsthaft verliebte. Von dem Moment an gab es nur noch Streit und Unfrieden. Der Vater konnte und wollte ihren Mann nicht akzeptieren. Er machte ihr das Leben schwer, wo er nur konnte. Er wollte, obwohl er sich dessen sicher nicht bewusst war, nicht auf die »Frau« an seiner Seite verzichten. Mit der Geburt des ersten Enkelkindes wurde das Verhältnis noch schlechter. Die Frau hatte keine andere Wahl, sie musste, um deutlich zu zeigen, dass ihr Platz neben ihrem Mann ist, das Geschäft verlassen. Nur durch dieses Opfer – es war finanziell ein großes Opfer – und durch eine längere Trennung konnte sie eines Tages als Kind zu ihrem Vater zurückkehren. Solche Prozesse dauern oft viele Jahre und müssen mit viel Geduld und ganz besonders von dem Wissen um die Ordnung getragen werden.

Ebenso wie Eltern ihr Kind vereinnahmen können, gibt es auch Kinder, die ihre Eltern nicht »entlassen« können. Sie halten sie für die Ursache ihres »verpfuschten« Lebens und für schuldig alleine dadurch, dass sie sind, was sie sind: unvollkommen. Ein Sonne/Pluto-Aspekt kann sich auch in dieser Weise auswirken. Jetzt steht das Kind auf Plutos Seite und schaut auf die seiner Vorstellung nicht entsprechenden Sonne und weigert sich, diese, so wie sie ist, anzunehmen. Der Mensch vergleicht sein Wunschbild vom Vater mit dem realen Vater und verzichtet. In manchen Fällen zieht das Kind das Vaterideal der Wirklichkeit vor. Oft wird es dabei von der Mutter unterstützt und lebt dann mit einem Bild zusammen, ohne zu merken, dass Bilder wenig Wärme spenden. Zumeist allerdings weist dieser Aspekt auf Abwehr hin und – wie wir wissen – bindet nichts mehr als Ablehnung. Ablehnung ist ein festes Band, das sich unsichtbar um die Seele legt und unfrei macht.

Ritual

Setze oder lege dich bequem hin. Schließe deine Augen und konzentriere dich auf deinen Atem. Atme langsam und ruhig, entspanne dich. Jetzt holst du dir deinen Vater (oder die Person, die für dich hinter der Sonne/Pluto-Konstellation steht) vor dein inneres Auge und sprichst: »Lieber Vater (oder wie du deinen Vater als Kind genannt hast), ich habe lange versucht, es dir recht zu machen. Dir zu gefallen. Teilweise bin ich mir selbst dadurch sehr fremd geworden. Als ich festgestellt habe, dass ich in vielem anders bin als du, habe ich begonnen dich abzulehnen. Jetzt stehe ich irgendwo verloren zwischen meinem Wunsch, von dir geliebt zu werden und doch so zu sein, wie du mich gerne hast und meinem großen Verlangen nach Individualität und Freiheit. Ich bin froh, eine Lösung gefunden zu haben. Du bist zwar der Vater, der Große, und ich das kleine Kind, das gibt dir aber kein Recht, mich in deine Vorstellungen hineizubinden. Ebenso wenig habe ich das Recht, dich zu kritisieren. Ich nehme dich jetzt so wie du bist und bitte dich darum, auch mich so zu nehmen, wie ich bin. Ich liebe und achte dich, auch wenn du heute diesen Schritt noch nicht machen kannst. Ich fühle mich dennoch frei, die Enge unserer Sippengeschichte zu verlassen.« Schau deinem Vater ins Gesicht, vielleicht schaut er dich ja ganz freundlich an und du möchtest ihn umarmen, bevor du das Gespräch mit ihm beendest. Falls er dich ablehnend ansieht, lasse dich nicht beirren. Widerstehe sowohl der Versuchung, zu altem Widerstand zurückzukehren (»Ich habe es ja gewusst!«), als auch dem Wunsch des Kindes, sich die Liebe des Vaters dadurch zu holen, dass es sich in seine Vorstellungen hineinbegibt. In beiden Fällen verlierst du die wiedergewonnene Liebe. Und diese – nur diese – bringt dir die Freiheit.

Pluto/Jupiter
Religiöse Bindungen

Der folgende Text gilt für Jupiter/Pluto-Konjunktion, -Quadrat, -Opposition oder -Spiegelpunkt, Aszendent Skorpion mit Pluto im Schützen oder im 9. Haus, Aszendent Schütze mit Jupiter im Skorpion oder im

8. Haus und abgeschwächt für Jupiter im 8. Haus bzw. im Skorpion, Pluto im 9. Haus oder im Schützen.

Im Gegensatz zu d en anderen Pluto-Verbindungen finden wir oft im Herkunftssystem keine konkrete Person, von der diese Thematik vertreten wird. Die Verbindung der beiden Prinzipien Schütze und Skorpion weist zumeist darauf hin, dass in der Sippe – zumindest auf einer Seite – eine übergeordnete, geistige, religiöse Einstellung vorherrscht. Gerade die im Sonne/Pluto-Absatz erzählte Geschichte hätte vermuten lassen, dass diese sich in irgendeiner Weise mit dem Schütze-Thema verbunden im Horoskop zeigt. Viele ähnliche, von einer Person der Herkunft stammenden geistigen Einengungen spiegeln sich eher in den Plutoverbindungen mit Sonne und Mond. Offensichtlich ist dabei die Loyalität zu dem entsprechenden Familienmitglied größer als die zu den geistigen Inhalten. Auch bei Jupiter/Pluto-Aspekten finden sich ab und zu eine Großmutter oder eine andere weit früher geborene Person, von der man weiß, dass sie der Religion ihr Leben widmete. Doch das ist eher die Ausnahme. Viel öfter erzählen Klienten, dass sie sich an religiöse Werte gebunden fühlen, die »irgendwie, wie eine dunkle Wolke« über der Familie schwebten. Viele oft unausgesprochene Ge- und viele Verbote geistern in der Familienseele herum und lähmen zeitweise ihre Mitglieder. Man hört davon, dass eine Tante den Mann ihrer Wahl nicht heiraten durfte, da dieser z.B. nicht katholisch war. Und man spricht hinter vorgehaltener Hand von dem unehelich geborenen Sohn eines Großonkels, der »in Schande« zur Welt kam. In einer von Jupiter/Pluto beherrschten Sippe gibt es zu Bildern erstarrte Systeme von Gut und Böse und von Recht und Unrecht. Man hält an einem Glauben fest, als sei nur dieser Heil bringend. Sehr oft speisen sich diese Bilder aus strenger christlicher Tradition, sie können aber auch anderweitig untermauert sein. Sie beinhalten jedoch immer eine an etwas Höheres gebundene Moral, der sich die Familie manchmal über mehrere Generationen hinweg verpflichtet fühlt.

Der Mensch mit einer Jupiter/Pluto-Verbindung im Horoskop spürt, dass ein Teil seines Wesens nicht frei ist. Oft glaubt er auf der bewussten Ebene, die engen religiösen Dogmen und Wertvorstellungen längst verlassen zu haben. Vielleicht hat er sogar den Schritt gewagt, aus der Kirche auszutreten. Doch in bestimmten Momenten seines Lebens spürt er, wie fest er dennoch sitzt. Plötzlich befindet er sich in einem ähnlich geschlossenen System. Er hat sich einer Idee verpflichtet, von der er einmal annahm, sie würde ihn in die Freiheit und Entwicklung bringen. Kann sein, dass er einem Guru, einer Lehre, irgendeinem theoretischen Gebilde folgt. Irgendwann erkennt er, dass er in eine Sackgasse geraten ist. Ohne es zu merken ist er seiner Sippe treu geblieben, er hat lediglich die Inhalte ausgetauscht, die gebundene Energie ist die gleiche. Das Fatale an diesen Geschichten ist, dass sich der Mensch sehr weit entfernt fühlt von seiner Sippe und ihrem Glauben. Oft schlägt er ganz bewusst einen anderen Weg ein. Manchmal führt er einen jahrelangen Kampf gegen die Kirche, ihre Enge und ihre Moral. Er läuft weit, weit weg und findet sich wieder in einer ähnlichen Sackgasse, einer ähnlich strengen Moral, einem vielleicht noch absoluteren Glauben. So »weit« kommt ein Mensch, wenn er an den Fäden der Verstrickung hängend davonläuft. Solange die tiefe, bindende Treue noch nicht erkannt ist und der jahrtausendealten christlichen Tradition keine Achtung entgegengebracht wird, findet der Mensch ebenso wenig seine Freiheit wie das Kind, das sich über seine Eltern stellt. Jeder, der es besser weiß, der sich über die Kirche und damit über seine Familienangehörigen stellt, die ihr im Glauben treu ergeben sind, wird unbewusst an einer anderen Stelle seines Lebens ein Opfer bringen. Er macht sich ebenso unfrei wie es – so glaubt er – seine Vorfahren waren. Erst wer sehen kann, dass er auf dem Boden einer zweitausend Jahre alten Geschichte steht, kann weitergehen. Tatsache ist, dass die Kirche im Laufe der Jahrhunderte viel Unrecht getan und viel Gutes bewirkt hat. Doch darum geht es nicht, es geht einzig darum, dass es »die Kirche« nicht gibt. Es gibt Menschen, unsere Vorfahren, und ihren Glauben. Und so wie wir unseren Eltern und Großeltern treu sind, sind wir letztlich der gesamten Sippe treu, ob wir es wollen, so sehen wollen oder nicht. Unsere »Christensippe« grenzt sich ab von anderen Religionsgemeinschaften. Wenn wir das ändern möchten, wenn wir helfen wollen die Grenzen aufzuheben, wenn wir fortschreiten wollen in eine gemeinschaftliche Welt, dann geht das nur, indem wir achten, was war und was ist. Von diesem, und nur von diesem »Ort« aus darf das Ritual vollzogen werden, sonst bleibt es wirkungslos.

Ritual

Setze dich bequem hin, schließe deine Augen und entspanne dich. Überlege, ob in deiner Sippe die streng religiösen Werte von einer Person vertreten wurden, oder ob es sich eher um ein Familienthema handelt. Im ersten Fall atmest du die entsprechende Person vor dein inneres Auge und veränderst den folgenden Text so, dass er auf sie zutrifft. Im Falle dass die – wahrscheinlich aus der christlichen Tradition kommenden – einengenden Werte eher den moralischen Boden bilden, auf dem sich schon viele Generationen bewegten, stellst du dir eine Person vor, die die Religion vertritt. Du rufst sie ähnlich herbei, wie wir in der Aufstellungsarbeit Stellvertreter für »die Religion« auswählen. Sobald sie vor deinem inneren Auge erscheint, betrachtest du sie sehr aufmerksam. Versuche zu erfassen, was sie eigentlich darstellt: Vertritt sie eher die Moral oder die Religion? Ist sie männlich oder weiblich? Das kann dir Rückschlüsse darüber liefern, in welcher Ecke deiner Sippe dieses Thema verwurzelt ist. Ist es eher eine leidende oder eine machtvolle Person? Macht sie dir Angst? Sobald du dir klar darüber geworden bist, wer da eigentlich vor dir steht, schaue ihr fest in die Augen und sprich: »Du bist der Geist des Glaubens und der Religion, der in unserer Sippe herrscht. Ich fühle dich oft in meinem Leben als einengend und behindernd. Ich habe den großen Wunsch, frei zu sein und einen neuen, eigenen Weg zu beschreiten. Aus Loyalität zu dir und zu den Personen, zu denen du gehörst, ist mir dies bis jetzt noch nicht gelungen. Ich weiß, dass alles, was zu dir gehört, in mir weiterwirkt. Doch es gibt vieles, was nicht gut ist und mich behindert. All das lasse ich jetzt bei dir und bei den Menschen, die dich zu dem gemacht haben, was du bist. Für sie bist du in Ordnung, so wie du bist. Ich achte ihren Glauben und damit achte ich auch dich. Doch jetzt lasse ich dich ganz bei ihnen und gehe meinen eigenen Weg. Mein Glaube darf mich frei und glücklich machen.« Jetzt drehst du dich (in deinem Inneren) um und lässt die Person bei all jenen zurück, die sich für sie entschieden haben. Du atmest tief ein und atmest dabei ganz bewusst Freiheit und Leichtigkeit in dich ein und wirst dabei ganz wach.

Pluto / Saturn
Übernommene Verantwortung

Der folgende Text gilt für Saturn / Pluto-Konjunktion, -Quadrat, -Opposition oder -Spiegelpunkt, Aszendent Steinbock mit Saturn im Skorpion oder im 8. Haus, Aszendent Skorpion mit Pluto im 10. oder Saturn im 1. Haus, abgeschwächt auch für Saturn im 8. Haus und Pluto im 10. Haus.

Wenn sich die schicksalhafte Härte des Saturn mit den magisch bindenden Kräften von Pluto vereint, ist der Sog in die Tiefe ungeheuerlich. Es lastet etwas Schweres auf der Seele des Menschen und hält sie – zumindest zeitweise – auf der dunklen Seite des Lebens fest. Es gibt meist eine sehr tief liegende Verbindung zu Ereignissen, die weit vor seiner Geburt liegen. Seine Seele »begibt« sich dorthin, als hörte sie einen Ruf, eine Art Auftrag, das eigene Herz hinzugeben für jemand anderen, für etwas Größeres. Was bleibt, ist Leere – es wird still im Inneren, der Mensch fühlt sich gefangen im Nichts. Im schlimmsten Fall nennt er es Depression. Wenn er seinen Verstrickungen nicht ganz so ausgeliefert ist, spürt er düstere Stimmungen, Stimmungen, die kommen und gehen. Alles ist dann sinnlos, für den Moment gibt es keine Hoffnung, keine Zukunft.

Manchmal stehen auch hier, wie bei anderen Plutoverbindungen, Familienmitglieder mit ihrem schweren Schicksal hinter dieser Konstellation. Doch oft weist die Pluto / Saturn-Verbindung auf eine größere Dimension hin. Manchmal verlässt die Seele die individuelle Ebene und verbindet sich mit der kollektiven Seite des Daseins. Bert Ulsamer berichtet in seinem Buch »Ohne Wurzeln keine Flügel« von der Schuld der Vorväter, die auf den Nachkommen lastet. Er erzählt von Amerika und den Auswirkungen der Vernichtung der Ureinwohner und von der Sklaverei. Wenn Menschen andere ausbeuten, um zu Reichtum zu kommen, dann wird diese Schuld nicht nur von Kindern und Enkeln übernommen, sondern sie fließt weiter zu den Ur- und Ururenkeln. Irgendwann verliert sich dabei der persönliche, familiäre Schicksalszugang und das Sippengewissen erweitert sich auf das ganze Volk. So tragen wir Deutschen alle eine Verbindung zu denjenigen, die im KZ gestorben sind, im Herzen. Irgendwann spüren wir dieses unangenehme Schuldgefühl, das uns beschleicht, wenn die Geschichte des Dritten Reiches zum Thema wird. Wir alle haben einen Pluto, über ihn sind wir verstrickt und verbunden. In erster Linie mit Vater und Mutter, dann mit den direkten Vorfahren und dann mit unserem Volk und weitergehend mit der ganzen Welt. Doch je tiefer diese Wurzeln reichen, desto weniger spüren wir die Auswirkungen. Sie sind jedoch immer vorhanden. Im Unterschied zu den anderen Plutoverbindungen fühlt ein Saturn/Pluto-Geborener sehr deutlich, was auf dem großen Sippengewissen lastet. Er fühlt sich z. B. schuldig, wenn irgendwo eine Polizeisirene heult. Schnell überprüft er, ob er alles richtig gemacht hat. Solche und ähnliche Situationen bringen völlig unverständliche Schuldgefühle hervor, gegen die sich der Mensch nicht wehren kann. Sie überrollen ihn und fangen ihn ebenso ein wie Depression und Dunkelheit.

Ein Patient erzählte einmal, es sei, als würde in seiner Seele plötzlich das Licht ausgeknipst und von einem Augenblick zum anderen befinde er sich in einer anderen Welt. Nichts mehr mache ihm dann Freude, jegliches Gefühl würde verschluckt vom bodenlosen Nichts. In seinen äußeren Lebensumständen gäbe es hierfür keine Erklärung. Diese Zustände verschwänden ebenso plötzlich, wie sie kamen. Wir erforschten seine Familiengeschichte, die nichts Schweres aufwies. Seine Eltern, Geschwister und Großeltern waren gesund und wohlauf, ebenso seine Frau und Kinder. Der Mann kam aus Jugoslawien, er lebte schon lange in Deutschland. Nach eigener Aussage liebte er seine Herkunftsfamilie, doch nicht unbedingt sein Land. Er war Serbe und er war froh, seiner Heimat entkommen zu sein. Mit den Gräueltaten und Ungerechtigkeiten seines Volkes wollte er nichts zu tun haben. Wir fanden heraus, dass er (ein Skorpion-Aszendent mit einer Saturn/Pluto-Komponente im Horoskop), wenn er in den Zustand der Leere und Sinnlosigkeit hineinfiel, mit seinem Herzen zu seinem »Volk« ging. Er opferte dann für Stunden und manchmal für Tage sein gutes Leben in Deutschland und litt mit ihnen. Dieser Zusammenhang lag so tief begraben in seinem Inneren, dass er es lange nicht wahrhaben wollte. Er wusste und fühlte nichts von dieser Loyalität. Der Mensch spürt oft wenig von dem Ruf des Volkes und von den Wurzeln, die – egal wo auf der Welt sich der Mensch befindet – für immer in der Heimaterde bleiben.

Eine andere Geschichte – ebenfalls von einer Jugoslawin – erzählt vom gleichen Zusammenhang. Eine junge Frau, die sich sehr krank fühlte, ohne dass man diese Krankheit je benennen konnte, berichtete in einer Aufstellung davon, wie sehr sie ihre Herkunftsfamilie und ihre Heimat ablehne. Sie sei froh, in Deutschland zu sein und wolle nie mehr zurück. Außer dass sie so krank sei, wäre ja alles in Ordnung. Nachdem sie Stellvertreter für sich, für Deutschland, für Jugoslawien und für ihre Krankheit ausgewählt hatte, begann »Jugoslawien« unglaublich zu weinen. Ein tiefer Schmerz überkam die Stellvertreterin. Die einzige hier noch anwesende, aufgestellte Person, die diesen Schmerz teilte, war die Krankheit. Sie eilte sofort hin zu »Jugoslawien« und umarmte sie. »Deutschland« und die Klientin selbst standen unberührt – ebenfalls wie ein Paar – auf der anderen Seite. Die gestellte Situation spricht für sich selbst. Sie erzählt, was innerseelisch in der Klientin vorging. Sie opferte ihrem durch Krieg und Gewalt gequälten Volk ihre Gesundheit. Nur wenn sie sich selbst ebenso quält – so spricht das Sippengewissen – gehört sie zu ihnen. Dass der »Kopf« woanders leben möchte, interessiert das Unbewusste wenig. Die beste Lösung, die sich in dieser Aufstellung zeigte, war für die Frau nicht – oder noch nicht – annehmbar. Sobald *sie* sich neben Jugoslawien stellte, wollte die Krankheit gehen, sie würde dann nicht mehr gebraucht. Das hieße, sie müsste zurück in ihr Land, um gesund zu werden. Da ihr Lebensmittelpunkt in Deutschland war, kam das nicht in Frage. Die mögliche Lösung sieht ähnlich aus wie die des ersten Beispiels. Nachdem die tiefe Loyalität und die Liebe zum Herkunftsland aufgedeckt und gesehen wird, kann das Opfer allmählich gewandelt werden. Im ersten Fall war der Rat an den Mann folgender: Er solle sich einen Tag in der Woche »erinnern«. An diesem Tag darf er sich schwer und depressiv fühlen – aus Liebe zu seinem Volk. Er spricht dann in seinem Herzen zu ihm und sagt: »Ich gehöre zu dir, auch wenn ich hier lebe.« Eines Tages wird dieses freiwillige, bewusste Opfer wegfallen. Dann darf er auch im Ausland glücklich sein. Wenn im Inneren *seiner* Seele ihm niemand dieses Glück missgönnt, ist er frei.

Die Verstrickung der zweiten Geschichte ist schwerer zu lösen. Aufgrund der massiven Ablehnung von Familie und Sippe hat sich die Frau aus Treue zu ihnen über ihre Krankheiten ihnen ähnlich gemacht. Sie hat sich sehr tief mit den Opfern verbunden. Eine Lösung und damit eine Gesundung ist erst möglich, wenn sie die Ablehnung und die damit verbundene Angst vor dem Leid überwunden hat und im Herzen zur Familie zurückkehren kann. Doch muss sie dem auch sichtbar Ausdruck geben. Sie *muss* sie besuchen und den Kontakt wiederherstellen. Für sie ein langer, schwerer, mindestens ebenso schwerer Weg wie der gewählte Weg der Krankheit.

Schauen wir uns noch einmal an, was in der Seele geschieht, wenn Pluto auf Saturn trifft. Saturn symbolisiert die Macht des Schicksals. Er stellt eine objektive Größe dar, der sich der Mensch zu beugen hat, ob er will oder nicht. Er ist Chronos, der Herrscher über die Zeit. Er weiß, zu wem, zu welchem Schicksal, zu welcher Zeitqualität ein Ereignis gehört. Ein Mensch, der das akzeptiert, fühlt sich mit seiner Herkunft verbunden, ohne sich einzumischen. Er trägt sein eigenes Schicksal, lebt in seiner zu ihm gehörigen Zeit. Tritt jetzt Pluto, der Herr der Unterwelt, auf und verführt den Menschen dazu, diese natürlichen Grenzen zu überschreiten, so raubt er Chronos die Zeit: Sie bleibt stehen.

Ereignisse gehören nicht mehr der Vergangenheit an, doch sie haben auch keine Zukunft. Der Mensch holt das Schicksal anderer in seine Zeit, legt es sich auf sein Gewissen und trägt jetzt die Verantwortung dafür – zumindest glaubt er dies. Sein eigener Lebensfluss bleibt für den Moment stehen. Auch für seine Seele gibt es keine Zukunft mehr, es gibt nur noch eine zähe, immer dichter werdende Gegenwart. Er ist ihr hilflos ausgeliefert, während die Last der alten Geschichten jede Hoffnung auf Lösung in ihm erdrückt. Die Zeit der Dunkelheit und des Stillstandes kann erst vorübergehen, wenn der Mensch sich mit der Größe des Schicksals, mit der höheren Ordnung des Saturns auseinandersetzt. In Verbindung mit Pluto ist er der Große und das Schicksal anderer für ihn »tragbar«. Löst er – über Erkenntnis und ein Ritual – die magische Verbindung, schickt er also Pluto zurück in die Unterwelt, so bleibt ein gewandelter Saturn zurück. Saturn wird in eine höhere, objektive Ordnung entlassen und muss nicht mehr dem subjektiven Sippengewissen dienen. Es kommt wieder Bewegung in das Leben eines Menschen, wenn er da steht, wo er hingehört: in seinem Leben und in seiner Verantwortung.

Was geschieht, wenn die »falsche« Person die Verantwortung übernimmt, wissen wir. »Sie schwächt das ganze System«, sagt Bert Hellinger. Bezogen auf die Gegenwart ist dies leicht zu verstehen. Sobald ich jemandem die Verantwortung abnehme, mache ich ihn klein, und lässt er dies zu, wird er zusehends schwächer. Mute ich ihm zu, das zu ihm gehörige Schwere selbst zu tragen, kann er kräftig werden und wachsen (wenn er will). Saturn/Pluto-Geborene neigen zu einem Dauerverantwortungsgefühl. Nicht nur in der eigenen Familie, überall fühlen sie sich aufgerufen einzuschreiten. Wenn, wie im Märchen von Goldmarie und Pechmarie, »die Brote schreien: ›Zieh mich raus!‹«, und die Betten geschüttelt werden wollen, dann sind es immer ganz bestimmte Menschen, die diesen Ruf hören. Es spricht nichts gegen Hilfsbereitschaft, doch die Fragen: »Wem gehören diese Brote, wo ist der Bäcker?« und: »Wer schläft eigentlich in diesen Betten?«, tauchen hier nicht auf und das ist das Problem. Die Welt ist voll mit unerfüllten Pflichten anderer, die danach »schreien«, von jemandem übernommen zu werden. Ist das Ziel dabei das Gold, das der Goldmarie winkt, oder geht es hier um etwas anderes? Jeder Mensch stellt sich in seinem Leben und den dazugehörenden Umständen auf denselben Platz, den er in seinem Familiensystem einnimmt. Es ist *sein* Platz der Zugehörigkeit, der Wichtigkeit, der Loyalität und Liebe. Von hier aus reagiert er auf die Welt, auf Freunde und Partner. Diese Reaktion ist erst einmal unbewusst. Mit den Jahren allerdings erschöpfen sich diese Energien und er wird unzufrieden. Wenn ein Mensch sich immer und überall verantwortlich fühlt, sofort ein schlechtes Gewissen hat, wenn er einmal etwas vernachlässigt, dann wacht er eines Tages auf und ist von schwachen, abhängigen Menschen umgeben. Sie tun sich schwer, ihr Eigenes zu tragen, da man es ihnen so lange abgenommen hat. Mit eintretender Erkenntnis und dem Ablegen des Musters bekommen sie ihre Bürde zurück. Jetzt fühlt sich die »Goldmarie« sofort wie eine »Pechmarie«. Das »Gold« = Liebe, Anerkennung, Lohn etc. bleibt jetzt aus – so glaubt sie. Die Ablösungsphase ist sehr lang und zäh. Mit dem alten Muster verschwindet erst einmal der Selbstwert, der mit der Sicherheit, gebraucht zu werden, verknüpft war. Wirklich gelöst aus der Saturn/Pluto-Gefangenschaft ist man erst, wenn man keinen »Ruf« mehr hört, wenn man der ganzen Welt zutraut, mit dem ihren fertig zu werden, was immer das sein mag.

Der Unterschied, der hier gelernt werden muss, ist die Unterscheidung zwischen Saturn und Saturn/Pluto. Die Grenzen sind manchmal fließend und unklar. Wann gehört eine Aufgabe zu meinem Leben und ich muss dafür die Verantwortung übernehmen, und wann maße ich mir dieses nur an? Kurz gesagt: Alles, was mir das Schicksal »vor die Füße« legt, gehört zu mir und meinem Saturn. Alles, was ich mir herbeihole, fällt unter Saturn/Pluto und ist damit ein Teil der Verstrickung und Unfreiheit.

Verfolgen wir die Saturn/Pluto-Konstellation noch einmal bis hin zu ihren Wurzeln. In den Aufstellungen wird der enorme Sog hin zu einer Geschichte, zu einem Familienangehörigen oft sehr eindrücklich auf der körperlichen Ebene empfunden: Eine

Frau hatte eine geisteskranke Großtante. Diese wurde von ihrem Bruder, also vom Großvater der Frau, denunziert und starb unter dubiosen Umständen in einer Anstalt. Großvater und Großtante lagen in der Aufstellung nebeneinander auf dem Boden (das wird in Aufstellungen häufig mit Tätern und Opfern gemacht) und die Klientin fiel unter dem starken Sog dieses schweren Schicksals nach vorne über. Sie *musste* sich zwischen die beiden legen. Sie fühlte sich verantwortlich für die Tat des Großvaters, ja sie schämte sich für ihn. Der Großtante gegenüber fühlte sie sich so schuldig, dass sie mit ihr sterben wollte. Aus diesen beiden Seiten des Konfliktes bestand – wie sie erzählte – ihr gesamtes Leben. Immer wieder fühlte sie sich an irgendetwas schuldig und schämte sich dafür. Von außen betrachtet waren dies unwichtige Vorkommnisse. Dennoch bestrafte sie sich selbst, indem sie sich von ihrer Liebe und von der Familie zurückzog und unglücklich und depressiv war. Niemand konnte sie dann erreichen, sie fühlte sich wie tot (wie die Großtante). In der Aufstellung war sie lange nicht dazu zu bewegen, den Platz bei ihren Ahnen zu verlassen. Sie fühlte sich dort so unabkömmlich, als könne sie allein durch ihre Anwesenheit das Schicksal noch wenden. Auch ihr »Kopf« weiß natürlich, dass die Vergangenheit nicht zu ändern ist, doch ihr Gefühl wollte und wollte es nicht begreifen. Sie konnte sich nicht vorstellen, jemals ihren Großvater und seine Schwester alleine ihrem Schicksal zu überlassen. Diesem Sog ist mit Logik nicht beizukommen. Der Verstand weiß längst, dass das, was war, nicht mehr zu ändern ist. Wenn ein Nachkomme sich »dort« verantwortlich fühlt, dann verändert er nicht die Vergangenheit, sondern seine Gegenwart. Er nimmt die Geschichte mit in sein Leben und »schenkt« ihr mehr Energie als z. B. seiner Familie. Die Frau war erst zu bewegen, diesen Platz zu verlassen, als ihr ihre Kinder und ihr Mann in den Sinn kamen, die sonst weiterhin leer ausgehen würden. Mit Hilfe der Kraft ihrer Eltern und mit einem Lösungsritual zwischen dem Großvater und seiner Schwester gelang es ihr schließlich, dem Sog zu widerstehen. Erst jetzt gelang es ihr, eigene Lösungsworte zu sprechen. Wie sie selbst später erzählte, dauerte dieser Prozess mehr als ein Jahr. Immer wieder spürte sie das alte »Verantwortungsgefühl«, das sie zurückkehren ließ in Schuld und Scham.

Was geschieht im Inneren der Seele, wenn ein Mensch sich für einen anderen schämt? Einerseits richtet er ihn, er stellt sich also über ihn, als sei er ein besserer Mensch, und andererseits nimmt er ihm etwas ab: die Schuld. Beide Gefühle rauben einem Menschen seine Gegenwart und damit seine Lebendigkeit und Energie. Um die verlorene Kraft zurückzugewinnen, muss sich der Mensch mit Saturn als dem Hüter der Ordnung, als dem großen Weisen auseinandersetzen. Nur wenn sein Herz lernt, sich dieser mächtigen Gestalt zu beugen, kann es frei werden.

Ritual

Nachdem *du weißt, welche Person, Personen, welches Volk oder welcher große Schicksalszusammenhang hinter deiner Saturn/Pluto-Konstellation steht, ist die Zeit gekommen, mit diesem Ritual zu beginnen.*

Lege dich bequem hin, achte darauf, nicht gestört zu werden und schließe die Augen. Atme langsam, tief und gleichmäßig, bis dein Körper und Geist entspannt sind.

Jetzt hole dir die Person bzw. Personen, evtl. die ganze Sippe oder eine große Gruppe Menschen stellvertretend für ein Volk, vor dein inneres Auge. Handelt es sich dabei um Täter und Opfer, so mache keinen Unterschied, sie gehören alle dazu. Während du die Anwesenden betrachtest, bleibst du so neutral wie möglich. Du bist nur Beobachter. Falls du merkst, wie deine Gefühle sich einmischen wollen, hole sie zurück, gib ihnen nicht nach. Um wen auch immer es sich hier handelt, es ist sein Schicksal und nicht deines.

Um dies zu bestätigen, taucht jetzt eine große Gestalt auf: das Schicksal. Die Gestalt ist weder dunkel noch hell, weder bedrohlich und furchteinflößend noch engelhaft. Sie ist sehr groß, größer als du und alle Anwesenden. Sie tritt majestätisch mit großen Schritten auf und stellt sich hinter die Familienmitglieder oder die Ahnengruppe, um die es heute geht. Du kommst dir ihr gegenüber sehr klein vor. Du bemerkst, dass du, um sie anzu-

schauen, weit nach oben blicken musst. Wahrscheinlich kannst du ihr Gesicht nicht deutlich erkennen, aber du spürst die Macht, die von ihr ausgeht. Du dagegen fühlst dich machtlos und klein. Schaue jetzt auf die anwesenden Personen und sprich: »Euer schweres Schicksal tut mir leid, ich bin euch sehr verbunden und fühle mich für das, was war, für das, was ihr erleiden musstet, verantwortlich. Ich trage diese Verantwortung aus Liebe zu euch (dich), auch wenn es mich manchmal fast erdrückt. Doch jetzt, wo ich sehe, wie klein ich bin und wie groß euer Schicksal ist, kommt es mir lächerlich vor, dass ich mich da eingemischt habe. Ich sehe euch jetzt verbunden mit der Größe eures Schicksals und ziehe mich daraus zurück.« Schau auf die Schicksalsgestalt und sprich: »Du bist groß und weise, es ist anmaßend von mir, mich einzumischen.« Verneige dich tief vor dem »großen Weisen« und gib deinen Ahnen mit einer Geste der Demut die ganze Verantwortung für ihre Geschichte zurück. Sprich dabei folgende Worte: »Ich achte euer Schicksal und lasse es bei euch. Bitte steht hinter mir und gebt mir Kraft, mein eigenes Schicksal anzunehmen und zu verantworten.«

Atme nach diesen Worten die Kraft deiner Ahnen, deiner Sippe und deines Volkes ganz tief in dich ein. Lasse dir Zeit. Dann öffne deine Augen und schaue auf dein eigenes Leben – es gibt viel zu tun.

Pluto / Uranus
Die Ausgegrenzten und der Loyalitätskonflikt

Der folgende Text gilt für Pluto / Uranus-Konjunktion, -Quadrat, -Opposition oder -Spiegelpunkt, Aszendent Wassermann mit Uranus im 8. Haus, bzw. im Skorpion, Aszendent Skorpion mit Pluto im 11. Haus.

Zwei große Themen der Familiendynamik werden von Pluto / Uranus dargestellt: Die Bindung an das Schicksal Ausgegrenzter und der Loyalitätskonflikt. Zwei widerstreitende Prinzipien stoßen hier aufeinander. Pluto möchte Bindung, Zugehörigkeit und Identifikation, während Uranus immer nach Freiheit und Loslösung strebt. Jeder Mensch, der beiden Prinzipien gleichzeitig gerecht werden möchte, fühlt sich zutiefst zerrissen und gespalten. Ein wichtiger Teil des inneren Zusammenhaltes einer Familie ist die Tatsache, dass jedes Mitglied das gleiche Recht auf Zugehörigkeit hat. Wird jemand zu Unrecht ausgeschlossen, kann das schlimme Folgen haben, denn dessen Schicksal wird von einem später Geborenen wiederholt. Dieser schließt sich durch Bindungsunfähigkeit immer wieder selbst aus. Zu den ausgegrenzten Personen gehören alle, für die man sich geschämt hat (z.B. geistig und körperlich Behinderte, die ins Heim abgeschoben wurden), und Menschen, die den Werten des Familiensystems nicht entsprachen und ausgestoßen wurden.

Jede Familie kennt die »schwarzen Schafe«, von denen nicht mehr gesprochen werden darf, deren Geschichte nur hinter vorgehaltener Hand erzählt wird. Im Gegensatz zu den anderen Plutoverbindungen lädt sich der Pluto/Uranus-Geborene nicht das Schicksal des Familienmitgliedes auf, sondern er stellt sich zu ihm hin. Eine Sippe ist eine geschlossene Gruppe, die ihre Sicherheit und Zugehörigkeit aus den gemeinsamen Werten bezieht. Da ein Mensch sich nur wohl und geborgen fühlt, wenn er seinen Platz in ihrer Mitte einnehmen darf, opfert er oft – zumindest unbewusst – ein Stück seiner Individualität und freien Entfaltung. Die Zugehörigkeit ist ihm so wichtig, dass er bereit ist, sich an religiöse und moralische Werte zu binden, ohne sie je in Frage zu stellen. Im Herzen dieser Werte schlägt das Sippengewissen, das überprüft, ob Mitglieder der Gemeinsamkeit treu und ergeben sind. Die Definition dieser Treue und Loyalität kann je nach Geschichte einer Sippe sehr eng oder etwas lockerer sein. Egal wie dicht das moralische Netz geflochten ist, es wird immer einen geben, der herausfliegt. Entweder weil es ihm zu eng geworden ist und er freiwillig geht, oder weil sein Schicksal ihn aus den vorgegebenen Werten herausbricht (so z.B. die Geisteskrankheit). Ein Mensch mit einer starken Pluto/Uranus-Betonung folgt ihm dorthin und stellt sich auf seinen Platz. Er verlässt die Bindung an die Ideale der Sippe und bindet sich an den Ausgegrenzten. Dort möchte er – und das kann durchaus bis zu zwei Generationen später erfolgen – an den »Rauswurf« erinnern. Er tut alles, um auch herausgeworfen zu werden. Jetzt ist er das »schwarze Schaf«. Er verströmt den »Geruch« der Andersartigkeit und ruft so – unbewusst – dazu auf, ihn aus Gruppen, aus Beziehungen, aus dem Beruf etc. »rauszubeißen«. Oft versteht der Mensch nicht, wie es dazu kommt. Er benimmt sich »ganz normal«, versteht nicht, wodurch ihm so viel Antipathie und manchmal sogar Widerwille entgegenkommt. Schon früh leidet er darunter, seinen Platz in der Familie und im Leben nicht zu finden. Schon immer war er ein unruhiges Kind und wie auf dem Sprung.

Die folgende Geschichte eines jungen Mannes kann uns diesen Zusammenhang verdeutlichen. Er war als Kind das, was man landläufig eine Nervensäge nennt. Ob Eltern, Lehrer oder Geschwister, er trieb sie alle zur Weißglut, so dass sie sehr streng mit ihm sein mussten. In der Schule stand er oft vor der Tür, seine Mitschüler mochten mit ihm nicht spielen, da er sie immer nur ärgerte. Seine Legasthenie und seine Unkonzentriertheit ließen keine besonderen schulischen Leistungen zu, so dass er sich zu einer Sportkarriere entschloss. Jetzt trainierte er alleine täglich viele Stunden, für Beziehungen war keine Zeit. Er erzählte, dass er eigentlich immer im Abseits stand, einen Platz irgendwo inmitten einer Gruppe kannte er nicht. Jede zaghaft geschlossene Freundschaft zerbrach nach kurzer Zeit. Bis zum Zeitpunkt seiner ersten Beratung war er letztlich immer alleine (Pluto/Uranus im 1.Haus). Erst nach wiederholten Fragen und mühevoller Hartnäckigkeit erfuhr er von einem ausgegrenzten Onkel. Über diesen Bruder des Vaters wurde nicht gesprochen, er wurde niemals zu Familienfesten eingeladen. Er war ein »komischer Kauz«, der einer Art Sekte »auf den Leim« gegangen war – so erzählte man –, kurzum er war untragbar für eine angesehene Familie. So untragbar wie der »böse Junge« in seiner Kindheit und Jugend. Aus Liebe, und um damit an den ausgegrenzten Onkel zu erinnern, gab er sich jede Mühe, ebenfalls ausgestoßen zu werden.

Nach der therapeutischen Arbeit suchte er den Onkel auf, lernte ihn kennen und lieben und holte ihn in die Familie zurück.

Manchmal reicht es nicht, diesen Vorgang alleine im Herzen zu vollziehen. Mit der Rückkehr des Onkels änderte sich sein gesamtes Leben. Heute hat er einen guten Platz im Beruf und im Privatleben.

Ritual

Lege oder setze dich bequem hin, schließe die Augen. Gehe in Gedanken in deinem Leben spazieren. Suche all jene »Plätze« auf, an denen du dich ausgeschlossen gefühlt hast. Erinnere dich an das Gefühl, das du dabei hattest. Sobald dir die vertraute Stimmung wieder ganz nahe ist, beginnst du langsam und aufmerksam zu atmen. Mit Hilfe deiner ruhigen Atemzüge holst du dir die Person vor dein inneres Auge, die für dich deinen Uranus/Pluto vertritt. Auch sie wurde ausgeschlossen, auch sie hat einen Platz außerhalb der Familie.

Schaue sie jetzt an und sprich zu ihr: »Aus Liebe zu dir stehe ich auf dem gleichen Platz wie du. Um an dich zu erinnern, suche ich schon mein Leben lang die Ausgrenzung. Oft hat mir dies sehr wehgetan, ähnlich wie dir.«

Schaue jetzt genau hin und überlege, ob diese Person, für die du das tust, dein »Opfer« annimmt. Möchte sie, dass du deine Zugehörigkeit für sie opferst?

Du wirst sehen, dass sie sich freut, dass du an sie denkst, doch dein Opfer bringt ihr nichts.

Sprich zu ihr: »Was immer die Familie über dich denkt, für mich gehörst du dazu. Du bist mein lieber Onkel (Tante, etc.).«

Kaum hast du dies gesagt, tauchen vor deinem inneren Auge die Familienmitglieder auf, von denen du gehört hast, dass sie besonders an dem Ausschluss beteiligt waren. Sprich jetzt zu ihnen: »Schaut, das ist …, ich habe dadurch, dass ich mich oft ausgegrenzt habe, an ihn (sie) erinnert. Für mich gehört er (sie) dazu, so wie ich ab heute auch dazugehören werde.« Du schaust nicht darauf, wie die Familie und die ausgegrenzte Person miteinander umgehen. Das ist alleine ihre Sache und geht dich nichts an. Du hast deinen Teil getan.

Jetzt atme dich zurück und stelle dir zuerst, bevor du wieder ganz zurückkommst, dabei vor, wie du seelisch an einen anderen

Ort zurückkehrst. Du visualisierst einen Platz, an dem du gerne stehen möchtest – z.B. bei deinem Partner, Freunden, Kollegen. Sprich innerlich zu ihnen: »Jetzt gehöre ich dazu.«

Dann atmest du ein paar Mal tief und kräftig ein und wirst dabei ganz wach, du spürst wieder deinen Körper, bist wieder ganz da.

Auch das zweite große Wassermann/Skorpion-Thema beschreibt einen ähnlich unsicheren Platz oder – besser gesagt – das Pluto/Uranus-Kind wagt es kaum, überhaupt einen Platz einzunehmen. Seine Seele ist in zwei Teile gespalten: Mitten durch sein Herz geht ein Riss, der ihm keine Ruhe lässt, der immer wieder aufbricht, sobald es glaubt, ihn einigermaßen »gekittet« zu haben.

In den meisten Ehen finden zwei Menschen zueinander, die – da sie aus unterschiedlichen Sippengeschichten kommen – auch verschiedene Werte vertreten. Jedes Kind steht vor der Aufgabe, beiden gerecht zu werden. Wenn die Eltern sich lieben und achten, braucht es dem keine große Aufmerksamkeit zu geben und es wird stolz darauf sein, dass sich die verschiedenen Ströme in ihm verbinden. Durch seine Existenz leben Vater und Mutter in ihm fort. Wenn der Vater in seinem Kind die Mutter liebt und wenn die Mutter in ihrem Kind den Vater achtet und liebt, entsteht im Kind eine kraftvolle Verbindung, eine neue Dimension, Entwicklung. Wenn aber die Eltern die Ähnlichkeit, die das Kind mit dem Partner hat, an ihm ablehnen, hat es das Kind schwer, sich diesen Elternteil als Vorbild zu nehmen bzw. überhaupt zu nehmen. Gleichzeitig aber fühlt sich das Kinderherz dem abgelehnten Elternteil gegenüber loyal und treu. Es ist schon schlimm genug, wenn ein Kind miterlebt, dass ein Elternteil den anderen ablehnt. Wenn aber beide unversöhnlich nebeneinander stehen, dann ist das Kind völlig verwirrt und orientierungslos. Sobald es sich – mit wem auch immer – identifizieren möchte (Pluto), fühlt es sich als Verräter (Uranus) und wechselt aus Loyalität zum anderen Elternteil die Seite (Pluto), und dort macht es sich wiederum schuldig und wechselt zurück (Uranus). So entsteht keine Ruhe, keine Zugehörigkeit, keine dauerhafte Bindung.

Auch im späteren Leben wird der Mensch diesen Loyalitätskonflikt suchen und sich wiederholt in Situationen vorfinden, in denen er sich hin und her geworfen fühlt.

Einige Beispiele über die möglichen Wurzeln eines solchen Konfliktes:

Ein junges Mädchen, deren Eltern aus verschiedenen Kulturen stammen (arabisch und deutsch), erlebte in ihrer gesamten Kindheit und Jugend den Streit und die Unvereinbarkeit ihrer Eltern hautnah mit. Der Vater hatte gemäß den Werten seiner Heimat noch zusätzliche Frauen, er war der absolute Herrscher im Haus. Die Mutter kämpfte unentwegt um ihren, ihr aus der europäischen Tradition heraus, zustehenden Platz. Das Mädchen beendete jede persönliche Beziehung, sobald sie sich – unbewusst – zur Mutter stellte und dort eine extrem emanzipierte Haltung einnahm. Diese ließ den von ihr gewählten Partnern keinen Raum. Kaum waren die Beziehungen beendet, band sie sich neu. Jeder neue Partner benahm sich wie der Vater: machtvoll und selbstherrlich. Am Anfang war sie erst einmal brav und unterwürfig – so brav, wie es eine arabische Frau wäre. Bis sie dann die Seiten wieder wechselte und alles von vorne begann. Zum Zeitpunkt, als sie in die Beratung kam, hatte sie schon unzählige dieser Wechsel hinter sich.

Ein zweites Beispiel:

Ein Mann hatte einen starken, sehr geschäftstüchtigen Vater, der aufgrund seiner Arbeit wenig Zeit für Kinder und Familie hatte. Die Mutter richtete ihre Aufmerksamkeit mehr auf das Innerseelische. Während der gesamten Kindheit hörte der Mann die gegenseitigen Vorwürfe seiner Eltern: Die Mutter litt unter dem Vater, der ihr keine Aufmerksamkeit schenkte, der Vater litt unter den Vorwürfen seiner Frau, der er es nicht recht machen konnte. Als der Mann älter war und ein Geschäft eröffnete, stellte er sich damit auf die Seite des erfolgreichen Vaters. Jetzt fühlte er sich – unbewusst – als Verräter an den Werten der Mutter. Er opferte ihr den Erfolg und ruinierte erst einmal sein Geschäft. Damit versprach er seiner Mutter, nicht so zu werden wie der Vater (was sie oft auch laut aussprach). Kurz bevor das Geschäft ganz ruiniert war, stellte er sich mit einem flauen Gefühl, nun die Mutter zu verraten, wieder zurück zum Vater und rettete damit seine Existenz. So ging das eine Zeitlang – bis zum lösenden Ritual – hin und her. Er fand nur sehr schwer seinen Platz. Heute »darf« er erfolgreich sein und hat gleichermaßen genügend Zeit für sein Innenleben und andere Dinge. So finden Vater und Mutter in ihm ihre Ruhe.

Mit einer Pluto/Uranus-Konstellation sind die Eltern oder die zwei Sippen, oder welche Personen auch immer dahinterstehen, wirklich unvereinbar. Entstammt z.B. der Vater einem Adelsgeschlecht und die Mutter ist eine »arme« Angestellte, so ist das Gefälle kaum überbrückbar. Oder der eine ist eventuell krank und bedürftig, der andere Elternteil aber erfreut sich seiner Gesundheit, ist frei und genießt sein Leben. Auch hier entsteht ein Ungleichgewicht, ein unüberbrückbares Ungleichgewicht. Mag auch sein, dass die Sippe des Vaters streng gläubig und moralisch ist, während die Mutter einer leichtlebigen Herkunftsfamilie entstammt. Manchmal deutet diese Konstellation auf zwei Herkunftsländer hin, deren Wurzeln sowohl in verschiedenen Religionen wie unterschiedlichen Traditionen stecken. Der Pluto/Uranus-Geborene springt – zumindest unbewusst – von einer Seite zur anderen. Das macht ihn wurzellos und heimatlos. Jede Bindung und jede Identifikation wird von ihm nach einiger Zeit gelöscht und er steht unter dem Zwang, sich zu befreien. Das einzige Wohlgefühl, das er kennt, entsteht im Moment des Aufbruchs. Sobald er sich, weil das Leben dies fordert, wieder neu bindet, fühlt er sich schlecht. Seine Kinderseele spürt den Verrat an der anderen Seite. Manchmal wählt der Mensch, ein Suchender, d.h. ganz orientierungslos, zu bleiben. Zumindest solange es die Lebensumstände zulassen, ist er »unterwegs«. Eventuell bleibt er ein »ewiger Student«, ein ewiger Jüngling oder eine »Cinderella«. Lieber fängt er ein neues Studium an, als in einem Beruf »anzukommen«. Oder er zieht unentwegt um und schlägt nirgends wirklich Wurzeln. Es ist ihm letztlich lieber, nirgends zu sein, als sich dem schmerzhaften Riss durch sein Herz zu stellen.

Dabei ist die Lösung so einfach, sobald man sie kennt.

Ritual

Überlege zuerst, welche beiden Personen hinter deiner Pluto/Uranus-Konstellation stehen. Das müssen nicht unbedingt die Eltern sein. Unser Ritual bezieht sich der Einfachheit halber auf die Eltern. Falls du Herkunftsländer oder andere Personen für dich herausfindest, ändere den Text.

Nimm dir zwei Blatt Papier und schreibe alle guten Eigenschaften der einen Seite und alle guten Eigenschaften der anderen Seite auf ein Blatt. Betrachte sie beide voneinander getrennt, nicht durch den gewohnten Blick des anderen Elternteils.

Jetzt schließe deine Augen und visualisiere deine Eltern. Sprich zuerst zum Vater: »Lieber Vater, du hast viele gute Eigenschaften, die ich von dir gerne annehme. Ich danke dir dafür und mache das Beste daraus.«

Jetzt schaue auf die Mutter und sprich zu ihr: »Liebe Mutter, du hast viele gute Eigenschaften, die ich gerne von dir annehme. Ich danke dir dafür und mache das Beste daraus.«

Jetzt schaue noch einmal auf beide Eltern und sage: »Ich nehme von euch beiden das Beste. In mir verbindet sich eure Unterschiedlichkeit zu etwas sehr Gutem. Euren Konflikt lasse ich bei euch. Ich bin froh, dass ihr meine Eltern seid. So wie ihr seid, schätze ich euch beide.«

Wenn du ein Mann bist, sage jetzt: »Weil ich ein Mann bin wie du, Vater, stehe ich ein bisschen mehr auf deiner Seite.«

Bist du eine Frau, sprich zur Mutter: »Weil ich eine Frau bin wie du, Mutter, stehe ich ein bisschen mehr auf deiner Seite.«

Pluto/Neptun und andere Neptunverbindungen Bindungen ans Jenseits und Familiengeheimnisse

Der folgende Text gilt für Pluto/Neptun-Quadrat, -Opposition, -Spiegelpunkt, Aszendent Fische mit Neptun im Skorpion, Aszendent Skorpion mit Pluto im 12. Haus, alle Aszendenten mit dem Herrscher vom 1. im 12. Haus oder mit dem Herrscher vom 1. Haus in Verbindung mit dem Neptun (besonders die Konjunktion), Neptun im 1. und 4. Haus und abgeschwächt für Neptun im 8. Haus.

Unter dieser Überschrift befinden sich Zuordnungen, die astrologisch eigentlich nicht hierher gehören. Sowohl die Aszendenten, die ihren Herrscher im 12. Haus haben, als auch die anderen Neptun-Verbindungen, die keine Skorpion-Komponente aufweisen, könnten ebenso gut im Kapitel über die Aszendenten stehen. Ein Neptun im 4. Haus passt ebenso unter die Überschrift Mond/Neptun. Und doch sind sie hier bei den »Bindungen ans Jenseits« besser aufgehoben. Diese astrologischen Komponenten wirken wie Pluto-Verbindungen. Der einzige Unterschied ist manchmal die Intensität und Ausschließlichkeit, mit der ein Mensch sein Leben opfert und sich den Toten verschreibt. Ein Planet als Herrscher des Aszendenten im 12. Haus kann in Ausnahmefällen auch einmal auf eine verschollene oder verschwiegene Person hindeuten; aber in den meisten Fällen ist es eben doch ein Verstorbener, dem ein Nachkomme einen Teil seiner Energien zur Verfügung stellt. Im Gegensatz zu der Uranusstellung im Horoskop, die nur in ganz bestimmten Verbindungen auf eine ausgegrenzte Person hinweist, finden wir bei sehr vielen verschiedenen Neptun-Konstellationen einen Bezug zu Verstorbenen. Das mag daran liegen, dass der Tod das größte und wichtigste Thema überhaupt ist und dass jede Sippe davon betroffen ist. Der Verlust eines Familienmitgliedes – besonders der frühe Verlust – verursacht viel Schmerz und Trauer. Diese Gefühle setzen sich weiter fort und werden von den nächsten Generationen weitergetragen. So gibt es so gut wie in jeder Familie früh verstorbene Kinder und im Krieg gefallene Väter und Brüder usw. Der Tod ist nirgends ein gern gesehener Gast, und solange der Mensch Leben und Tod, Diesseits und Jenseits nicht gleichzusetzen versteht und sich mit den beiden Seiten des Daseins nicht aussöhnt, wird der Planet Neptun für ihn immer einen Verlust darstellen.

Am deutlichsten verstrickt und gebunden an eine falsche Vorstellung vom Tod sind die Menschen, bei denen Neptun irgendwie mit Pluto verbunden ist. Sie können nicht leben und nicht sterben. Sie vertreten die Verstorbenen hier auf Erden mit so viel Energie, als könnten sie sie damit zum Leben erwecken. Oder sie folgen ihnen ins Jenseits und halten sich oft nur an einem seidenen Faden am Leben fest. Sie wissen, er könnte jeden Moment reißen. Meist fehlt ihnen der Wille zum Leben und sie halten sich lange in einer Art »Bardo« auf, ohne eine Entscheidung zur einen oder anderen Seite hin zu treffen.

Im Gegensatz zu den »Neptuniern«, die z. B. den Geburtsherrscher im 12. Haus haben, haben sie keine Todessehnsucht. Sie sind so weit »drüben«, dass sie kein großes Verlangen spüren, noch weiter zu gehen. Ein Mensch, der mehr dem Diesseits zugewandt ist und nur eine Verbindungslinie über Neptun zum Jenseits hat, fühlt sich ab und zu weltfern und nicht ganz anwesend. Sobald er sich allerdings hier zu sehr verankert, bekommt die andere Seite Gewicht und seine Seele erinnert sich an den Verlust. Sie »wandert« für einige Zeit dorthin, verbindet sich mit den Verstorbenen und kehrt zurück – sagen wir zu ihren anderen lebensbezogenen Planeten. In dieser Zeit – so erzählte eine Frau – fühle sie sich wie unter einer Glasglocke, nicht ansprechbar, gefühlsmäßig nicht erreichbar.

Je stärker die Position Neptuns im Horoskop ist, desto mehr Seelenanteile »wandern« ab.

Nur wenn Neptun von Pluto – als dem »gefallenen Engel« verführt – sein Licht verliert, stellt sich der Tod für die Seele als etwas Dunkles dar. Ansonsten sieht der Mensch mehr Licht auf der anderen Seite als hier.

Es gibt einen tiefen Zusammenhang zwischen der esoterisch, spirituellen Suche eines Menschen und seinem Platz in einer ganz bestimmten Sippe. Neptun als Herrscher der Fische symbolisiert den jenseitigen Teil einer Seele. Er steht für das Unsichtbare, das Geheimnisvolle und natürlich für das Jenseitige. Es gibt mehr jenseitig orientierte und mehr diesseitig verbundene Seelen. Die Seelen, die hier auf Erden niemals so ganz ankommen, die sich ein Leben lang fremd fühlen und immer Sehnsucht nach irgendwo oder irgendjemandem haben, haben sich in ihrer Sippe ganz fest mit den Toten verbunden. Sie fühlen sich bei ihnen geborgener als bei den Lebenden. Das Problem ist, dass sie zumeist nichts davon wissen und sehr angestrengt versuchen, sich im Leben zu verankern – und immer wieder scheitern. Sobald sie eine Bindung – an einen Menschen oder an eine Idee oder an einen Ort – schließen möchten, entgleitet sie ihnen. Sie stehen wieder mit leeren Händen – alleine – da. Eventuell »nur« innerlich, das Außen bleibt unverrückt. Am besten geht es diesen Menschen (auch ohne Lösungsarbeit), wenn sie sich auf dem spirituellen Weg befinden und eventuell sogar ihren Beruf danach ausrichten (z. B. Sterbebegleitung). Doch allzu oft zeigt sich die Verbindung zu den früh oder durch tragische Umstände verstorbenen Sippenmitgliedern als wesentlich leidvoller. Krankheit, Drogen, Süchte, ein liebesleeres und kontaktarmes Leben und nicht zuletzt die Todessehnsucht und der Selbstmord können Ausdruck einer unbewussten Treue zu einem Familienmitglied sein, dem ein zu kurzes Leben und zu wenig Glück zuteil wurde.

Das Neptun-Prinzip stellt das »Loch« im System dar, durch das Energie verschwindet. Alle verschollenen, früh verstorbenen, verschwiegenen Ahnen sind so eine Art »Loch« im Familiensystem, das wie ein Vakuum eine bereitwillige Seele anzieht, um dorthin mit zu verschwinden.

Eine sehr rührende Geschichte, die zeigt, wie wenig Raum sich jemand nimmt, der sich einem Verstorbenen verbunden fühlt, steht in Hellingers Buch »Die Quelle braucht nicht nach dem Weg zu fragen«. Eine Ärztin erzählt, dass das letztgeborene ihrer Kinder ein eineiiger Zwilling sei und dass sein Bruder im 6. Schwangerschaftsmonat gestorben sei: »Mein Mann und ich konnten im Ultraschall sehen, dass die Herztöne des sterbenden Kindes immer schwächer wurden. Das jetzt lebende Kind hat seinen Zwillingsbruder in den Arm genommen und hat ihn nicht verlassen, bis er gestorben war. Dann hat es sich zurückgezogen auf die andere Seite. Da ist es sehr lange sehr ruhig gewesen, es gab kaum Kindsbewegungen. Man konnte zwar sehen, dass es lebt und gesund ist, aber es hat sich nicht gerührt, über Monate hinweg, und ist auch nicht mehr gewachsen, so dass wir geglaubt haben, das Kind kann nicht gesund zur Welt kommen, weil es auch sehr leicht war. Dann hat die Schwangerschaft sehr lange gedauert, vier Wochen über den errechneten Termin hinweg, und es hat in den letzten Wochen zugenommen, bis es ein ganz normales Geburtsgewicht erreicht hatte. Das überlebende Kind hat eigentlich nie den Raum betreten, den der Bruder vorher innehatte. Man konnte es wirklich sehen, weil ja die Schwangerschaft so fortgeschritten war. Mein Bauch hing einfach auf einer Seite, denn das überlebende Kind hat den Raum nicht eingenommen, den der Bruder eingenommen hatte.«

Eine andere Geschichte, die dieser ähnlich ist und ebenfalls zeigt, wie schwer es für einen Menschen ist, sein Leben anzunehmen, wenn ein anderer so wenig davon hat, ist die Geschichte einer Frau mit einer starken Pluto/Neptun-Betonung. Sie war seit Jahren auf der Suche, machte viele Therapien und Selbsterfahrungsgruppen mit, ohne ihr Hauptproblem lösen zu können. Ihre Persönlichkeit entwickelte sich, so erzählte sie, doch ihre plötzlichen Depressionen, die mit dem Gefühl einhergingen, das Leben sei sinnlos, kamen immer wieder. Sie wollte dann am liebsten sterben, ohne jedoch ernsthaft an Selbstmord zu denken. Auch ein zweites Problem löste sich durch die permanente Arbeit an sich selbst nicht. Sie war übergewichtig und fühlte sich dadurch in ihrer Lebensqualität sehr eingeschränkt. Ihren Mann störte dies nicht, er liebte sie sehr, doch sie konnte zeitweise mit seiner Zuneigung nichts anfangen. Es war zum Verzweifeln. Auch die Erforschung der Familiengeschichte konnte ihr keinen Aufschluss über ihre zeitweise sehr düsteren Stimmungen geben. Im Rahmen einer Trance-Therapie erlebte sie plötzlich – vom Therapieverlauf her unbeabsichtigt – ihre Geburt und war sehr überrascht, dort ein zweites Kind zu sehen – eine Schwester. Sie sah die Ärzte, wie sie um das Leben ihrer Zwillingsschwester bangten. Sie wurde beiseite geschoben, man glaubte, sie sei längst tot. Aber es war umgekehrt: Die Schwester starb, sie lebte. Sie lebte weiter mit einem ungeheueren Schmerz und mit den Worten im Herzen: »Liebe Schwester, lieber möchte ich tot sein als du – ich verlasse dich nicht.« So bemühte sie sich ein Leben lang, der Schwester zu »beweisen«, wie schrecklich doch das Leben sei und wie gerne sie lieber bei ihr wäre.

Ganz unverständlich ist, warum ihr niemand von den Umständen ihrer Geburt erzählt hatte. Nicht nur die Mutter, die ganze Familie war in diesem Punkt verschwiegen. Mit ihren Depressionen und ihrer Todessehnsucht war sie ganz bei der Schwester. Das zweite Thema, das ihres Übergewichtes, erklärte sich jetzt ebenfalls. Sie aß wirklich für zwei! Sie wog doppelt so viel wie ein einzelner Mensch. Ebenso erging es Elvis Presley in seinen letzten Lebensjahren. Man weiß, dass auch er einen verstorbenen Zwillingsbruder hatte, um den er offensichtlich sehr trauerte. Zeitlebens schlief er in einem Doppelbett, das er später kaum noch verließ.

Nicht nur der Tod eines so nahe stehenden Menschen wie ein Zwilling reißt ein so tiefes Loch ins Herz eines Menschen, letztlich lastet jeder frühe Tod eines jeden Familienmitglieds schwer auf der Familienseele. Je weniger der Tod in einer Sippe akzeptiert und bearbeitet wird, desto mehr bindet sich ein später Geborener an den Verstorbenen. Mit einer Pluto/Neptun-Komponente opfert er oftmals seine ganze Lebendigkeit. Für ihn scheint der Tod kein Freund zu sein, eher eine düstere Gestalt, die viel Leid über die Familie brachte. Oftmals sind diese Menschen so sehr in Süchte verstrickt, dass sie es kaum schaffen, eine Beziehung zum Leben aufzubauen. Die Sucht steht dann stellvertretend für das schwere Schicksal und bindet die Seele an das Leid und an das Unheil. So schwer es auch klingen mag, oft können Angehörige nichts tun als dem zuzustimmen und das große Schicksal zu sehen, das hier wirkt. Gerade die schweren Abhängigkeiten, wie z. B. die von Heroin, zeigen sich im Horoskop als Kombination von Neptun/Pluto. Die in Kapitel 11 beschriebene Lebensgeschichte eines jungen Mannes erklärt diesen Zusammenhang sehr deutlich.

Die »einfachen«, rein neptunischen Bindungen an das Jenseits können ebenfalls mit Drogen, Alkohol und anderen Süchten (z. B. Spielsucht, Kaufsucht) einhergehen. Auch hier ist der Mensch nicht immer ganz anwesend und verspielt z. B. »lieber sein Geld als sein Leben«, doch oft hat er mehr Zugang zur Lösung. Auch er fühlt die Bindung, die ihn festhält, er weiß um seine zeitweise

Abwesenheit, doch die »andere Seite« mahnt ihn eindrücklicher zurückzukehren. Der Tod steht für ihn – und seine Sippe – näher beim Leben, als wenn Pluto seine Hand mit im Spiel hat. Das ist der einzige Unterschied.

Die Planetenaufstellung einer Frau zeigt diesen Zusammenhang sehr deutlich. Sie verlor unter dramatischen Umständen sehr früh ihre Mutter. Sie fühlte sich ihr sehr verbunden und wollte ihr folgen. Gleichzeitig aber hatte sie den Auftrag bekommen, sich um den Vater und die Geschwister zu kümmern. Ihre Liebe und Loyalität teilte sie zwischen den beiden Seiten auf: zwischen Leben und Tod, zwischen Mutter und Vater. In der Aufstellung stellte sie jedoch nicht Neptun, sondern Pluto zum Mond, Saturn stand bei der Sonne (Vater) und Neptun stand völlig alleine, verloren und ungesehen in der Ecke. Sie selbst stand ebenso verloren und abgewandt in der entgegengesetzten Ecke. Den einzigen Planeten, den sie gerade noch aus den Augenwinkeln sehen konnte, war Pluto. Hier zeigte sich die Verwechslung deutlich. Pluto stand für die Bindung an die verstorbene Mutter, der sie z.B. ihre Gesundheit und ihre Lebendigkeit opferte. Der Planet Neptun, das Prinzip des Jenseitigen, des Ewigen, wurde von ihr überhaupt nicht wahrgenommen (obwohl sie im Horoskop einen Mond/Neptun/Pluto-Aspekt hat).

Wird Neptun wirklich gesehen, werden die Toten wirklich wahrgenommen, so symbolisiert er gleichzeitig immer auch das Leben. Mit der Akzeptanz des Todes und dem Einverstandensein in das Gesetz von Leben und Sterben versöhnt sich der Mensch mit den Verlusten.

Die Verstorbenen selbst sind längst ausgesöhnt. Ihnen geht es gut, da wo sie sind. Sie wünschen jedem, dass er so lange lebt, wie es ihm beschieden ist. Sie möchten niemals, dass jemand zu frühzeitig zu ihnen kommt. Wird in einer Sippe der Tod geachtet, spricht man von den Verstorbenen, als seien sie anwesend (das sind sie ja auch), so wird ein Nachkomme niemals den Drang haben, ihnen zu folgen oder sie zu ersetzen. Er darf dann sein Leben nehmen, auch wenn es länger und glücklicher ist als das eines anderen. Sobald er die Verstorbenen zu sich in sein Herz holt, ihrer gedenkt und ihren Tod achtet, muss er nicht mehr »hinübergehen«. Sein Platz ist hier und das ist nicht sehr weit entfernt vom Jenseits – höchstens ein paar Jahre oder vielleicht nur einen Gedanken weit.

Ritual

Solltest du eine tiefe, dich existenziell bedrohende Bindung zu einem Verstorbenen haben, suche bei einem Therapeuten Hilfe. Ansonsten mache folgendes Ritual.

Du suchst dir einen ruhigen Ort, legst dich bequem hin und schließt die Augen. Du erinnerst dich an all die Personen deiner Sippe, die »drüben« auf der anderen Seite sind. Du visualisierst sie alle, die Großeltern, Tanten, Onkel, Geschwister, kurzum alle Verstorbenen. Sie alle tauchen vor deinem inneren Auge auf, all jene, die lange lebten, spät gestorben sind und auch jene, denen kein so langes Leben beschieden war. Du schaust sie nun in Ruhe der Reihe nach an. Gibt es unter ihnen eine Person, deren Blick dich mehr anzieht, zu der du eine besondere Beziehung hast? Wenn ja, sprich zuerst zu ihr: »Liebe(r) …, ich fühle mich dir sehr verbunden. Dein früher (schwerer etc.) Tod hat mich sehr berührt. Mit meinem Herzen bin ich oft bei dir. Manchmal möchte ich am liebsten ganz zu dir kommen. Es fällt mir schwer, mich meines Lebens zu erfreuen, da du so wenig von deinem hattest.« Schau sie an, diese Person, du wirst sehen, dass sie glücklich ist, dort wo sie ist.

Schaue jetzt auf die ganze Gruppe und sprich: »Ich sehe, dass du nicht alleine bist. Du bist gut aufgehoben, dort wo du bist. Darüber bin ich sehr froh. Ich bleibe jetzt gerne noch eine Welle hier bei den Lebenden – und dann komme ich auch, wann immer meine Zeit gekommen ist. Dich – und euch alle – nehme ich in meinem Herzen mit. So wird mein Leben reich und erfüllt sein.«

Kehre nun mit Hilfe deines Atems zurück ins Hier und Jetzt. Schaue von nun an auf Leben und Tod, als wären sie eins.

Familiengeheimnisse

Da das Prinzip Neptun alles Unsichtbare umfasst, gehören natürlich auch die Geheimnisse in seinen Bereich. Es gibt viele Gründe, warum jemand oder etwas in der Familie verschwiegen wird. Die tiefsten Wurzeln dieser oft über Generationen anhaltenden Lügen stecken in den moralischen Werten einer Sippe. Man hofft, Geschehnisse oder Personen, die nicht hineinpassen, aus dem Sippengedächtnis streichen zu können. Ob der Vater, bevor er die Mutter kennen lernte, schon ein uneheliches Kind gezeugt hat, oder die Schwester der Mutter behindert war, oder ob eine Frau nicht zugeben will, dass das Kind, das sie bekommt, vom Liebhaber ist, alle wollen das Gleiche: Sie möchten etwas ungeschehen machen. Sie tun so, als gäbe es den Vorfall nicht, als gehörte die Person, derer man sich schämt, nicht dazu. Das Schlimmste ist, dass alles auf der Oberfläche so weitergeht wie zuvor.

Wohin verschwindet das Geheimnis – die verschwiegene Person? Das »Sippengewissen« vergisst nichts, und da jedes Mitglied das gleiche Recht auf Wahrheit und auf Zugehörigkeit hat, verschwindet das Geheimnis nur vorübergehend. Es sinkt tief hinab ins Unbewusste der Familienseele und wird oft von ein, zwei Generationen »unten« gehalten, bis es dann doch irgendwann wieder auftaucht.

Ein Kursteilnehmer erzählte eine spannende Geschichte: Eine Europäerin lebte zeitweise in Japan und bekam dort von einem Japaner ein Kind. Da dieses »Gott sei Dank« kein bisschen japanisch aussah, konnte sie dem Ehemann den »Seitensprung« verschweigen. Zwei Generationen später kam auf einmal ganz überraschend für alle ein sehr japanisch aussehendes Kind auf die Welt. Erst nach langem Forschen kam die Geschichte der längst verstorbenen Großmutter ans Licht.

Auch ohne sichtbares Zeichen tauchen alte Lügen wieder auf. Die Kraft, sie »unten« zu halten, versiegt irgendwann.

Im Horoskop zeigen sich die Familiengeheimnisse in Mond/Neptun- und in Mond/Pluto/Neptun-Konstellationen. Besonders Neptun am IC oder im 4. Haus deuten direkt daraufhin. Auch ein Aszendenten-Herrscher im 12. Haus oder in den Fischen kann ein Hinweis sein.

Was ist das Problem mit den Familiengeheimnissen? Warum lassen wir sie nicht einfach ruhen?

Wie schon gesagt braucht es Energie, sie vom Bewusstsein fernzuhalten. Wenn ein Mensch – ob unbewusst oder bewusst – Mitträger eines Geheimnisses ist, dann kostet ihn das Kraft: Lebenskraft. Meist fühlen diese Menschen »irgendetwas«, sie ahnen, dass es »da etwas gibt«. Sie quälen sich damit, ihre Seele ist zerrissen. Besonders wenn eine Person verschwiegen wird, wandert ihr Herz hin zu dieser Person und möchte sie gerne dazuholen. Gleichzeitig besteht eine Loyalität zu all jenen, denen es besser passt, wenn das Geheimnis verborgen bleibt. Das ist ein schwer lösbarer Konflikt und es braucht oft viel Zeit und Mut, den Schritt zu wagen, das Verborgene aufzudecken. Doch dann sieht man in Aufstellungen, wie erleichtert alle sind, wenn etwas endlich ans Licht kommt. Es gibt Fälle, da weiß man, dass die Familie etwas verschweigt, und doch gibt es keine Möglichkeit mehr, die Zusammenhänge aufzudecken. Auch in diesen Fällen gibt es eine Lösung. Man gibt denjenigen – ohne zu wissen wem – das Geheimnis zurück in ihre Hände und belässt es dort. Oft allerdings lohnt es sich, hartnäckig zu bleiben und weiterzufragen. Irgendwann bricht das Schweigen und die Energie kann wieder fließen. Das ist besonders für die verheimlichte Person wichtig. Sie hat ein Recht darauf, gesehen und gewürdigt zu werden.

Es gibt allerdings auch Geheimnisse, die gehen uns – uns Kinder – nichts an. Alles, was zur Intimsphäre der Eltern gehört, darf ein Kind nicht wissen – es würde dadurch nur belastet. Auch aus Neugierde sollte man sich nicht in die Angelegenheiten von Familienangehörigen einmischen. Der einzige Grund zu fragen, ist der Wunsch, für sich selbst etwas zu lösen, denn oft fühlen sich »Geheimnisträger« sehr belastet. Sie vertreten die verschwiegene Person oder sie wiederholen – zur Erinnerung – bestimmte Vorkommnisse. Das geschieht auf eine sehr symbolische, übertragene Art und Weise. Die Geschichte bleibt dabei weiterhin versteckt, das Geheimnis gehütet. Später, wenn alles aufgedeckt ist, ist man erstaunt über den »logischen« Zusammenhang. Das Beispiel des Mannes mit einem Krebs-Aszendenten und Mond in den Fischen zeigt, wie belastend ein solches Geheimnis sein kann und welche Wirkungen es auf das gesamte Leben haben kann (siehe Kapitel 12). Erst als er schon über 60 Jahre alt ist, überredet er die Mutter nach langem, hartnäckigen Fragen, das Geheimnis zu lüften. Er hat eine Halbschwester, ein uneheliches Kind des Vaters. Das Geheimnis ist oft, wie hier, »nichts Schlimmes«, das Belastende daran ist nur, dass geschwiegen wurde. Es ist unglaublich, wie sehr sich etwas auswirken kann, was wir (im Kopf) nicht einmal wissen. Solche und ähnliche Geschichten »fangen« unseren Neptun ein und entziehen ihm die Kraft der Wahrheit und Ganzheit, für die er eigentlich steht. Er kann nur zu einer Seite gehören, zur Täuschung oder zur Wahrheit. Um ihn zurückzuführen zur tiefsten Quelle, aus der des Menschen Seele sich nährt, muss er von Moral und Bewertungen befreit werden. Erst wenn alles sein darf, was ist, ist die Schöpfung vollständig und die Menschenseele darf gesunden.

Ritual

Im Grunde genommen braucht es hier kein Ritual. Das Wichtigste für dich ist dein Mut, den Dingen auf den Grund zu gehen und dich nicht von Familienmitgliedern abweisen zu lassen, wenn du dem Geheimnis auf der Spur bist. Wenn etwas ungeklärt auf deiner Seele lastet, dann darfst du auch Cousins und Cousinen, Nachbarn und Freunde fragen. Vergiss nicht: Du darfst dich nicht in intime Geschichten anderer einmischen!

Sobald du herausbekommen hast, um was es geht, sprich mit allen Beteiligten darüber – das alleine entlastet so sehr, dass dem oft nichts mehr hinzuzufügen ist. Falls du eine verschwiegene Person wiedergefunden hast, sprich in deinem Inneren zu ihr und sage ihr, wie sehr du dich freust, dass sie jetzt da ist und dass du ihr einen guten Platz in deinem Herzen gibst.

Saturn
Verantwortung und Ordnung

Aus welchem Blickwinkel, aus welcher astrologischen Richtung wir auch schauen (hier sind sich wirklich alle einig), Saturn symbolisiert die Macht des Schicksals. Er stellt eine übergeordnete, objektive Größe dar, der sich der Mensch zu beugen hat, ob er will oder nicht. Er steht im Horoskop – ebenso wie das Tierkreiszeichen Steinbock – für den erwachsenen Teil der Seele, der diesem Rechnung zu tragen vermag. Erst wenn ein Mensch seine Augen über die Begrenzung des Subjektiven hinaus erhebt, kann er seine Sprache verstehen und die für ihn bestimmte Ordnung herstellen.

Jeder Mensch, der selbstverantwortlich den ihm zugewiesenen Platz einnimmt, ist angekommen. Er fühlt sich in seiner Mitte und erlebt deutlich spürbar einen Zuwachs an Kraft und Lebensfreude. Offensichtlich aber gibt es Kräfte, die dem entgegenwirken und die uns daran hindern, uns auf diesen »guten Platz« zu stellen. Diese Energien scheinen uns zu verführen, sie ebenfalls als etwas Größeres, Übergeordnetes zu fühlen. Ihren Sog bezeichnen wir gleichermaßen als Schicksal. Wenn ich die Geschichte meiner Ahnen wiederhole, wenn ich mein Schicksal dem ihren gleichmache, so folge ich blind meiner Loyalität und gestalte damit (unbewusst) meine Lebensumstände. Der Platz, auf den mich dies führt, ist zumeist kein guter, kein Glück bringender Platz. Ganz im Gegenteil nimmt dieses – nennen wir es verstricktes Schicksal – meist mehr vom Menschen, als dass es ihm etwas bringt.

Ist es das, was Saturn, der Gesetzeshüter, von uns will? Will er, dass wir das Schwere übernehmen und tragen? Wer ist er, wenn Pluto, wie wir erfahren haben, uns dazu verführt, uns einzusetzen und uns für »fremdes« Schicksal zu opfern? Gibt es überhaupt etwas anderes als das Übernommene? Und was geschieht danach, wer sind wir, wenn wir alle Bindungen gelöst haben?

Gehen wir zurück zum Anfang, zu unserer Geburt. Egal ob ein Mensch sagt, dass für ihn alles dort begann oder ob er an Reinkarnation glaubt, auf jeden Fall befindet er sich zufällig oder schicksalhaft inmitten einer Sippe. Dieser Sippe gehört er an und ihr Schicksal wird er teilen. Was immer er »mitbringt« auf diese Welt, hier findet er es vor – gespiegelt in Eltern und Großeltern. Ihr Schicksal *ist* seines. Er ist noch nicht von ihnen getrennt. Er möchte zugehörig sein, ob er das wahrhaben will oder nicht. Alle Aufgaben, die er zu bewältigen hat, liegen hier vor ihm. Sein persönliches Gewissen, nach dem er seine Entwicklung in Zukunft richten wird, bildet sich aus den kollektiven Erfahrungen und Werten aller. Diesem Gewissen wird er folgen, sein Gefühl von Schuld und Unschuld wird davon abhängen, ob er die vorgegebene Ordnung einhält oder nicht. Diese Ordnung ist sein Zuhause und keiner weiß, wie lange er in dieser Sicherheit bleiben und ob er sie überhaupt jemals verlassen wird. Die Familienstrukturen, in die er hineingeboren wird, stehen fest, sie bilden eine Art Korsett, das den Menschen gleichermaßen hält wie einengt.

Das Sippengedächtnis, das in jedem wirkt, ist eine Art morphogenetisches Feld, das Abläufe festlegt, in die wir eingebettet sind. Auch wenn wir es nicht gerne so sehen, erst einmal ist das, was wir Schicksal nennen, zumindest auch eine Art Wiederholungszwang, dem wir uns hingeben um dazuzugehören. Das Kollektiv bestimmt die Ordnung, der wir folgen, der wir uns moralisch verpflichten. Jeder Mensch, der sich entwickelt und eines Tages befreien möchte, *muss* diesen Zusammenhang erst einmal akzeptieren. Nur derjenige, der für diesen »angeborenen« Platz die Verantwortung übernimmt, hat überhaupt eine Chance einen nächsten Schritt tun zu können.

Meine Sippe ist also mein Schicksal, und das bin ich. Ich bin das Ganze und damit spiegelt auch das gesamte Horoskop mein Schicksal und nicht nur Pluto oder Saturn. Wenn Pluto für das Thema der Verstrickungen steht, aus dem mein persönlicher »Schicksals-Sog« entsteht, dann muss Saturn als Hüter zur Schwelle des Objektiven etwas anderes, Größeres beinhalten, nämlich die Verantwortung für das Ganze.

In jeder Sippe gelten so unterschiedliche Werte, dass wir sie, obwohl wir alle Menschen sind, teilweise nicht nachempfinden können. Ein Terrorist, der als Todespilot das Sterben vieler Menschen verursacht, tut dies mit gutem Gewissen. In seiner Sippe gilt er als Engel, bei uns (bei den meisten Menschen) als Teufel. Er ist seinen Ahnen ebenso treu wie die Angehörigen und Nachkommen der Geschädigten ihrerseits ihrer Sippe. Sie werden sich rächen und damit wiederum großen Schaden zufügen – ebenfalls mit reinem Gewissen. Solange der Mensch die Begrenzungen seines persönlichen und die des kollektiven Sippengewissens nicht verlässt, wird dies ewig so weitergehen. Ist das die höhere Macht, die wir Saturn nennen, ist das der große Weise, der uns lenkt? Sicher nicht. Im Gegenteil: Er ist es, der versucht, uns Wege aus der Ausweglosigkeit dieser Verstrickungen zu zeigen. Er steht wesentlich höher als das Ganze. Er könnte uns erkennen lassen, wohin uns die Blindheit eines subjektiven Gewissens und einer subjektiven Ordnung führt. Nur weil ein paar mehr Menschen *eine* Wahrheit vertreten, ist diese noch lange nicht objektiv. Im Gegenteil wird sie durch viele Jahrhunderte so dicht, so aufgeladen, dass sie kaum noch zu durchschauen ist.

Stellen wir uns vor, ein Terrorist könnte sich – dank seines 4. Quadranten – auf eine »höhere« Ebene begeben, von der aus er den Überblick und die Einsicht in das gesamte Weltgeschehen hätte. Er könnte mit Hilfe seines Saturns (Uranus und Neptun) den großen Zusammenhang zwischen Aktion und Reaktion erkennen und jede Wirkung, die seine Taten in Zukunft haben werden, einsehen. Schnell würde er begreifen, dass es keine »Guten« und keine »Bösen« gibt. Die Grenzen seiner Wahrnehmung wären so offen, dass es für ihn keine Bewertungen mehr geben könnte. Was würde er tun? Was würden *wir* tun, wenn uns unser Saturn an die Hand nähme und uns behutsam in den 4. Quadranten zu Uranus und dann zu Neptun hinführen würde? Das lässt sich leicht überprüfen. Wir haben jederzeit die Chance, uns unserem Saturn anzuvertrauen. Wir müssen ihm »nur« die subjektive Last wieder wegnehmen, die wir ihm aufgebürdet haben. Immer wenn wir etwas wissen, besser wissen als die anderen, wenn wir Recht haben wollen, verschenken wir seine guten Kräfte. Allerdings ist dieser Zustand »normal« und menschlich. Es braucht lange, bis ein Mensch sich zu seinem Saturn und damit zu seinem MC hin entwickelt hat. Wer ist schon erwachsen? Wer wagt es schon, die Gebärmutter »Sippe« zu verlassen und eigenständig zu denken und zu leben? Wenn wir unseren Lebenslauf genau – von oben herab aus der Vogelperspektive – betrachten, dann sehen wir, welche Hinweise uns Saturn in Form von Prüfungen und Schwierigkeiten mitgegeben hat. Er ist immer dabei, von Anfang an. Wir können uns jederzeit von ihm führen lassen, er ist die Instanz in uns, die die allumfassende Ordnung und damit auch die Lösung kennt. Letztlich tun wir nichts anderes, als ihm zu folgen, wenn wir in eine Beratung oder z.B. in eine Familienaufstellung gehen. Der Therapeut vertritt dabei unseren Saturn. Er lässt sich im »wissenden Feld« unseres Daseins führen und tut nichts anderes, als dass er die subjektive Ordnung der Verstrickungen in eine objektive, für alle Beteiligten bessere wandelt. Er stellt ein neues Energiefeld her, das allen gerecht wird und niemandem schadet. Dieser komprimierte Vorgang des Ordnens ist einem homöopathischen Mittel gleichzusetzen. Er stellt eine Essenz dar, ein Heilmittel, das unserer Seele, auch ohne Therapeut, ohne Beratung, ein Leben lang von Saturn verabreicht wird – so lange, bis wir es endlich schlucken.

Jeder Mensch ist mit der höheren Ordnung verbunden. Tief in seinem Inneren weiß er, welcher der Weg der Entwicklung und welcher der der Stagnation ist. Über Saturn erfährt er heilsame Grenzen, sie sind das Gift (für das Ego), das zum Heilmittel wird. Der Gesundungsprozess ist letztlich unser ganzes Leben. Wir sind nun einmal alle verstrickt, das macht das Menschsein aus. Aber wir haben auch alle, um es astrologisch auszudrücken, einen 4. Quadranten. Die Eingangspforte zur Freiheit und zur Loslösung wird von Saturn gehütet. Ohne ihm zu opfern, kann niemand die Schwelle überschreiten. Eines der großen Opfer, die er von uns verlangt, ist die Verantwortung, die wir zu übernehmen haben für unser Leben – für *alles* in unserem Leben. Das andere – vielleicht noch größere Opfer – besteht darin, die Folgen der Ordnung, *seiner* Ordnung zu tragen.

Schon immer beschreibt die Astrologie Saturn als Blockade und als Hemmnis. Woran will er uns hindern? Warum stellt er sich unseren subjektiven Wünschen in den Weg? Er lenkt unsere Schritte Richtung Lösung, lenkt unseren Blick auf eine Wahrheit außerhalb der Grenzen unserer Subjektivität. Nur wer durch ihn hindurchgegangen ist, kann Uranus begegnen.

Jede Saturnstellung im Horoskop wird immer erst einmal als ein Beschnitt, eine Kürzung, ein Minus innerhalb eines Lebensthemas empfunden. Erst mit der Reife eines Menschen findet er dort Rückgrat und Stärke. Erst wer gelernt hat zu konfrontieren und zu akzeptieren, was ist, versteht es, seine Kräfte zu nutzen. Aus dem Minus wird dann ein Plus, wenn sich dort die Energien verdichten und dem Leben Tiefe und Sinn geben. Die schwierige Hürde, die dabei zu nehmen ist, ist immer das Thema des Tierkreiszeichens, in dem Saturn steht. Das Haus beschreibt das Lebensgebiet, in dem die Hürde genommen werden kann (darf).

Kehren wir kurz zu Saturn als einem von außen einwirkenden Therapeuten, z.B. in der Familienaufstellung, zurück. Vielleicht verstehen wir jetzt, warum Worte und Rituale vorgegeben werden müssen, warum sie nicht dem Belieben des Einzelnen überlassen werden können. Eine feste Struktur wie die der Familienabläufe braucht eine ebenso feste Struktur zur Heilung – das Ähnlichkeitsgesetz der Homöopathie. Eine dichte, enge Verstrickung verlangt nach einem ebenso strengen Saturn als Ordner und Helfer.

Was macht die Bewegung hin zu einem besseren Platz, die von außen betrachtet so einfach aussieht, so schwer? Sie arbeitet gegen die Werte der Gemeinschaft. Selbst wenn alle Familienmitglieder glücklich und erleichtert über die Lösung sind, ist es doch immer eine Los-lösung. Jede Seele weiß, dass mit der Ordnung erst der erste Schritt getan ist und dass der zweite folgen muss. Auf Steinbock folgt im Tierkreis Wassermann, hier wird weitergeführt, was mit Saturn beginnt. Ein neuer Weg tut sich auf, dessen Ruf nach Freiheit immer lauter werden wird. So laut, dass sich manch einer lieber die Ohren zuhält und »zurückkriecht« hinter die Schwelle, die er soeben überschritten hat. Es geschieht oft, dass wir ängstlich zurückschrecken in den »Schoß« der Sippe, dass uns der Mut fehlt, eine Ordnung, die uns so viel abverlangt, auch einzuhalten. Gut, dass es immer wieder neue Chancen gibt. Saturn ist unermüdlich darin, uns Prüfungen zu schicken, an denen wir wachsen können. Niemand ist je verloren, jeder Mensch hat bis zur letzten Sekunde seines Lebens noch die Chance, in die Arme von Uranus und Neptun zu »springen«.

Saturn im Widder oder im 1. Haus

Ein Mensch mit einem Saturn im Widder oder im 1. Haus kann schlichtweg nicht machen, was er will. Seine Handlungsmacht ist eingeschränkt, sobald er das »Schwert« zu führen versucht. In den frühen Phasen seines Lebens wird er sich (unbewusst) Situationen suchen, in denen er sich nicht durchzusetzen vermag. Starke, aggressive Menschen stellen sich ihm in den Weg. Er glaubt, allein ihre Anwesenheit raube ihm seine Energien. Er leidet darunter, dass immer er Rücksicht nehmen muss, dass andere viel ungehemmter Raum ergreifen können – seinen Raum.

Was kann Saturn damit wollen, was möchte er, der große Weise, ihm damit beibringen? Machen wir uns klar, dass jede Saturnstellung »richtig« und – auf das ganze Leben, die ganze Entwicklung gesehen – sinnvoll ist. Ich brauche mich nur zu fragen, was würde ich mit diesen Energien tun, wenn sie mir immer frei zur Verfügung stehen würden? Wo würde ich sie gemäß meines Musters einsetzen? Schon haben wir eine Antwort. Mit Saturn im Widder braucht der Mensch erst eine Legitimation, wenn er handeln will. Er kann nur Pläne verwirklichen, dic »von oben« abgesegnet sind. Er *muss* seine Energien in den Dienst von etwas Größerem stellen. Seine persönlichen, subjektiven Ziele müssen oft hinten anstehen.

Stellen wir uns vor, dieser Mensch mit der Widder/Steinbock-Komponente sei jemand, der ansonsten viel Macht hat, der in seiner Sippe die Fäden in der Hand hält. Wie gut, dass ihn ein Saturn einschränkt, der ihm nicht alle Energien zur Verfügung stellt. Er bringt ihm bei, dass nicht alles machbar ist. Unter Schmerzen wird er zu lernen haben, dass ihm zeitweise die Hände für seine eigenen Belange gebunden sind. Seine Größe wird hiermit beschnitten. Saturn hält ihm einen Spiegel vor, der ihm zeigen soll, wie wenig er letztlich auszurichten vermag.

Ein Beispiel:
Ein drogenabhängiger Mann (Fische-Aszendent mit Neptun im Skorpion) hat einen Saturn im Widder im 1. Haus. An seiner aus der Verstrickung herrührenden Opferbereitschaft ändert dieser Saturn nichts. Doch eines weiß er wohl zu verhindern: die Entscheidung zu sterben. Sie liegt nicht in seiner Hand. Für diese Entscheidung fehlt die Kraft. Darüber hinaus zeigt ihm die 1. Haus-Position von Saturn, dass es um die Verantwortung für das Leben, die Geburt geht – für ein Leben, das ihm geschenkt wurdc. Natürlich fühlt sich dieser Mann auch sonst in seinen Energien sehr eingeschränkt. Die hilfreiche Seite von Saturn wird von ihm – wie von jedem Menschen – erst erkannt werden, wenn er gewisse Entwicklungsschritte getan hat. Erst dann wird Saturn zum Freund.

Stellen wir uns die Bedeutung von Saturn vor, nachdem wir ihm »erlaubt« haben, Ordnung zu schaffen und uns weg von unseren

Verstrickungen zu ihm hingestellt haben. Jetzt bedeutet die Saturn/Widder-Qualität zu wissen, wann etwas zu mir, zu meinem Verantwortungsbereich gehört, und mich damit auffordert zu handeln, und wann nicht. Der Ärger über die Ohnmacht schwindet und weicht einer Demut, mit der der Mensch den ihm zugewiesenen Platz einnimmt. Seine Hand am Schwert ist immer noch schwer und teilweise fühlt er sich wie gelähmt, doch er versteht jetzt den Zusammenhang und ist einverstanden, sich aus bestimmten Situationen herauszuhalten. Der Rückzug seiner Energien aus fremden Revieren ist ihm jetzt willkommen, es gibt für ihn dort nichts mehr zu tun. Der sinnlose Kampf mit den »Windmühlenflügeln« des Schicksals anderer ist vorbei, er darf sich auf sich selbst besinnen und einen Platz im eigenen Schicksal einnehmen – einen Platz, der für ihn so neu, so fremd ist, dass er lange brauchen wird, ihn als zu sich gehörig anzuerkennen.

Saturn im Stier oder im 2. Haus

Saturn als Lehrmeister hat viele Möglichkeiten, viele Ebenen, auf die er die Aufgaben verteilen kann. Steht er im Horoskop im Stier oder im 2. Haus, nutzt er vor allem die sichtbare, materielle Form als Entwicklungsgrundlage. Die meisten Menschen wissen, dass z. B. Geld und Besitz nichts anderes sind als Überbringer von Lernzielen (natürlich würden wir dies lieber anders sehen ...).

Ist der Mensch arm, gibt er sich unendlich Mühe, diesen Zustand zu verändern. Ist er reich, muss er sein Vermögen verwalten und hat vielleicht Angst, es wieder zu verlieren. Hinter jedem materiellen Problem steckt letztlich ein anderer, tiefer gelegener Seelenzustand. Der Saturn, der dieses Wissen nutzt, um einem Menschen ein Thema zu stellen, weiß darum und wirft diesen schweren »Brocken« jemandem vor die Füße, wenn sein Lehrplan damit die besten Ergebnisse garantiert. Schon in der Kindheit gab es einen »Erziehungsberechtigten«, der hier mit Strenge und Unnachgiebigkeit vor Überfluss und Verschwendung warnte. Der

Mensch ist also gut vorbereitet auf Lebensumstände, die einen Verzicht auf Genuss und Leichtigkeit fordern. Man lernt – ob man will oder nicht – auch karge Zeiten zu überstehen und seinen Wert nicht von Äußerlichkeiten abhängig zu machen.

Was bringen einem Menschen diese Einschränkungen? Wie können von den »Göttern« gewollte Einschränkungen helfen, sich zu entwickeln und eine Ordnung herzustellen, die frei macht?

Jeder Saturn, wo immer er seinen Platz im Horoskop eingenommen hat, hütet eine Schwelle. Er sagt: »Nur durch mich hindurch wirst du frei. Nur wenn du dich meiner Botschaft an dich beugst und verstehst, dass kein Weg – kein wirklicher Weg – an mir vorbeiführt, wirst du mich als deinen Freund und nicht mehr als deinen Feind empfinden. Dann wird dir dein Leben nicht mehr als karg und öde, sondern als stabil und tragend erscheinen.« Nicht alle alten Werte sind einengend und wirken unterdrückend. Sobald Saturn das Feld des zweiten Hauses hütet, passt er auf, dass nichts von dem »weggeworfen« wird, was zu den tragenden Werten der Menschheit gehört. Er will daran erinnern, dass es dem Menschen möglich sein muss, über das subjektive Wollen und Wohlbefinden hinauszugehen. Hier ist er Träger eines übergeordneten, man könnte sagen weltweiten Gewissens, das weit über das der Sippe hinausgeht. Der Mensch soll nicht nur auf sich selbst, seine Familie und seine Sippe schauen, sondern auf das große Ganze. Damit er das kann, muss er zeitweise auf die Erfüllung persönlicher Wünsche verzichten.

Es gibt zwei unterschiedliche Familiendynamiken, die von einem Saturn mit Stierqualität »berichtigt« werden. Einmal achtet er darauf, wie schon erwähnt, dass der Mensch bei allem Entwicklungs- und Freiheitsdrang nicht sämtliche Werte über »Bord« wirft. Ganz im Gegenteil soll er bestimmte Traditionen achten und weitertragen. Eine andere mögliche Aufgabe besteht darin, einen zu materiell bindenden Platz im Herkunftssystem zu opfern, um eigenständig zu werden und für sich selbst zu sorgen. Wenn ein Mensch auf der körperlichen und auf der materiellen Ebene die Verantwortung für sich selbst übernimmt, hat er keine Chance mehr, sich über »das Erbe« zu beschweren. Er ist dann sowohl seiner Gesundheit wie seinem Wohlstand gegenüber alleine verantwortlich und es braucht keinen anderen mehr, der es für ihn trägt – er ist erwachsen.

Saturn in den Zwillingen oder im 3. Haus

Ein Saturn in den Zwillingen bzw. im 3. Haus ist ein besonders unbeliebter Saturn. Ausgerechnet das, was die heutige Welt vom Menschen verlangt, nämlich Leichtigkeit im Kontakt mit anderen, wird von ihm gebremst. Zumindest zeitweise fühlt ein Mensch sich ausgeschlossen vom heute so »problemlosen« Lebensspiel. Er findet dort einfach keinen Platz, hier spielt er keine besondere Rolle. Wie groß er auch »zu Hause« in seinem Familiensystem sein mag, wie sehr ihn dort auch alle brauchen, dieser Platz wird ihm in seinem persönlichen Umfeld »nicht gegönnt«. Hierfür bleibt keine Energie übrig, hier fühlt er sich manchmal klein und fast ein bisschen behindert. Er ist einer von vielen, eben nichts Besonderes.

Wenn Saturn, unser innerer Meister, unser weiser Führer, derjenige ist, der vom ersten Tag unseres Lebens an »weiß«, was wir zu lernen haben, wo unser Platz ist, so hilft er uns über Hemmungen, die nichts anderes sind als Wegweiser, den richtigen Platz zu finden. Dieser »richtige« Platz heißt für den Saturn in den Zwillingen z. B. inmitten der Geschwister, der Mitschüler oder der Kollegen. Schon früh begegnet dem Menschen sein Saturn als ein Erzieher, der ihm diesen gleichmachenden Platz zuweist. Was vom Ego, das von der Einzigartigkeit lebt, als Schrecken erlebt wird, ist vom Lösungsstandpunkt her grenzenlos erleichternd. Der gute Platz, an dem man weder zu groß noch zu klein, also ebenbürtig ist, beendet den energieverzehrenden Kampf, in der Welt etwas darstellen zu müssen. Ist der Schritt über diese »Schwelle« getan, winkt dem Menschen ein fast zenhaftes Dasein. Er ist ganz anwesend, tut die Dinge, die getan werden müssen, und lässt all das, was gelassen werden kann – eine einfache Geschichte eben. Eine Geschichte, die vielleicht glücklicher macht als das endlose Streben nach einem wichtigen Platz im Leben, der sowieso vorübergehend ist.

Saturn im Krebs oder im 4. Haus

Jeder verstandene Saturn ist nach durchlaufenem Schicksal ein Kraftfeld, das Stärke und Rückgrat gibt. Die anfänglich von »ihm« aufgestellten Hürden und Blockaden sind genommen, der Mensch hat seinen ihm zugewiesenen Platz gefunden. Allen Schicksalshelfern gebührt ein Dank, auch wenn in den harten Zeiten dafür noch kein Raum ist. Ein Saturn im Krebs oder im 4. Haus wird lange auf diesen Dank warten müssen – so lange, bis das »Kind« erwachsen ist.

Mit einer Steinbock/Krebs-Konstellation dauert dieser Prozess deshalb so lange, weil das Kind überhaupt erst einmal Kind werden muss, bevor es dann von »dort« aus wachsen kann. Zumeist bekommt der Mensch mit dieser Konstellation in seiner Kindheit weniger, als er gibt. Er erlebt eine gewisse Härte, die entweder von den Umständen oder von einem Elternteil (von demjenigen, der seine Erziehung übernimmt) ausgeht. In den ersten Jahren seines Lebens zwingen ihn die Umstände, erwachsener zu sein, als es seinem Alter entspricht. Er übernimmt oft für Mutter und Geschwister die Verantwortung. Dieses Muster trägt er weiter und versammelt später zahlreiche »Kinder« um sich, für die er ebenfalls die Verantwortung trägt. Er versteht seinen Saturn als einen Auftrag an ihn, für Schwächere einzustehen. Erst wenn er sieht, dass Saturn niemals einen anderen Auftrag gibt, als für das eigene Schicksal einzustehen, kann er seine Qualitäten in die Seele aufnehmen.

Wie stellt Saturn es an, ihn zurückzuführen in die Position des Kindes? Wird er von einem Therapeuten vertreten und geschieht dies in einer Aufstellung, ist der Ordnungsprozess leicht einseh-

und durchführbar. Aber mit welchen Mitteln und Umständen geschieht dies – und es muss ja möglich sein – im »normalen« Lebensverlauf? Wie bringt Saturn der übereifrigen, sich für jede Träne der Welt verantwortlich fühlenden Seele Ordnung bei? Er lässt sie scheitern! All jene Beziehungen, die auf dieser Basis geknüpft wurden, zerbrechen. Sie zerbrechen daran, dass die »Kinder« erwachsen und selbstständig werden. Den (endlich!) ebenbürtigen Partnern fehlt der Austausch. Ein in diesem Sinn falsch verstandener, subjektiver Saturn wirkt ausgesprochen behindernd auf den zwischenmenschlichen Gefühlsaustausch. Vergessen wir nicht, hinter ihm steht ein überfordertes Kind, ein Kind, das sich der emotionalen Härte des Lebens nicht aussetzen wollte und hinter Überverantwortung Schutz gesucht hat. Sobald sich der Mensch daran erinnert, »verflüssigt« sich das eingefahrene (Schutz-)Muster und belebt damit den früh gelegten Samen einer guten, kraftvollen Entwicklung. Aus dem Wesenskern heraus erwächst am guten Platz ein Mensch mit Tiefe und Reife. Er versteht es, seine Gefühle zu kontrollieren, er bleibt geduldig, wenn er seelischen Strapazen ausgesetzt ist. Und vor allem weiß er, dass er frei sein kann von all jenen emotionalen Reaktionen, die einen erwachsenen Menschen zurückwerfen in die ungelösten »Spiele« der Kindheit.

Saturn im Löwen oder im 5. Haus

Oftmals wird ein Mensch mit einem Saturn im Löwen oder im 5. Haus sich fragen: »Warum gerade ich? Warum gelingt es ausgerechnet mir nicht, so groß zu werden, wie ich mich fühle, oder besser gesagt so groß, wie ich eigentlich bin?« Egal was ein Mensch in seinem Leben so vollbringt, welcher außergewöhnlichen Taten er fähig ist, sein Saturn im Löwen wird ihm das Gefühl geben, nicht auszureichen. Er fühlt sich teilweise wie ein Baum, der seine Äste ausstrecken möchte und den man wie einen Bonsai beschneidet. Er *darf* einfach nicht wachsen, wie er will. Das Schicksal legt eine Art Schnittmuster an und verlangt von ihm, sein Ich danach zu formen. Seine subjektiven Ziele bleiben teilweise auf der Strecke, sein Weg wird auf geheimnisvolle Weise umgelenkt und er findet sich plötzlich an einem anderen Ort als an dem gewünschten Ziel vor.

Die Person seiner Kindheit, die ihn erzogen hat, hat von ihm Ähnliches gefordert. Statt z. B. zu spielen musste er lernen, im Haushalt helfen o. ä. Auf jeden Fall kamen »von oben« Einschränkungen und Befehle, die die Ausdehnung seiner Persönlichkeit und Individualität begrenzten.

Jedes Ego, jede Sonne, wo immer sie im Horoskop auch stehen mag, braucht einen Gegenspieler, eine die Subjektivität korrigierende Kraft. Kein Saturn verfolgt dieses Ziel strenger als ein mit der Löwe-Energie verbundener. Er wendet sich direkt an die Sonne, das Ego. Mit seiner Energie: »Ich bin letztlich größer als du«, stellt er sich dem Willen des Menschen in den Weg. Er wird so lange nicht weichen, bis dieser begreift, dass alles viel einfacher ist, wenn er nachgibt.

Jeder Seele tut sie gut, die Verbeugung vor der Größe des Schicksals, doch dringend notwendig ist sie bei dieser Konstellation. Saturn hätte nicht im Löwen Stellung bezogen, wenn er hier nicht dringend gebraucht würde. Seine »Korrekturen« treffen nie einen »Falschen«. Seine Weisheit ist letztlich nichts anderes als die innere, teils unbewusste Weisheit des Menschen selbst. Er selbst ist es, der sich erlösen möchte. Er möchte sich aus der Gefangenschaft seiner übernommenen Machtposition befreien. Seine Verneigung vor Saturn ist nichts anderes als die zurückgewonnene Demut, mit der er sich vor seinen Ahnen und deren Schicksal verneigt. Es ist verständlich, dass Saturn ihm so lange seine schwere Hand auf die Schultern legt und ihn niederdrückt, bis sein Rücken weich und rund geworden ist. Mit Saturn als Freund neben ihm steht seinem Ego ein Berater zur Seite, ohne den letztlich kein König regieren kann. Er bringt ihm bei, das Machbare und das nicht Machbare zu unterscheiden und sich ganz in diese Ordnung einzufügen. Es ist ein guter Platz, von dem aus das Leben gleich viel leichter von der Hand geht.

Saturn in der Jungfrau oder im 6. Haus

Das Tierkreiszeichen Jungfrau steht für den Ausgleich von Geben und Nehmen, von Schuld und Unschuld. Trägt Saturn seine schicksalhafte Aufgabe in dieses Zeichen, in dieses Haus hinein, ist er sicher, dass es dort viel zu tun gibt. Hier macht sich das Gewissen besonders laut bemerkbar. Sobald ein Mensch ein Ungleichgewicht fühlt, fühlt er sich aufgerufen einzugreifen und etwas zu opfern, um einen Ausgleich herzustellen. Sein Unbewusstes zwingt ihn, diese Ordnung einzuhalten. Er empfindet seinen Saturn wie das Zünglein an der Waage, das immer genau in der Mitte stehen muss – in der Mitte zwischen Vater und Mutter, zwischen Gut und Böse usw.

Solange sich der Mensch auf der subjektiven Seite seines Saturns – diesseits der Schwelle – befindet, wird er verlieren. Das Gefühl der Unschuld, das er sucht, lässt sich nicht halten. Solange sein Wohlbefinden davon abhängt, alles im Lot zu halten, trägt er eine schwere Last. Er versucht etwas zu erreichen, was es so lange nicht geben kann, wie das Schicksalsrad sich weiterdreht. Mit jeder neuen Bewegung wird das alte Gleichgewicht hinfällig. Wer kann schon immer alles richtig machen, allen gerecht werden, alles ausgleichen? Selbst wenn der Mensch aufhört, sich zu bewegen – und das kommt bei dieser Konstellation manchmal vor –, die Welt bewegt sich dennoch weiter. Auch seine sprichwörtliche Angst wird den Lauf des Lebens nicht aufhalten können. Die blockierenden Energien von Saturn sind in keinem Zeichen so fühlbar wie hier. Der Mensch hält die aus dem Subjektiven kommende Hemmung für objektives Schicksal und vergisst nur all zu gerne, die Fäden aus der Hand zu geben. Wer wird messen und ausgleichen, wenn das »Zünglein an der Waage« fehlt? Die Antwort ist: niemand. Jenseits der Schwelle gibt es dafür kein Messinstrument mehr. Jedes Schicksal ist letztlich nichts anderes als Ausgleich. Der Mensch muss dem nichts hinzufügen, er muss nur lernen zu nehmen, was auf ihn zukommt. Alles, wirklich alles auf dieser Welt hat Folgen, jede Aktion, jede Tat setzt etwas in Bewegung. Wer sich dieser Wahrheit stellen kann, wer mit ihr mitgeht ohne zu klagen, der ist angekommen – angekommen in einem gerechten, nüchternen, emotionslosen Schicksal, das weder Strafe noch Belohnung verteilt. Gibt es eine bessere Vorbereitung auf die Freiheit als diesen Platz?

Saturn in der Waage oder im 7. Haus

Was heißt das überhaupt, Verantwortung für einen anderen Menschen, eine Beziehung zu übernehmen? Gibt es jemanden, der unterscheiden kann, ob ein Verantwortungsgefühl nur ein Gefühl ist oder einem höheren Gesetz, einer Ordnung entspricht? Geben wir nicht alle manchmal zu viel und manchmal zu wenig davon in eine Beziehung hinein? Ist nicht gerade hier die Grenze zwischen dem subjektiven (schlechten) Gewissen einem Menschen gegenüber und dem vielleicht gerechtfertigten Schuldgefühl sehr unklar? Mit einem Saturn in der Waage bzw. im 7. Haus wird sich ein Mensch diese Frage öfter zu stellen haben. Schicksalhaft wird er in die Position gedrängt werden, in der er nicht wirklich weiß, auf welcher Seite der Schwelle er sich befindet. Hier droht ihm, um ein extremes Beispiel zu nennen, der Partner vielleicht mit Selbstmord, falls er diesen verlässt. Wer würde sich nicht schuldig fühlen, wenn dieser tragische Umstand einträte. Und doch wissen wir, dass kein Mensch für das Leben oder Sterben eines anderen die Verantwortung trägt. Er müsste diese weit von sich weisen und den »Erpresser« sofort verlassen. In dieser – zugegeben wirklich sehr extremen – Situation zeigen sich die beiden miteinander kämpfenden »Gewissen« besonders deutlich. Das Subjektive macht sich bemerkbar über Schuldgefühle, das Objektive steht so weit darüber, ist so weit davon entfernt, gefühlt zu werden, dass es höchstens gedacht werden kann.

Solche und ähnliche Situationen werden vom Menschen als sehr, sehr schwer empfunden. Hier verlangt Saturn einen großen

Schritt, einen Schritt hin zu einer Ordnung, die jenseits der Schwelle des Subjektiven, der anerzogenen, übernommenen Beziehungswerte liegt.

Immer wenn zwei Tierkreiszeichen aufeinander treffen, die im Horoskop ein Quadrat bilden, empfindet sie der Mensch erst einmal als etwas Unlösbares. Ein Mann brauchte 17 Jahre, um sich von seiner Frau zu trennen. Er glaubte fest daran, die Verantwortung für ihr Leben auferlegt bekommen zu haben. Als er – endlich! – den Schritt wagte, stellte sich heraus, dass sie schon lange einen neuen Partner hatte, aber ihm dies ihrerseits nicht zumuten wollte.

Ein Saturn in der Waage möchte, dass der Mensch seine Beziehungen ordnet. Dieser soll jedem Partner, mit dem er verbunden war, einen guten Platz in seinem Herzen geben. Dabei ist es wichtig, die Rangfolge einzuhalten. Sobald er dies gewissenhaft ausgeführt hat, wird sich die Frage nach der Verantwortung nicht mehr stellen. Er ist dann nur noch sich selbst und seiner aufrechten, ehrlichen Haltung dem anderen gegenüber verpflichtet.

Saturn im Skorpion oder im 8. Haus

Nirgends hat es Saturn schwerer, als wenn er im Skorpion bzw. im 8. Haus steht. An keinem anderen Platz braucht der Mensch so viele Erfahrungen, um das Objektive vom Subjektiven trennen zu können. Er muss ja zwangsläufig sein stark ausgeprägtes Verantwortungsgefühl für einen ihm von den »Göttern« gegebenen Auftrag halten, wenn ein so geschickter Verführer – wie Pluto das ist – ihn dies glauben machen möchte. Pluto versteht es immer, den Menschen in seine Belange hineinzuverstricken. Wenn er dabei die Sonne, das Ego, zur Größe verführt, schöpft der Mensch, da er selbst Vorteile davon hat, schnell Verdacht. Gibt er aber vor, es gehe um die Verantwortung für die Welt, um übergeordnete Gesetze, denen sich die Menschheit zu beugen hat, sind seine subjektiv bindenden Energien hinter so gut abgesicherten Theorien versteckt, dass es lange dauern kann, bis ein Mensch sie durchschaut.

Nicht Saturn selbst verführt im Skorpion bzw. im 8. Haus stehend den Menschen zu den so übergeordnet scheinenden Vorstellungen, sondern er begleitet ihn quasi freiwillig in die Verstrickung hinein. Er ist hier ein »göttlicher« Begleiter, der sich tarnt, um Eintritt in die Unterwelt, eine Welt der gebundenen Bilder und Vorstellungen zu erlangen. Er weiß, der Mensch *muss* in der Sackgasse seiner überzogenen Verantwortungsgefühle scheitern. Nur dort findet er sein Lösungsmittel, das Pharmakon, das Gift und Heilmittel gleichzeitig ist. So werden wir nur dort einen Saturn mit Skorpion-Qualität finden, wo er einem Menschen, der sich sehr an der Position des Überlegenden, des Tragenden festhält, das Muster dieser Gefangenschaft vorzuhalten hat. Seine Position macht nur Sinn, wenn das Horoskop geistig-seelische Machtstrukturen aufweist. Nur wenn der Mensch sich an irgendeiner Stelle mit den »Göttern« messen wollte, wenn er glaubt, es besser zu wissen als sie (und als alle anderen Menschen), wird ihm die Härte eines so strengen Meisters zugemutet.

Schon in seiner Kindheit erfährt der Mensch, was es heißt, den Vorstellungen einer Person, z.B. seines Erziehers, zumindest teilweise ausgeliefert zu sein. Hier erlebt er sich als Opfer einer Konstellation, die ihn – aus der Tiefe der Geschichte heraus gesehen – eigentlich zum Täter macht. Um beides zu überwinden und sich irgendwann frei zu fühlen, müssen viele »Fußangeln« auf seinem Lebensweg ausgelegt werden. Jedes Mal, wenn er sich unter Schmerzen aus der Gefangenschaft einer weiteren einengenden Situation befreit hat, fehlt ihm ein Stück seiner Größe – bis, ja bis davon nichts mehr übrig ist.

Bezogen auf die Familie und die Partnerschaften müssen ihm Menschen begegnen, die sich aus seinen festen (ach so richtig erscheinenden!) Theorien herauswinden. Jedes Mal, wenn er notgedrungen wieder eine »Verantwortung« abzulegen hat, wird er ein Stück leichter – doch der Weg zur wirklichen Freiheit ist weit. Bis er auf der anderen Seite der Schwelle verstanden hat, dass sein persönliches Gewissen, nach dem er seine Welt und die Welt der anderen geordnet hat, dort nicht mehr zählt, stirbt er – besonders sein Ego – tausend Tode, ganz so, wie es sein Saturn von ihm will.

Saturn im Schützen oder im 9. Haus

Ein Saturn im Schützen und – das muss man hier sagen – besonders ein Saturn im 9. Haus verlangt vom Menschen, sich (oder besser seine Geschichte) vom Subjektiven zu reinigen. Er steht hier verbunden mit dem Tierkreiszeichen Schütze »kurz« vor der Schwelle, vor dem Schritt ins Objektive, ins Übergeordnete. Er weist darauf hin, dass alles auf der Welt schon einmal da war, dass der Mensch erst die von ihm und von seinen Vorfahren gemachten Erfahrungen nutzen soll, bevor er weitergeht. So bleibt ihm nichts anderes übrig, als sich zeitweise dem nach Entwicklung und Fortschritt Dürstenden in den Weg zu stellen und seine Euphorie, mit der er expandieren möchte, zu dämpfen.

Wie auch in anderen astrologischen Zusammenhängen wird hier Saturn erst einmal als Hemmung und Unterdrückung empfunden. Der Mensch fragt sich oft, warum er nicht weitergehen darf, sobald er etwas verstanden und – nach seiner Meinung – gelöst hat. Warum wird er zurückgeworfen, bleiben die schnellen Erfolge aus? Er ist doch »brav«, hört auf seinen Saturn, versteht, dass er sein Schicksal zu ergründen hat, dass er sich selbst und sein Leben in einem großen Zusammenhang zu sehen hat.

Schon früh wurde von ihm Besonderes verlangt. Er wurde angehalten, seinen Horizont zu erweitern, nicht im allzu kleinen »Verstand« stecken zu bleiben. Hat er nicht immer darauf gehört, nicht immer versucht sich weiterzuentwickeln? Wo bleibt die Belohnung? Ihm steht doch eine gute Lebensposition z.B. als Lehrer oder Verkünder zu! Hat er sich nicht Fülle und Glück verdient? Was ist es, was ihn wirklich bremst? Immer wenn ein

Mensch Saturn subjektiv – und sei er dabei noch so »clever« – nutzt, nimmt er ihm die Kraft. Er beraubt ihn – unbewusst zumeist – seiner Objektivität und verschließt sich damit seinen wirklichen Aufgaben.

Jeder Saturn in einem der drei Feuerzeichen muss sich dies »gefallen« lassen. Er »soll« dem Planeten zur Seite stehen, dessen Energien er mitträgt – in diesem Falle Jupiter. Er wird jupiterhaft »vermenschlicht«, in Wunschdenken und Entwicklungsvorstellungen mit einbezogen. Ein wirklich Weiser lässt seine Schüler so lange spielen (auch das große Ich-weiß-wo-es-hingeht-Fortschritts-Spiel), bis sie von selbst darauf kommen, dass eine lange Kette von Einsichten längst keine Brücke über »seine« Schwelle ist. Wer gut hinhört, versteht, dass er der Seele zuflüstert: »Schau erst zurück, weit zurück, bevor du vorwärts gehst. Erinnere dich deiner Geschichte bis tief in die Wurzeln hinein. Und vor allem, werte dabei nicht, versuche niemals, es »besser« zu machen.«

Die Seele ist angekommen, die verstanden hat, dass ein verantwortungsvolles Ordnen der Vergangenheit direkt in eine gute Gegenwart führt. Alles andere, was der Mensch dem hinzufügt, überspringt diesen guten Platz und lässt sich gedanklich in einer »besseren Zukunft« nieder, die es in Wirklichkeit nicht geben kann, da sie *nur* aus der Gegenwart heraus erwachsen kann. Es gibt eben keine Abkürzungen in die Freiheit.

Saturn im Steinbock oder im 10. Haus

Jeder Planet, der in seinem Zeichen oder in seinem Haus steht, hat besonders viel von der Kraft, die ihn ausmacht. Die Eigenschaften, die Saturn in sich trägt, verstärken sich hier und lassen ihn zu einer wahren, Ehrfurcht gebietenden Autorität werden.

Mit welchem zweiten Tierkreiszeichen er auch immer verbunden ist (Häuserebene bzw. MC-Thema), er wird es dominieren. Er bewacht streng und mit erhobenem Zeigefinger den Entwicklungsprozess seines »Schützlings«. Keine andere Saturnstellung verlangt vom Menschen so viel Klarheit, soviel Ordnung, Verantwortung und Rückgrat wie »der Meister« persönlich. Er drängt die Seele, erwachsen zu werden und sich den Aufgaben des Lebens zu stellen. Er hat wenig Verständnis für chaotische Lebensführung und für kindliches Ausweichen. Schon früh findet er für sich Stellvertreter auf der Erde, die seine Ordnung, seine Gesetze unnachgiebig vertreten. Jeder Lehrer, jeder Erziehungsberechtigte, der einen Saturn mit Steinbock-Qualität vertritt, muss sich als hart und unnachgiebig zeigen. Kein »subjektives« Klagen und Jammern dringt zu ihm vor. Selbst eine »zum Himmel« erhobene Faust kann ihn nicht beeindrucken. Seine Botschaft ist klar und deutlich: Schicksal ist unbestechlich, objektiv und neutral. Jedes Aufrechnen, jede von Menschen erdachte Logik bleibt hier wirkungslos. Weder wird das Gute belohnt, noch das Böse bestraft. Seine Gesetze sind oft uneinsehbar und müssen dennoch akzeptiert werden. Das Schicksalsrad dreht sich weiter und die Geschichte und Geschichten nehmen ihren Lauf – auch wenn der Mensch die Zusammenhänge nicht versteht. Die Welt kann grausam und hart sein, das Schicksal schwer und belastend. Die Welt kann aber auch schön und leicht sein, das Schicksal angenehm und fröhlich. Niemand versteht, wieso. Wieso muss z.B. ein kleines unschuldiges Kind sterben? Wieso werden zahlreiche gute Menschen ermordet, während andere, die den Tod »verdient« hätten, weiterleben? Wieso wird so mancher Bösewicht mit Gesundheit und Glück belohnt?

Kein Mensch müsste sich mit einem Saturn im Steinbock bzw. im 10. Haus auseinandersetzen, lägen keine Frage wie diese auf seiner Seele. Mit diesen und ähnlichen Themen stößt der Mensch an die Grenzen seiner subjektiven Möglichkeiten. Entweder wird er resigniert aufgeben und an seinem »Horizont« verzweifeln, oder er wagt den Schritt über »die Schwelle«. Damit verlässt er dann das übliche Gerechtigkeitsdenken und die vom Menschen erdachte Schicksalslogik. Ein Saturn im Steinbock ist eine Chance, sowohl das persönliche wie das bindende Sippengewissen zu verlassen und sich einer höheren Ordnung zuzuwenden. Die »logische« Schicksalsabfolge weicht einer Ordnung, die nur schwer von der Seele erfasst werden kann. Der Mensch hat wirklich nur das zu tragen, was ihm – speziell ihm – aufgebürdet wird. Und er weiß – wenn er die übernommenen »Päckchen« zurückgegeben hat – nicht einmal wieso. Es gibt keine Antwort, außer vielleicht der, dass es ist, wie es ist, und dass der Mensch die Verantwortung für das, was ihm geschieht, auch dann übernehmen muss, wenn er es nicht versteht.

Jeder Person, die ähnlich autoritär auftreten würde, wären wir sehr böse. Wenn sie uns ohne Erklärung, ohne einsehbaren Sinn einfach etwas in den »Rucksack« packen würde, würden wir sie hassen. Wir würden versuchen zu fliehen oder versuchen sie zu vernichten – ganz nach persönlichem Temperament. Was wäre, wenn wir sie nicht los würden, wenn sie immer anwesend wäre, wohin wir auch immer gehen?

Wir dürften einem großen Meister die Hand reichen und uns mit einem Saturn im Steinbock bzw. im 10. Haus anfreunden.

Saturn im Wassermann oder im 11. Haus

Ein Mensch mit einem Saturn im Wassermann bzw. im 11. Haus hat die Aufgabe, aus den Fußstapfen seiner »Väter« herauszutreten und alte Werte hinter sich zu lassen. Der Raum, der ihm vom Schicksal zur Verfügung gestellt wird, befindet sich in der Mitte zweier Welten. Saturn erhofft sich von ihm einen großen Schritt in eine neue Zeit. Die alten Muster und Rollenverteilungen sind Kostüme einer früheren Zeit. Sie haben sich bewährt, sie boten Sicherheit, und doch passen sie nicht zum heutigen Anspruch an mehr Beweglichkeit und Flexibilität. Es ist nicht leicht, zwischen zwei Welten seinen Platz zu finden. Vor allem in der Kindheit, wo ein Mensch besonders darauf angewiesen ist, Regelmäßigkeit und Stabilität zu erfahren, fehlt diese hilfreiche Basis. Die gleich bleibende Anwesenheit Erwachsener, die für ihn die Verantwortung übernehmen, fehlt entweder ganz oder zumindest zeitweise. Von genau der Person, von der das Kind Treue und Sicherheit erwartet, wird es enttäuscht. Da hilft es nicht sehr, dass andere Personen dies eventuell ausgleichen. Das Vertrauen ist erschüttert, und das soll – so der Auftrag von Saturn – auch so sein.

Die beste Grundlage für eine Entwicklung in die Freiheit ist nun mal die Unsicherheit. Nur wenn der Boden mitunter auseinander zu brechen droht, wird ein Mensch lernen zu springen. Einer wohlgenährten, fest umsorgten Seele fehlt der Impuls, sich auf die Suche nach einer neuen Heimat zu machen. Ein Vogel, den man aus dem Nest wirft, wird immer schneller und vor allem dringender lernen zu fliegen. Und das ist es, was ein Saturn, der sich mit Uranus verbindet, vom Menschen will. Offensichtlich »braucht« derjenige – so wie jeder seinen Saturn braucht – die »angeborene« Unruhe und Unsicherheit, um sich auf den Weg zu machen. Niemals scheint es dringender zu sein, mit dem von den Ahnen Übernommenen zu brechen, als mit einem Wassermann-Saturn. Er »zwingt« den Menschen, sich fremd zu fühlen. Er lässt ihn spüren, dass er nicht ganz dazugehört, dass er anders ist. Er möchte, dass dieser sich einen ganz eigenen, ganz individuellen Weg sucht. Einen Weg, der, von der Geschichte der Ahnen aus betrachtet, noch nie da war, der so neu ist, dass keiner der Vorfahren ihn kennt. Es gibt irgendetwas in der Sippengeschichte, das nicht wiederholt werden soll, einen Schicksalsstrang, der unterbrochen werden muss. Die Familiengeschichte braucht einen Suchenden, einen Helden, einen Menschen mit einem Wassermann-Saturn.

Saturn in den Fischen oder im 12. Haus

Die Ordnung, die ein Saturn in den Fischen bzw. im 12. Haus wünscht und schafft, ist sehr geheimnisvoll. Man kann sie nicht genau in den Griff bekommen, man kann sie nur verfolgen und sehen, wie sie wirkt. Und sie wirkt immer wieder anders, immer wieder neu. Schon das Kind kann sich nicht an feste Regeln halten, es gibt niemanden, der es wirklich lenkt und führt. Der

Mensch muss sich hier sehr auf sich selbst und seine Intuition verlassen. Egal wie tief die Verstrickungen, die er trägt, ihn binden, es gibt eine innere Stimme, die ihm sagt, was – in einem höheren Sinn – richtig und was falsch ist. Das bedeutet nicht, er wäre weniger im Schicksal seiner Ahnen verwurzelt, doch er »weiß« um die Größe der Zusammenhänge. Tief in seinem Inneren trägt er den Samen einer grenzenlosen Liebe, einer Liebe, die weit über die Beschränkungen des Subjektiven hinausgeht. Es ist nicht gesagt, ob sein Bewusstsein jemals bis zu diesem Kern vordringen wird (das ist nie vorhersehbar) und ob er diesen Schatz zu heben vermag, aber angelegt in ihm ist ein Zugang zur Weisheit seiner Väter, seiner Ahnen. Jeder, der den Zugang zum Heiligtum Saturn in den Fischen findet, findet damit seinen »himmlischen Vater«. Er findet das Kind, das auf Erden durchaus darauf verzichten kann, seine Bestimmung von der Familie zu erhalten. Er versteht dann die zeitlose Sprache einer übergeordneten Macht, die ihn führt und leitet. Er versteht, dass Ordnung und Liebe zusammengehören und dass sich eine Seele nur entfalten kann, wenn sie die Liebe findet, die nicht eingeengt wird durch Moral, Verpflichtung und von Menschen gemachten Gesetzen. Ein Saturn in den Fischen ist kein Hüter einer Schwelle, er steht nicht mit einem Bein im Subjektiven und mit dem anderen drüben. Er nimmt einen Platz ein, an dem beide Seiten, das Diesseits und das Jenseits, Leben und Tod, vereint sind. Er erlaubt keine Trennung zwischen dem Sichtbaren und dem Unsichtbaren. Er lehrt den Menschen von Anfang an, seine Augen weit zu öffnen und seinen Blick auf das Grenzenlose zu richten. Diese Aufgabe ist in der ersten Hälfte des Lebens schwer, da niemand diesen Blick von den Eltern »erben« kann. Er gehört so sehr zum Entwicklungsprozess des Einzelnen, dass er sich ihn selbst erarbeiten muss. Kein äußerer Lehrer kann ihm dies beibringen (außer vielleicht ein Erleuchteter, ein Guru). Haben sich seine Augen aber erst einmal geöffnet, wird es dem Menschen leicht, sehr leicht ums Herz. Seine Liebe verbindet die Lebenden und die Toten. Es gibt keinen Unterschied mehr, keine Willkür des Schicksals mehr, an der der Mensch verzweifelt. Seine Seele ist ewig und überall am richtigen Platz.

Uranus
Verrat und Freiheit

Jeder Mensch, der sich mit allem Schweren seines persönlichen Schicksals konfrontiert und es in sein Bewusstsein mit eingeschlossen hat, der lieber Ordnung herstellt als dagegen anzukämpfen und sich zu beschweren, hat die gut gehütete Schwelle Saturns überschritten. Er hat die persönliche Reife erreicht, die einen erwachsenen Menschen ausmacht. Er steht dann an einem neuen Platz, von dem aus die Welt ganz anders aussieht. Vielleicht ist er kleiner geworden, trägt nun weniger Verantwortung. Oder er ist gewachsen, weiß jetzt, was das Schicksal wirklich von ihm möchte. Sein Saturn hat ihn gelehrt, dass Liebe, Partnerschaft, Glück, Erfolg – das Leben überhaupt – nur in der Ordnung gelingen kann. Es hat lange gedauert, ihn viel gekostet, diese Ordnung zu akzeptieren, sich vom alten, gewohnten Platz, z.B. dem des überforderten Opfers, wegzubewegen. Und jetzt steht er, statt sich gemütlich ausruhen zu dürfen, vor einem neuen Weg, einer neuen Aufgabe, vor dem Umbruch, vor der endgültigen Trennung von alten Mustern. Er steht vor der Möglichkeit, sich mit seinem Uranus identifizieren zu können. Erst mit diesem nächsten Schritt wird der Mensch wirklich frei. Alle Prüfungen, alle Aufgaben, die hinter ihm liegen – mögen sie noch so schwer gewesen sein –, machen weniger Angst als dieser nächste Schritt.

Das Tierkreiszeichen Wassermann steht archetypisch im Quadrat zum Skorpion. In diesem Spannungsfeld findet der Ausbruch aus der Gefangenschaft alter Werte, die Lösung aus übernommenen Loyalitätsbündnissen statt. Saturn hat hierfür die Voraussetzung geschaffen; er führte den Menschen mit strenger Hand über die Brücke, heraus aus seiner Subjektivität hin zu einer objektiven höheren Ordnung. Jetzt steht der Mensch erst einmal vor

Neuland, vor dem Fremden, dem Unbekannten. Es hat sich gezeigt, dass der Lösungsprozess meist mit Uranus-Transiten und Auslösungen begonnen wird. Der Mensch fühlt eine große Unruhe, er spürt die Bindung an übernommene Muster wie Fesseln und möchte sie gerne loswerden. Oft erlebt er sich in dieser Zeit als zerrissen und unter Druck. Unbewusste Kräfte drängen ihn einerseits, sich zu bewegen, andererseits hält das Alte ihn jetzt besonders fest. Sobald er wirklich die Fäden durchtrennt hat und die ersten Schritte auf dem neuen Weg beginnt, fühlt er sich als Verräter, als Verräter an seiner Familie, an der Sippe. »Wie kann er es wagen, glücklicher, erfolgreicher werden zu wollen als sie! Wie kann er seiner ›traurigen‹ Mutter den Rücken kehren und sich in die offenen Arme seines Partners begeben! Ist es überhaupt möglich im Anblick eines Kindes, das nur wenige Tage alt wurde, sich seines Lebens zu erfreuen?« Hier, genau hier an dieser Stelle seiner Entwicklung bleibt der Mensch oft stehen. Er weiß um die Ordnung, doch sein Herzschlag folgt schon so lange den alten Bindungen, dass er eine Liebe nicht versteht, die Freiheit mit sich führt.

Allgemein wird Uranus als ein netter, liebenswerter Narr beschrieben, der uns Menschen mir nichts dir nichts in die Freiheit führt, wenn wir nur wollen. Aber ist er das wirklich, verwechseln wir hier nicht persönliche Vorstellungen von »Lagerfeuerfreiheit« mit etwas ganz anderem, sehr viel Bedeutenderem? Steht er nicht für ein Ringen der Kräfte im Inneren der Seele, für einen Kampf, bei dem Geborgenheit und Sicherheit abgewogen werden müssen gegenüber dem Schritt heraus aus der Gebärmutter der schützenden Abhängigkeiten.

Wir alle kennen unseren Uranus erst einmal (ähnlich wie Neptun) nur über das Fehlende. Er entbindet uns, sobald er findet, dass die Geburt (von was auch immer) längst überfällig ist. Er befreit uns aus Bindungen, ob wir wollen oder nicht: Der Partner verlässt uns, der Chef kündigt uns usw. Von Zeit zu Zeit unter Transiten und Auslösungen verlieren wir – zumeist ungewollt – die Zugehörigkeit. Aber sind wir dann frei? Fühlen wir uns frei? Oder stellen wir einfach nur fest, dass uns jetzt etwas, jemand fehlt. Zumeist erleben wir Uranus über andere Planeten bzw. über das, was wir dann *nicht* mehr sind, *nicht* mehr haben, so z.B.: Uranus/Sonne – wir haben dann kein Selbstwertgefühl mehr; Uranus/Venus – wir haben keinen Partner, keine Sicherheit mehr; Uranus/Mond – wir haben keine Geborgenheit mehr usw. Selbst dann, wenn wir den Schritt zur Trennung oder Veränderung von uns aus tun, handeln wir oft unter dem Druck, dass uns etwas nicht mehr passt, und unter der Vorstellung, woanders etwas Besseres zu finden.

Und doch muss es sich um den gleichen Uranus handeln, der von uns Größeres erwartet. Auch die vergleichsweise kleinen schmerzhaften Verluste sind Hinweise auf einen größeren Entwicklungszusammenhang. Nach einer ungewollten Trennung (z.B. Uranus im 7. Haus) steht der Mensch ohne Anbindung an den Partner da. Er muss sich, ob er will oder nicht, mit seinem Beziehungsmuster auseinander setzen. Gerade dann, wenn dies mehrfach geschieht – manchmal im Siebener-Rhythmus alle sieben Jahre –, wird er sich fragen, was es mit seinen Bindungs- und Beziehungsfähigkeiten auf sich hat. Jeder gewollte und jeder ungewollte Abbruch »wirft« einen Menschen an einen anderen Platz. Doch weil wir es so gewohnt sind, schauen wir (zumeist) vom subjektiven Erleben, d.h. vom subjektiven Planeten aus, auf Uranus. Kaum ein Mensch identifiziert sich dabei mit Uranus selbst, noch viel seltener als mit Saturn. Es ist viel schwerer, sich einen Uranus zum Freund zu machen als einen Saturn. Am Platz von Uranus steht der Mensch ohne Identifikation, ohne Zugehörigkeit, ohne Ziele, ohne sich auf etwas berufen zu können, da. Vor ihm tut sich ein Weg auf, auf dem kein Fußabdruck eines anderen zu erkennen ist. Kein ausgetretener Pfad weist die Richtung. Es gibt nichts Schwereres, als zuerst das Leben, und was alles dazugehört, von den Eltern und von den Ahnen zu nehmen, sie in ihrem Sein zu achten und zu ehren, und dann in Liebe weiterzugehen, es anders zu machen. Wir wissen, wie es ist, in Liebe zu bleiben. Wir haben erfahren, wie weit es uns bringt, uns im Trotz abzuwenden. Was wir nicht gelernt haben, ist, in Liebe zu gehen, weiter zu gehen, frischen Wind in eine Sippe zu bringen.

Der Schritt heraus aus den engen Familienzusammenhängen und Loyalitäten in eine größere Dimension, in die Vernetzung mit allen Seelen, ist ungeheuerlich. Da gibt es keine guten und keine bösen Menschen mehr, keine richtige und keine falsche Religion. In diesem ersten Schritt liegt die Voraussetzung für das, was man Spiritualität nennt. Ohne diesen Schritt bleibt Neptun für uns unerreichbar, ein Geheimnis, ein energieverschlingendes »Loch«. Mit der Liebe zu Uranus, der so gar nicht in das »Liebensbild« des Menschen passt, beginnt eine Entwicklung, die weit über die Grenzen früherer Erfahrungen hinausgeht. Wir wissen, was geschieht, wenn z.B. ein Dorf seine Grenzen nicht öffnet, wenn durch Inzucht das immer Gleiche weitergegeben wird. Genauso sähe die Menschheit aus, wenn wir keinen Uranus hätten, wenn nicht jeder Einzelne die Möglichkeit hätte, fortzuschreiten und zur Erneuerung beizutragen. Noch einmal: Es gibt keinen Fortschritt, den man nicht als Verrat empfindet. Selbst wenn ich meinem Partner folge und heirate, »verrate« ich meine Familie, ich verlasse die Bindung an sie und binde mich neu. Wie bedrohlich muss es für den Menschen sein, wenn er neue Werte entdeckt, ihnen folgt und damit die Loyalität zu den früher Geborenen verlässt. Hier ist jeder Mensch alleine, hier gibt es niemanden, der uns bestätigt, dass wir auf dem »richtigen« Weg sind.

Jeder Uranus, wo immer er sich im Horoskop auch befindet, vertritt diesen Aspekt der Menschwerdung. Er ist angelegt wie eine Art tickende Zeitbombe, die zum gegebenen Zeitpunkt »losgeht«. Wir erleben Uranus so lange als schmerzhaften Verlust, als Rauswurf, als Trennung, wie wir uns ganz auf der subjektiven Seite des Besitzdenkens, des Festhaltens und besonders natürlich in den Wiederholungsmustern befinden. Jede Auslösung, jede Unterbrechung auf dem Lebensweg ist ein Hinweis, ein Übungsfeld für die große Loslösung, die uns allen bevorsteht.

Jeder Mensch ist frei, es beim Alten und Gewohnten zu belassen und Uranus von der passiven Seite aus zu erleben. Er kann aber auch jederzeit die Chance nutzen, die sein Uranus ihm bietet, wenn er selbst aktiv wird.

Die Uranusstellung im Horoskop beschreibt den schon immer in uns angelegten »Ort« der Freiheit. Unsere Seele »weiß«, lange bevor dies in unser Bewusstsein vordringt, in welchem Bereich dieser Schritt für uns ansteht. Wieder und wieder dürfen wir üben. Jeder Uranus-Transit, jede Auslösung zeigt uns, um was es geht, was wir, speziell wir, loszulassen haben. In hartnäckigen Fällen »schickt« Uranus sogar einen Stellvertreter, jemanden, der uns »verrät«, damit wir – unsere Seele – sein Prinzip kennen lernen. Sobald wir uns wirklich aufmachen, uns mit seinen Kräften zu verbinden, werden wir leichter. Wir wachsen aus alten Fesseln heraus dem »Himmel« entgegen, wo »Neptun« schon lange auf uns wartet.

Uranus im Widder oder im 1. Haus

Wenn sich die Wassermann-Energie mit der des Widders verbindet, entsteht eine explosive Mischung. Mit der Aktivierung dieser Kräfte (Auslösungen, Transite) tritt eine Verunsicherung ein, irgendetwas im Leben reißt plötzlich das Ruder herum und der Mensch steht schlagartig an einer anderen Stelle. Mag sein, dass es so aussieht, als käme dieser Einbruch von außen, dass ein Feind auf die Bühne des Lebens tritt und Verrat übt. Doch bei genauerer Beobachtung spürt der Mensch, dass er es ist, der dringend eine Veränderung nötig hat, und dass ohne sie seine Entwicklung brachliegen würde. Wenn er in sich hineinspürt, wird er erkennen, dass es in ihm eine Entsprechung, eine Art Magnet gibt, die diese Kräfte anzieht. Er selbst ist es, der den (Schein-)Frieden stören möchte, er selbst hat den Wunsch, einengende Lebensabläufe zu unterbrechen. Mit der Zeit und bei entsprechender Reife wird er diese Energien für sich selbst nutzen und lenken können, auch wenn sie heftig und unangenehm sind. Er braucht diese auf den ersten Blick zerstörerische Kraft, da er ohne sie zu sehr festsitzen würde. Mit einem Uranus im Widder oder im 1. Haus gibt es immer zu feste, zu tief verankerte Wurzeln an einem eingefahrenen Platz. Und wie wir wissen, ist es oft einfacher, etwas Festgefahrenes mit einem heftigen Ruck zu befreien als durch sanftes Einwirken. Diese uranischen Energien sind, wenn man sie verstanden hat, eine große Hilfe, aber sie sind niemals bequem. Sie wollen den Menschen – im rechten Augenblick – in eine Außenseiterposition zwängen. Er darf dann – von der Sippe aus betrachtet – das »Enfant terrible« sein. Er muss irgendwann vom alten Platz wegspringen und den Energiestrom in eine neue, nie da gewesene Richtung lenken. Der Mensch muss sich darauf gefasst machen, dass er dabei provoziert, dass es Streit geben wird.

Eine Uranus/Widder-Ablösung geht zwar niemals friedlich vonstatten, doch sehr viel problematischer wird es, wenn man zu subjektiv kämpft, wenn es nicht um den Fortschritt, sondern um das Gewinnen von Macht geht. Ein Uranus, in welchem Zeichen er sich auch immer befindet, dient niemals persönlichen Interessen. So darf er nicht gegen etwas oder gegen jemanden gerichtet sein, auch wenn dies für einige Zeit so aussehen mag. Seine gesamte Bewegung ist auf ein sinnvolles Ziel gerichtet: Er möchte umwälzen, d.h. die in einer Endlosschleife gefangene Geschichte eines Menschen zerpflücken, in der Luft »zerreißen« und neu zusammensetzen. Auch wenn dabei die Fetzen fliegen, es lohnt sich. Die Geschichte wird belebt, sie nimmt einen neuen Verlauf – sie hat einen neuen Helden.

Uranus im Stier oder im 2. Haus

Viele Abschiede liegen auf dem Lebensweg eines Menschen mit einem Uranus im Stier oder im 2. Haus. So sehr er auch versucht, sich fest zu verankern und Sicherheit zu erlangen, seine Wurzeln reichen nicht so tief, wie er sich dies wohl wünscht. In jungen Jahren erlebt er den »Rauswurf« oft als schmerzhaft und als unverdientes Schicksal. Er fühlt sich zu Unrecht aus Zugehörigkeiten verstoßen. Ganz egal, wie der Rest seines Horoskops aussieht, ob er ein Mensch ist, der seine Freiheit liebt, oder ob ihm die Sicherheit vorgeht, ein Uranus mit Stierqualität trifft immer unvorbereitet eine Stelle, an der es dem Menschen nicht passt. Kein Uranus dient der persönlichen Vorstellung von Freiheit. Er verkörpert – besonders hier – eine Tür, die dringend geöffnet werden muss, die seit Generationen geschlossen gehalten wurde. Es gibt eine Kammer im Inneren der Sippenseele, die schon lange nicht geöffnet wurde. Eine Generation übergab der nächsten den Schlüssel, verbunden mit einem Verbot ihn zu benutzen, und gleichzeitig mit der unausgesprochenen Hoffnung, dass die Tür doch irgendwann einmal geöffnet würde. Die angesammelten, dort gehüteten Werte und Wertmaßstäbe bilden den Halt der Sippe und bestätigen ihre Zugehörigkeit zueinander. Jeder, der es wagen würde, Luft und Licht in diesen »Raum« zu bringen, wäre ein Verräter und Erlöser gleichermaßen. An diesem Ort verbirgt sich eine Art Raster, in welches eine Person hineinpasst oder nicht. Nur wem das Raster passt, darf in dieser Familie seinen Platz einnehmen. Jedem, der nicht das Soll erfüllt, bleibt die Tür verschlossen, die Zugehörigkeit verwehrt. Ein Uranus im Stier verlangt vom Menschen, mit dieser »Tradition« zu brechen, sie zu durchlöchern, die Grenzen aufzuheben. Niemand wird es ihm danken, denn niemand möchte sich dem »alten Mief«, der nach Öffnung der Türe nach außen dringt, stellen. Erst danach – lange danach – ist zu spüren, wie angenehm die Atmosphäre sein kann, wenn sie endlich von Tageslicht durchflutet wird. Eine solche Türe lässt sich niemals mit Gewalt aufbrechen, auch wenn der Mensch noch so wütend ist über die Enge seiner Sippe. Der wahre Öffner ist das Herz, ein Herz, das bereit ist, die ganze Welt mit einzuschließen und niemanden mehr auszugrenzen. Durch viele Abschiede und das Kennenlernen andersartiger Personen ist der Mensch gut darauf vorbereitet, ein »Weltenbürger« zu werden. Sein Uranus unterstützt ihn als eine Art Tanzlehrer, der ihm beibringt, aus der Reihe zu tanzen und neue Schritte aus fremden Kulturen in ein altes, überholtes Standardprogramm einzubauen.

Uranus in den Zwillingen oder im 3. Haus

Ein Uranus mit Zwillinge-Qualität trägt die Aufgabe in ein Menschenleben hinein, sich von übernommenen Denkstrukturen und Mustern zu befreien. Das »normale« Programm des »Menschseins« verlangt vom Einzelnen, dass er sich der alltäglichen Realität anpasst und sich wohlgefällig bewegt, dass er die Meinung anderer teilt und die Regeln des Alltags und Miteinanders befolgt. Da ist es wichtig, was der Nachbar denkt, und ob man von ihm anerkannt wird. In vielen Familien hat diese Haltung Tradition. Formal wird das Gleichheitsspiel mitgespielt, alles was nicht hineinpasst, wird unter den Teppich gekehrt – »nur nicht auffallen«, ist die Devise. Lieber ein nach außen durchschnittliches und langweiliges Dasein zeigen, als die Aufmerksamkeit auf sich und auf ein eventuelles Anderssein zu ziehen. Wenn Uranus seine Energien in die Zwillinge-Thematik hineinlegt, möchte er damit aufräumen. Ein allzu formaler Lebensablauf steht der von ihm eingebrachten Aufgabe im Weg. Mit seiner Hilfe soll der Mensch lernen, sich davon zu befreien, um damit den Weg für eine individuelle Entwicklung zu ebnen. Stellen wir uns einen Menschen aus einer katholischen Kleinstadt vor, der Astrologe werden möchte. Er weiß, dass man ihn für »komisch« und verrückt halten wird. Er wird irgendwann einmal vor der Aufgabe stehen, seine Interessen nach außen zu vertreten, umzuziehen oder sich einen anderen Beruf zu suchen. Es handelt sich hier um ein wahres Beispiel. Die Frau hat Jahre gebraucht, bis sie es wagte – nach absolvierter Ausbildung –, ein entsprechendes Schild an die Türe zu hängen. Sie kam sich vor wie eine Aussätzige, eine Hexe, die man bald verbrennen würde. Niemand in ihrer Sippe und in ihrer Stadt glaubte bis dahin an die Astrologie. Es ist immer schwer, der Erste zu sein, der einen neuen geistigen Weg beschreitet und alte Glaubens- und Denkmuster zurücklässt. Der Mensch fühlt sich zu Anfang sehr allein auf diesem neuen Weg.

Egal um welches geistig-intellektuelle Thema es sich handelt, ein Uranus mit Zwillinge-Komponente verlangt vom Menschen irgendwann diesen Schritt; und was besonders wichtig und schwer dabei ist, er muss in Achtung vor dem Alten gemacht werden. Sobald er sich besser glaubt und darüber stellt und denkt, nur er habe den Durchblick, verabschiedet sich Uranus und lässt ihn mit seinem Dünkel allein. Er ist nicht bereit, der Selbstdarstellung des Menschen zu dienen, er möchte seinen Geist beflügeln, um ihn über Grenzen – die es in Wirklichkeit niemals gab – hinwegfliegen zu sehen.

Uranus im Krebs oder im 4. Haus

Ein Uranus im Krebs steht für die Aufgabe schlechthin, sich aus bestimmten Zusammenhängen der Familiengeschichte zu lösen. In den meisten Fällen steht der Mensch zu sehr auf der Seite seiner Mutter und vertritt einen Aspekt ihrer Geschichte. Doch ist dies nicht zwingend. Die Entbindungsenergie, die Uranus, besonders wenn er im 4. Haus steht, einbringt, kann sich ebenso auf andere Familienmitglieder beziehen. Ganz allgemein ist der Platz des Kindes in der Sippe betroffen.

Ein Mensch spürt diese Konstellation schon sehr früh als Ungeborgenheit und Nichtzugehörigkeit. Auch wenn das Gefühl noch sehr weit weg ist, da Uranus erst zu einem späteren Zeitpunkt in den Entwicklungsprozess eintritt, »weiß« die Seele ganz, ganz tief im Inneren, welche Aufgabe auf sie zukommen wird. Das Kind »darf« noch eine angemessene Zeit lang – je nach Mondstellung wird dies unterschiedlich ausfallen – die Zugehörigkeit zu Eltern und Familie genießen, doch dann wird es quasi aus dem Nest geworfen. Die emotionale Identifikation, besonders die mit der Mutter, wird – zumeist in oder kurz nach der Pubertät – aufgehoben. Der Mensch fühlt sich zeitweise wie ein Fremder in vertrauter Umgebung. Zuerst erlebt er seinen Uranus schmerzvoll oder in Wut. Er möchte nicht die Ich-Verlängerung seiner Eltern sein, will ihre Geschichte, zumindest in manchen Punkten, nicht fortsetzen. In der Zeit seiner pubertären Revolution ist er einfach nur gegen Familie, gegen die ihm – so glaubt er – aufgezwungenen Gefühle. Er *muss* sich zuerst abweisend unter Uranusauslösungen bzw. Transiten zeigen, obwohl er sich dabei selbst schlecht fühlt. Er fühlt sich wie ein Verräter an der Liebe der Eltern, wie ein »Nestbeschmutzer«, wie ein undankbares Kind. Und das ist er auch – solange er krampfhaft versucht, seine kindlich-abhängigen Gefühle zu den Eltern abzublocken und zu verdrängen.

Wie wir wissen, bindet eine Abwehrhaltung mehr Energien, als dass sie frei macht. Um den guten Platz eines Uranus im Krebs oder im 4. Haus einnehmen zu können, ist es besonders wichtig, das Familiensystem zu ordnen. Nur vom »richtigen« Platz aus ist die emotionale Freiheit möglich, die diese Konstellation verspricht. Aus der Perspektive des liebenden Kindes »dürfen« die übernommenen Gefühle und Geschichten zurückgegeben werden. Erst dann »erlaubt« sich die Seele weiterzugehen und ein neues Eltern/Kind-Verhältnis zu gestalten und an spätere Generationen weiterzugeben. Erst wenn der Mensch sein Familienschicksal angenommen hat, darf er mit Kahlil Gibran sprechen: »Eure Kinder sind nicht Eure Kinder. Sie sind die Söhne und Töchter der Sehnsucht des Lebens nach sich selber. Sie kommen durch Euch, aber sind nicht von Euch, und obwohl sie mit Euch sind, gehören sie Euch doch nicht. Ihr dürft ihnen Eure Liebe geben, aber nicht Eure Gedanken, denn sie haben ihre eigenen Gedanken. Ihr dürft ihren Körpern ein Haus geben, aber nicht ihren Seelen, denn ihre Seelen wohnen im Haus von morgen, das Ihr nicht besuchen könnt, nicht einmal in Euren Träumen.«

Uranus im Löwen oder im 5. Haus

Ein Uranus mit Löwe-Komponente wird vom Menschen lange falsch verstanden. Entweder er leidet unter Unsicherheit und Egoschwäche oder er versteht ihn als Auftrag, für seine persönliche Freiheit zu kämpfen. Mag sein, dass sich die beiden Seiten abwechseln und damit viel Leid und Unruhe ins Leben bringen. Uranus hätte nicht einen Platz in Opposition zum Wassermann, seinem Ursprung, eingenommen, wenn die Seele hier nicht etwas Grundsätzliches zu lernen hätte. Es ist einfach für einen Menschen, mit den Ahnen, der Familie im Rücken seinen Weg zu gehen, einen Weg, der vorherbestimmt ist und auf dem man getragen wird von den Erfahrungen anderer. Ein Uranus im Löwen verlangt von seinem »Schützling« anderes. Natürlich darf und soll auch er die Kraft seiner Vorfahren nehmen und die Energien seiner Väter und Vorväter tanken. Doch ist er dazu bestimmt, sich zu unterscheiden, er ist mit Begabungen ausgestattet, die neu sind. Er hat Talente und Lebensabsichten, die ihn in eine Richtung führen sollen, die Neuland für ihn und seine Familie darstellen. Besonders die Geschichte des Vaters muss zurückgelassen werden. Mit Wiederholungen würden sich die Energien im Kreise drehen. Uranus verlangt, mit frischem Wind Segel zu setzen und neue Gebiete zu erobern. Niemand kann demjenigen, der sich auf neuen Wegen befindet, die Richtung weisen, keiner wird ihn loben und bestätigen. Irgendwann, zum richtigen Zeitpunkt, darf er dann über seine Familie »hinauswachsen«, er darf »größer« werden als sie. Allerdings gilt das nicht für sein Ego, sondern für seine Seele. Glaubt das Ego auserwählt, etwas Besonderes zu sein, wird es scheitern, es wird stürzen. Erst nach einer – zugegeben schwierigen – Verbeugung vor all jenen, die vorher da waren, vor ihren Taten und ihrem Schicksal, wird Uranus zu einem Kraftfeld. Er möchte, dass jedes Geschöpf, jeder Baum wächst, dass er sich nicht an der vorgegebenen Größe anderer orientiert und sich einschränkt. Ein fest (in seiner Sippe) verwurzelter Baum darf seine Äste in alle Richtungen wachsen lassen, weit über die (unsichtbar) angelegten Loyalitätsgrenzen hinaus. Jeder Mensch, der diesen Schritt zu früh, aus Überheblichkeit und Geltungsdrang macht, schneidet sich – unbewusst – selbst wieder zurück auf das alte Maß. Wer allerdings in Liebe seine »Äste« ausbreitet wie Arme, die die ganze Welt umfassen könnten, darf bis in den Himmel wachsen.

Uranus in der Jungfrau oder im 6. Haus

Eine der großen, vielleicht die größte Aufgabe unseres Kulturkreises wird einem Menschen von einem Uranus gestellt, der seine Energien in das Jungfrauthema hineinträgt. Alles, was mit dem 6. Haus und den Jungfrau-Aspekten zusammenhängt, gibt uns Menschen die Sicherheit einer weltlichen Ordnung. Hier liegt der Boden unserer Alltagsbewältigung, unserer Vernunft und Moral. Natürlich brauchen wir diese Basis, um miteinander funktionieren zu können, doch gibt es kein anderes Prinzip, das sich seelisch so ausbreitet und so viel Macht ergreift wie dieses. Da die meisten Menschen Angst vor Neuem haben, vor Konflikten, vor Unvorhersehbarkeit und vor allem davor, sich schuldig zu machen, greifen sie zur Sicherheit auf schon gemachte Erfahrungen zurück. Das können die eigenen sein oder die ausgewerteten (und leider bewerteten) Erfahrungen früherer Generationen. Natürlich dürfen wir (sollen wir sogar) diese nutzen. Doch nicht, um uns ein eng angepasstes Korsett daraus zu stricken, dessen Muster aus langweiligem Schwarz und Weiß besteht, sondern um weiterzugehen, fortzuschreiten und neue farbige Elemente einzuführen. Unsere aus Angst entstandenen Begrenzungen und Schuldgefühle sammeln sich alle im Jungfrauthema. Hier wägt der Mensch ab, ob etwas passend ist oder nicht. Hier analysiert er, was man darf und was nicht. Er achtet darauf, dass seine Hände, was immer er tut, sauber bleiben. Damit blockiert er sich oft und verweigert wichtige Schritte, da ihm die Zukunft nicht versprechen kann, dass alles gut gehen und er alles richtig machen wird. Genau aus dieser Haltung möchte ein Uranus mit Jungfrauqualität den Menschen heraussprengen. Er möchte ihm die Augen öffnen für größere Zusammenhänge. Er verlangt vom Erwachsenen, sich nicht mehr durch die Angst vor Fehlern zu blockieren. Er soll nicht voller Furcht zurückblicken auf die Eltern und die Ahnen und nachsehen, ob sie seine Schritte bejahen oder nicht. Er muss auf die Rückendeckung verzichten, die ihm frühere Generationen ja sowieso nur dann geben könnten, wenn er in ihren Erfahrungsbildern weiterlebte. Er muss lernen auszuhalten, dass der eine oder andere über ihn verständnislos den Kopf schütteln wird. (»Die heutige Jugend! Früher war alles viel besser! Wir hatten wenigstens noch Werte, Moral!«, usw.). Es ist nicht einfach, ganz im Herzen zu bleiben und zu wissen, dass man auch dann geliebt wird, wenn man dem Richtig-falsch-System anderer nicht (mehr) entspricht. Am besten gelingt dies, wenn der Mensch vorwärts geht, ohne seine Energien in Selbstvorwürfe und

Vorwürfe hineinzubinden. Es reicht, das weitervererbte Anpassungskorsett auszuziehen. Dabei muss er nicht schimpfen, nicht verurteilen; es reicht, es einfach abzulegen, sich zu dehnen und zu strecken und das neue Gefühl zu genießen, endlich durchatmen zu können. Eine Luft, die von Selbstvorwürfen und Schuldzuweisungen gereinigt ist.

Uranus in der Waage oder im 7. Haus

Ganz klar, es gibt Beziehungsmuster, die nicht weitergetragen werden dürfen. Es gibt in jeder Sippengeschichte Paare, die sich unglücklich gemacht haben, die einander verletzt haben oder die vom Schicksal Schweres aufgebürdet bekamen. Da wir – wie wir wissen – unsere Liebe zur Familie durch Wiederholung ausdrücken, muss es eine Kraft in uns geben, die uns davor bewahren möchte, deren Geschichte und damit das Unglück weiterzutragen. Genau so eine Kraft trägt Uranus in sich, wenn er in der Waage bzw. im 7. Haus steht. Im Unterschied zu Venus/Uranus-Aspekten, die Ausdruck von Partnerschaften sind, die entweder auf »wackeligem« Boden stehen oder überhaupt nur schwer zu Stande kommen, bezieht sich Uranus hier auf Muster innerhalb einer Beziehung. Dabei ist es nicht wichtig, ob es sich um feste und verbindliche Ehen oder Freundschaften und Bekanntschaften handelt.

Jeder Mensch nimmt einen bestimmten Platz zum »Du« hin ein. Er erlebt Liebe und Zuneigung von diesem übernommenen Platz aus. Von hier schaut er vertrauensvoll, ängstlich, misstrauisch usw. auf sein Gegenüber. Sein Blick ist der seiner Eltern, Großeltern und Ahnen. Alles, was sie erlebt haben, das Gute wie das Enttäuschende, sieht er in seinem Gegenüber bzw. glaubt er dort zu sehen. Letztlich sind das alles Projektionen und nicht einmal nur seine, sondern auch – unbewusst – die seiner Sippe. Selbst Argumente wie: »Er hat mich schließlich wirklich betrogen«, können diese Wahrheit nicht entkräften. Jedes verinnerlichte Muster wirkt wie ein Magnet, der die entsprechenden Personen und

Umstände anzieht. Es gibt Frauen, die sich wieder und wieder in verheiratete Männer verlieben, und Männer, die darauf eingeschworen sind, sich an untreue Partnerinnen zu binden. Jeder Mensch hat die Chance, neu und anders zu wählen und das Muster, die Wiederholungen, zu verlassen. Besonders wichtig ist dieser Schritt für einen Menschen, dessen Uranus ihm dafür die Energie zur Verfügung stellt. Er darf für sich die Liebe, die Partnerschaft und die Freundschaft neu entdecken. Er darf die Kette von ähnlichen Beziehungen unterbrechen und einen Schritt in ein neues Zeitalter tun. Das Einzige, was immer gleich bleibt, ist die Liebe selbst – doch diese braucht, so ein Waage-Uranus, ein neues Gefäß, eine neue Ordnung.

Uranus im Skorpion oder im 8. Haus

Ein Uranus im Skorpion bzw. im 8. Haus stellt ein ebenbürtiges Gleichgewicht zu allen plutonischen Verstrickungen dar. Er ist auch dann, wenn der Mensch dies lange nicht erkennt, Träger der Lösung und hat ebenso viel »Lösungsmittel« im Gepäck, wie Bindungsenergie vorhanden ist. Natürlich bleibt es dem Menschen, wie immer, selbst überlassen, ob er sich jemals mit diesen Energien identifizieren möchte. Es bleibt seine Entscheidung, ob er sich die Voraussetzungen für einen so großen Schritt erarbeiten will, oder ob er seine Liebe ungewandelt in der Bindung an das Schicksal seiner Familie belassen möchte.

Es ist oft, zumindest von außen betrachtet, unverständlich, warum ein Mensch »lieber« weiter leidet, als Entwicklungs- und Lösungsschritte in Angriff zu nehmen. Es scheint manchmal so, als wäre die Seele ganz tief im Inneren zufrieden mit dem, was ist, auch wenn es weh tut. Man kann das nur erahnen, denn auf der sichtbaren Ebene beklagt sich der Mensch und will unbedingt etwas ändern. Die Chance, äußere Begebenheiten zu ändern, ist sicherlich nicht jederzeit gegeben. Da aber jedes Horoskop mit einem 4. Quadranten ausgestattet ist, sind in jedem Menschen Möglichkeiten angelegt, irgendwann bewusstseinserweiternde Schritte zu machen, die ihn die Zusammenhänge seines

Lebens besser erkennen lassen. Es gibt dafür mehrere Wege, es muss nicht über Astrologie und Therapie geschehen. Die Kräfte, die in jedem vorhanden sind, wirken auch ohne Erklärung und Hilfe. Sie zwingen den Menschen durch Schicksalsumstände, seine Blickrichtung zu ändern, um so neue Erkenntnisse zu erlangen. Einen Uranus, der seine sprengenden, öffnenden Energien auf das bindungsstärkste Thema, den Skorpion, richtet, kann letztlich nichts aufhalten. Das Einzige, was der Mensch dem, was geschieht, hinzufügen muss, ist die Gewissheit, dass alles, was von außen kommt, ebenfalls zu ihm gehört. Belässt er es dort, im Außen, und stellt keinen Bezug zu sich selbst her, bleibt die Chance ungenutzt – bis zum nächsten Mal, zur nächsten Auslösung.

Es hat sich gezeigt, dass Uranus/Skorpion-Auslösungen eine unglaublich enttäuschende Kraft in sich tragen. Mitmenschen zeigen sich auf einmal von einer anderen, nie zuvor gesehenen Seite, Vorstellungen zerplatzen wie Seifenblasen, Verbindlichkeiten werden nicht eingehalten usw. Kurzum, das »Leben« hält »Verträge« nicht ein, der Mensch glaubt sich verraten und hintergangen. Er versteht die Welt nicht mehr. Dabei hat er hier seine größte Chance. Hinter all dem steckt sein eigener Uranus, sein Entwicklungshelfer, sein Sprungbrett in die Freiheit. Schaut der Mensch jetzt genau hin, so wird er entdecken, dass derjenige, der ihn aus was auch immer herausgeholt hat, sein Freund und nicht sein Feind ist. Er sprengt ihn heraus aus Fesseln, die nicht aus diesem, nicht aus seinem eigenen Leben stammen können. Niemand weiß, seit wann er sie schon trägt, aber er spürt, zuerst einmal unter Schrecken und Angst, dass sie plötzlich verschwunden sind. Die Erleichterung kommt später, viel später. Erst wenn auf dem neuen Platz ein neuer Akt beginnt, ein Akt, der seinem Lebensstück eine überraschende, positive Wende gibt, wird er verstehen, dass er selbst es war, der dem »Verräter« die »dreißig Silberlinge« gab.

Uranus im Schützen oder im 9. Haus

Ein Uranus mit Schützequalität zeigt eine Art Paradigmenwechsel, einen Umbruch der Glaubenssätze und der aus der Religion stammenden Moral an. In diesem Bereich braucht der Mensch die Unterstützung eines Seelenanteils, der die Abgrenzungen des Glaubens, ja, den Glauben selbst infrage stellt. Es geht dabei nicht darum, aus der Kirche auszutreten, sie abzulehnen und zu beschimpfen. Ein junger, unreifer Mensch mag seinen Uranus auf diese Weise verstehen, doch er wird damit scheitern. Der hier verlangte Entwicklungsschritt besteht nicht nur darin, tolerant zu sein, alle Religionen, jeden Glauben, jede Meinung gleichwertig nebeneinander stehen zu lassen. Jeder, der diesen Text liest, hat damit sicherlich keine Probleme. Die meisten Menschen denken so tolerant, von ihnen aus kann es Buddhisten, Muslime, Hindus usw. geben, sie akzeptieren sie alle. Auch wenn diese Geisteshaltung nicht einmal überall selbstverständlich ist, ist damit doch nur der Anfang gemacht. Es reicht bei weitem nicht aus, »offen« zu denken. Es geht vielmehr um tief liegende Prägungen, denen wir unbewusst ausgeliefert sind. Jede Religion vertritt eine Ordnung, eine Moral. Diese steckt tief in unseren »Seelen-Zellen«. Von hier aus reagieren wir reflexartig; ein Reflex auf die Geschehnisse der Welt, der von Generationen geprägt ist. Diesen unbewussten Reflex möchte Uranus bewusst machen und den Menschen davon befreien.

Jeder Uranus steht immer außerhalb von Gruppenzugehörigkeit, von subjektiver Egoanbindung und Loyalitätsverstrickung. Er symbolisiert die Welt im Ganzen ohne Abtrennung, ohne Grenzen, ohne Bewertungen. Jeder Mensch, der mit Hilfe von Saturn die Brücke hin zur höheren, objektiven Ordnung überschritten hat, steht vor der Möglichkeit, sich mit *seinem* Uranus zu verbinden. So zum Beispiel mit einem Uranus im Schützen oder im 9. Haus. Sobald er die Grenzen seines Glaubens geöffnet hat, geschieht das, um was es Uranus geht: Es geht nicht mehr um *seine* Meinung, *seinen* Glauben, sie gehören ihm jetzt nicht mehr. Ohne seine Glaubenssätze kommt sich der Mensch erst einmal vor, als sei er nackt. Durch sie erhielt er seinen Wert und dieser Wert steigt normalerweise dadurch, dass er sich von dem der anderen abgrenzt und unterscheidet. Ließe er wirklich alles zu, was sein Uranus von ihm will, dann ginge es weit über das, was man Toleranz nennt, hinaus. Toleranz heißt letztlich nichts anderes als: »Ich behalte meines und ihr ›dürft‹ eures behalten.« Die Uranus/Schütze-Verbindung führt viel weiter, weiter nach »oben« in die Vogelperspektive. Von hier aus gesehen ist alles eins, es gibt nur eine Welt, einen Gott, ein großes Ganzes.

Uranus im Steinbock oder im 10. Haus

Immer wenn sich zwei Planeten des 4. Quadranten zu einer Aufgabe verbinden, kann man davon ausgehen, dass sie sich einig sind. Sie vertreten beide, jeder auf seine ganz spezielle Weise, den objektiven Teil unseres Daseins.

Jeder Mensch hat die Aufgabe sich dahin zu entwickeln, über die Begrenzungen und die Einseitigkeit seiner subjektiven Wahrnehmung hinauschauen zu können. Letztlich gibt es für niemanden einen anderen Lösungsweg, als die Welt im Ganzen wahrzunehmen und sich selbst in diesen größeren Zusammenhang zu setzen. Tut er dies nicht, bleibt er seinem Schicksal, seinen unbewussten Verstrickungen hilflos ausgeliefert. Er versteht dann nicht, warum ihm dieses oder jenes widerfährt. Er verzweifelt an der Zufälligkeit, fühlt sich eventuell sinnlos oder ungerechterweise bestraft. Mit dem Nehmen der Kraft eines Uranus mit Steinbockqualität gibt es plötzlich einen Ausweg aus der Schicksalssackgasse. Besser gesagt, die vermeintliche Sackgasse erweist sich als Durchgangsstraße mit verstecktem Ausgang. Der klare, unmissverständliche Auftrag einer Saturn/Uranus-Verbindung lautet: »Ordnung macht frei.« Es gibt keine Freiheit außerhalb der Ordnung. Erst muss die Gesetzmäßigkeit des Saturns gesehen und gewürdigt werden, bevor sich das Tor zur Freiheit öffnen wird. Es nutzt nichts, sich wie ein Gefangener aufzuführen, der wütend die Faust zum Himmel hebt, um sich mit »Moira« anzulegen. Unbekümmert spinnt sie weiter ihre Fäden, misst sie ab und teilt sie den Menschen zu. So bleibt nichts anderes übrig als zu nehmen, was sie zuteilt: diese und keine anderen Eltern, keine andere, keine bessere Kindheit, diese Sippe, dieses Land, diese und keine andere Welt. Mit einem »Ja« dazu im Herzen erzählt die gleiche Geschichte nicht mehr von Gefangenschaft, sondern von Freiheit. Niemals sagt Uranus deutlicher als hier: »Jeder Mensch hat sein eigenes Schicksal. Gib alles andere ab, gib deinen ›Vätern‹ das zu ihnen gehörige zurück. Belaste dich nicht mit einem schlechten Gewissen, wenn es dir besser geht als ihnen. Du hast dein eigenes Gesetz. Es wird dich auf neue Schicksalswege führen, die weniger karg sein werden als die deiner Ahnen. Wenn du reinen Herzens bist, werden alle hinter dir stehen und glücklich darüber sein, dass es einer ›geschafft‹ hat, der Sippengeschichte eine neue Richtung zu geben.«

Uranus im Wassermann oder im 11. Haus

Jeder Planet, der in seinem eigenen Zeichen bzw. Haus steht, verkörpert eine große Kraft. Diese Kraft verbindet sich mit der Energie des Hauses, in dem er steht, oder er bringt Bewegung in das Thema hinein, von dem das 11. Haus angeschnitten wird. In jedem Falle werden so seine Eigenschaften verstärkt und ihm seine ursprünglichen, archetypischen Aufgaben zugeteilt.

Solange ein Mensch sich seiner noch nicht bewusst ist – und das kann, wie wir wissen, lange dauern oder nie stattfinden –, »hängt« sich Uranus mit seinen entbindenden Energien an äußere Schicksalsgeschehnisse bzw. Menschen an, um so einen Zugang zu dem System, das von ihm geöffnet werden möchte, zu schaffen. Er durchbricht von Zeit zu Zeit die subjektiven Absicherungsmauern des Menschen, indem er Unsicherheit verbreitet und Unruhe stiftet. Erst, wenn nicht mehr alles genau nach Plan verläuft, besinnt sich der Mensch darauf nachzufragen. Erst dann schaut er auf größere Zusammenhänge. Solange er in seinem »kleinen« Leben die Kontrolle behält, wird er nicht beginnen zu fragen. Ein Wassermann-Uranus lässt ihn Fragen stellen. Er nimmt ihm all jene Antworten, die zu einfach geworden sind, die mehr Gewohnheit und Bequemlichkeit beinhalten als wirkliche Auseinandersetzung. Die Verunsicherung, mit der eine Uranus/Wassermann-Konstellation einhergeht, ist »gewollt«. Sie kann den Entwicklungsprozess sehr fördern, doch vermag sie leider auch das Gegenteil zu bewirken. Der Mensch klammert sich aus Angst noch mehr an das Alte, das Bekannte, und Uranus muss sich neue Wege einfallen lassen, den Menschen zu erreichen. Machen wir uns noch einmal klar: Wir *sind* unser Uranus. Er stellt keine äußere Macht dar, sondern einen Teil, einen unbewussten Teil von uns selbst. Ein Seelenanteil möchte, dass ich mich bewege, dass ich mich er-löse. Wenn wir diese Kräfte unterdrücken, dann lösen wir damit äußere Ereignisse aus, die von gleicher Intensität und Qualität sind wie die inneren.

Oft erzählen Menschen, dass sie ihre Uranus-Auslösung zuerst als Unruhe gespürt haben. Sie hatten das Gefühl, irgendetwas müsse sich ändern, so ginge es nicht mehr weiter. Aber sie hatten Angst. Und dann ist es doch geschehen, genau das, was sie fürchteten. Der Mensch darf sich also zurücklehnen und darauf verlassen, dass geschehen wird, was geschehen soll. Er kann sein Schicksal ebenso wenig verpassen wie seine Lösungen. »Aber das nächste Mal bitte etwas freiwilliger«, ist alles, was ein Wassermann-Uranus dazu zu sagen hat.

Uranus in den Fischen oder im 12. Haus

Wenige Menschen in unserem Kulturkreis haben ein gutes Verhältnis zur anderen, zur unsichtbaren Seite der Welt. Hier zählt, was man sehen und anfassen kann. Oft wird solch eine materialistische Auffassung von Generation zu Generation weitergegeben. Eltern versuchen, ihre Kinder zu realistischen, praktischen Menschen zu erziehen und achten darauf, dass aus ihnen keine weltfremden »Spinner« werden. Mag sein, dass diese Einstellung vor allem aus der Angst vor dem Unwägbaren, dem nicht Beeinflussbaren geboren wird und dass letztlich die Furcht vor dem größten Geheimnis des Menschseins, dem Tod, dahinter steht. Eine Uranus/Fische-Komponente im Horoskop bedeutet immer Arbeit in diesem Bereich. Hier soll der Mensch den festen Boden verlassen und ein neues Verhältnis zu all dem aufbauen, wofür Neptun steht. Ihm ist es in die Wiege gelegt, Fragen zu stellen, die noch nie einer gestellt hat. Er hat die Aufgabe, Geheimnisse aufzudecken, ihm obliegt es, die Familie mit dem Tod zu versöhnen. Vielleicht hat er eine Bindung an Verstorbene, die er zu wandeln hat, indem er ihnen einen guten Platz gibt. Auf jeden Fall befindet sich ein Uranus, wenn er das Fische-Thema aufgreift, nicht ganz in dieser Welt. (Bitte unbedingt die zweite Komponente, in welchem Haus Uranus steht oder von welchem Tierkreiszeichen das 12. Haus angeschnitten wird, in die Deutung miteinbeziehen. Dabei ergeben sich Hinweise auf den gewünschten Entwicklungsprozess – unbedingt die entsprechenden Texte nachlesen, die besonders bei einem so weit entfernten Uranus sehr wichtig sind).

Immer wenn ein Planet des 4. Quadranten das archetypisch nächste Thema aufgreift (also hier die Fische), soll der Mensch in diesem Bereich große Schritte machen. Er befindet sich, sobald er sich mit seinem Uranus identifiziert hat (was hier fast nur auf der spirituell-geistigen Ebene möglich ist), auf absolutem Neuland. Er macht Erfahrungen, die (in seiner Sippe) bis dahin kaum einer gemacht hat. Mit seinem Mut, Grenzen zu überschreiten, »erlöst« er ein Thema, das bis dahin verzaubert und verborgen lag. Mit einer Neptun-Qualität versehen wächst Uranus über sich selbst hinaus. Er stellt mehr dar als den Aufbruch in eine neue Sichtweise. Er ist wie das lange geschlossen gebliebene dritte Auge einer Sippe, das jetzt geöffnet werden und liebevoll auf das Ganze gerichtet werden darf: Die ehemals weit voneinander entfernten Pole, das Leben und der Tod, rücken ganz dicht zusammen, so dicht, dass sie nicht mehr voneinander zu unterscheiden sind.

Neptun
Wahrheit und Liebe

Um Neptun besser – ganz wird uns das nie gelingen – verstehen zu können, müssen wir uns noch einmal die zwei Schritte vergegenwärtigen, die zu ihm hinführen. Zuerst nimmt der Mensch seine Verstricktheit wahr, er ist dem sich wiederholenden Schicksal ausgeliefert. Er hängt unbewusst (Pluto) an der Geschichte seiner Ahnen. Indem ihm dieser Zusammenhang bewusst wird und er die Verantwortung dafür übernimmt, beginnt die Arbeit Saturns. Der erste große Entwicklungsschritt besteht darin, aus der Opferhaltung (»Ich kann ja nichts für mein Schicksal.«) auszusteigen und alles, was zum eigenen Leben gehört, anzuerkennen und sich der darin enthaltenen Aufgabe zu stellen. Der Mensch, der bereit ist, sich von seinem Saturn die Augen für einen größeren Zusammenhang öffnen zu lassen und sich in eine Ordnung stellt, die Verstrickungen aufhebt, ist bereit, sich mit seinem Uranus zu identifizieren und einen nächsten Schritt, den Schritt in die Freiheit, zu wagen. Neue Wege, neue Werte tun sich auf – das alte, unglückbringende System bleibt in der Vergangenheit zurück, dort, wo es hingehört. Mit diesem Schritt ist immer das Gefühl verbunden, einen Verrat zu begehen. Ohne sich mit diesem Thema auseinander zu setzen, kann Uranus seine Aufgabe nicht erfüllen. Der Schritt heraus aus der Sicherheit der Wiederholungen und der falsch verstandenen Loyalitätsliebe ist eine geistig-seelische Erweiterung, ein Wachstum in eine größere Dimension.

Neptun symbolisiert den Bereich »danach«. Er ist schon »drüben«, er stellt das Jenseitige, die aus dem Diesseits betrachtet unbekannte Dimension des Menschseins, dar. Für ihn haben wir eigentlich keinen Namen, keine Worte. Wir wissen, dass wir ihm auf dieser Seite des Daseins am besten in Meditation begegnen. Wir alle kennen Menschen auf dem spirituellen Weg, die sich sehr ernsthaft mit diesem Aspekt der Seele beschäftigen. Doch wir selbst in unserem Alltag, unseren »gewöhnlichen« Entwicklungsprozessen, wie nehmen wir Neptun wahr, wie tritt er in unser Leben? Von Saturn wissen wir, dass er uns Aufgaben stellt, indem er bestimmte Energien und Lebensbereiche blockiert. Er gibt uns damit Hinweise, woran wir zu arbeiten haben. Uranus begegnet uns durch erzwungenen und manchmal freiwilligen Richtungswechsel. Wenn Situationen zu festgefahren und wir zu sehr in sie hinein identifiziert sind, dann löst er – ob wir wollen oder nicht – unsere Fesseln.

Und Neptun, wie tritt der Unbekannte, der Namenlose in unser Leben? Ganz einfach, indem uns etwas fehlt. Wir erleben – erst einmal – Neptun dadurch, dass uns etwas oder auch jemand genommen wird. Da fehlen z.B. die Eltern oder andere Familienmitglieder, sie sind »drüben« in seinem Reich. Da fehlt es uns auf einmal an Kraft, an Energie, an Identifikation. Wir können dieser Seite des Lebens plötzlich nichts mehr abgewinnen. Die Ego-Spielchen scheinen unwichtig, der Boden wird uns unter den Füßen weggezogen. Wir haben das Gefühl, nicht mehr dazuzugehören. Wir leiden unter Abschiedsschmerzen, unter Verlustgefühlen und Ängsten, das Leben scheint uns sinnlos. Erst wenn Neptun nicht mehr als das dunkle Loch, als Minus, als etwas Fehlendes wahrgenommen wird, bekommen wir eine Ahnung davon, um was es in Wirklichkeit geht. Die Menschen auf dem so genannt esoterischen Weg sprechen gerne vom großen Ganzen, von der All-Liebe, vom Geheimnis des Lebens usw. Aber wer ist schon wirklich bereit, sich in der Weite einer größeren Dimension zu verlieren? Wer ist bereit zu sterben und die Hülle seines materiellen Daseins aufzugeben? Diese »Hülle« besteht aus vielen Schichten, und diese werden uns nach und nach, Schritt für Schritt genommen. Jedes Mal, wenn Neptun-Transite oder -Auslösungen anstehen, trennen wir uns unter Schmerzen von einer dieser »Schichten«. Der Tod eines geliebten Menschen reißt uns ein Stück von der subjektiven, besitzergreifenden Liebe aus dem Herzen. Jeder schicksalhafte »Aufenthalt« im aufgezwungenen Niemandsland bringt das Ego an seine Grenzen. Es muss gesehen werden, um glauben zu können, dass es existiert. In einer Fische-Phase wird der Mensch unsichtbar. Ohne es zu wissen, macht er spirituelle Erfahrungen. Leider klammert er sich besonders dann an sein sichtbares, bekanntes Leben und verschenkt dabei eine gute Chance. Irgendwann ist es für jeden Menschen an der Zeit, seine Einstellung zu Neptun zu verändern. Es mag lange dauern, aber der Wandlungsprozess ist erst vollendet (vielleicht erst nach vielen Inkarnationen), wenn der Mensch von Neptun zu nehmen weiß und nicht mehr das Gefühl hat, etwas weggenommen zu bekommen. Nur die Ausdehnung der Seele über alle Grenzen hinweg vermag diesen Zustand zu erreichen. Jede Identifikation, egal mit was, stellt eine dieser Grenzen dar. Mit Uranus hatten wir die Aufgabe, diese zu sprengen. Ein Prozess, der oft heftig verlief und aufgrund der nach vorne, auf die Lösung gerichteten Energien, wenig Raum bot, auf das Ganze zu schauen. Ohne zuerst das Alte zu zerstören (der Verrat), bliebe die Dimension Neptuns für immer geschlossen. Wir sprechen zwar auch vorher schon von einer Lösung in Liebe, doch erst jetzt, erst hier ist sie möglich. Der Wandlungsprozess von der verstrickten zur offenen, freien Liebe ist erst mit Neptun vollendet. Was mit der neuen Ordnung begann, findet seine Vollendung im Herzen des Menschen, der bei allem Neuen das Alte ebenso liebt und achtet. Nicht nur, dass wir die Toten zu uns holen und mit der gleichen Liebe umfassen wie die Lebenden, wir sind auch weiterhin mit all jenen verbunden, die wir »verlassen« haben, verlassen mussten. Sie und ihre Geschichte leben in uns weiter. Jetzt haben sie einen Platz in der Ewigkeit, außerhalb von Zeit und zeitlicher Abfolge. Uranus notwendiger Bruch heilt mit Neptun. Jetzt ist er, der in die Verstrickung gefallene Engel, nach Hause zurückgekehrt in das Herz der Welt. Himmel und Erde sind eins, die Grenzen zwischen Gut und Böse sind ebenso aufgehoben wie die Abfolge von Vergangenheit und Zukunft. Wer einen solchen Moment erhascht, kann fühlen, was Glück ist, das Glück dazuzugehören, nicht nur zur eigenen Sippe, sondern zur großen Weltenseele.

Jeder Mensch trägt das Wissen um diese Wahrheit tief in seinem Inneren mit sich. Jede Neptun-Stellung im Horoskop verbirgt diesen Wesenskern so lange unter einer Schicht von Täuschungen und Geheimnissen, bis wir ihn ausgegraben haben. Den Hinweis, wo wir suchen sollen, bekommen wir immer von dem, was wir vermissen. Wo auch immer Neptun im Horoskop Stellung bezogen hat, er steht immer für das Gleiche: die Einheit. Er symbolisiert immer das Mysterium, für das wir, die wir in der Polarität leben, keine Worte haben. Worte finden wir nur für das, was uns fehlt, und das bestimmt den »Ort«, an dem der Mensch das Verlorene auch wiederfinden wird. Dort, an jenem Schicksalsort, ist sein Zugang zur Wahrheit und zur All-Liebe verschüttet. Hier, nur hier kann er ihn wiederfinden. Die Wahrheit leuchtet demjenigen auf, dessen Herz frei genug ist sie wahrzunehmen.

Neptun im 1. Haus

Mit einem Neptun im 1. Haus fehlt dem Menschen ein Teil seiner Energie. Hier zählt, da alle Planeten des 1. Hauses zum Aszendenten gerechnet werden, die Häuserebene mehr als die Zeichenebene. Ganz besonders ein Neptun verändert das Thema des Aszendenten gravierend. Die Frage, die beantwortet werden muss, ist: Wer fehlt? Mit welchem vermissten, verschwiegenen, früh verstorbenen Familienangehörigen ist das Schicksal des Menschen unbewusst verbunden? Und welche Aufgabe wird ihm von Neptun damit gestellt?

Erinnern wir uns: Das 1. Haus – archetypisch Widder – beinhaltet das Energiereservat eines Menschen. Je stärker es »aufgeladen« ist, desto durchsetzungsstärker ist der Mensch. Hier finden wir die Kräfte vor, mit denen der Weg ins Leben gebahnt wird und mit denen der Mensch weiterhin die zahlreichen Geburten seiner zukünftigen Entwicklung zu bewältigen hat. Reißt Neptun hier ein »Loch« ins »Reservat«, entweicht stetig etwas Energie, die ihm dann z.B. in der Entscheidungssituation fehlt. Dann fühlt sich der Mensch schwach, irgendwie abwesend, zeitweise wie gelähmt. Der erste Schritt, sich mit einem im 1. Haus platzierten Neptun auszusöhnen, ist natürlich die Suche nach der fehlenden Person (Kapitel 6).

Mit der Erinnerung und dem Zurückholen der entsprechenden Person geschieht aber noch etwas anderes. Das Zuhause Neptuns ist archetypisch das 12. Haus, das vom 1. Haus am weitesten entfernt liegt. Verlässt Neptun den »Himmel« und kommt auf die »Erde«, so hat er eine ganz spezielle Botschaft für den Menschen: Er soll lernen (muss es notgedrungen, wenn ihm die Energien fehlen), nicht mehr alles alleine entscheiden zu wollen, sich selbst nicht so wichtig zu nehmen. Seine Aufgabe ist es, eine Liebe zu anderen Menschen zu finden, ohne dass er sich in ihre Belange, weder in ihr Leben noch in ihr Sterben, einmischt. Ein Neptun im 1. Haus wird zum Gewinn, wenn das hilflose, absichtsvolle Sicheinmischen zu einem absichtslosen Handeln wird.

Neptun im 2. Haus

Mit einem Neptun im 2. Haus, so sagt die Astrologie, fehlen einem Menschen die Wurzeln. Er lebt immer irgendwie, irgendwo vorübergehend, es gibt für ihn keine Sicherheiten. Wie schön! Ein Mensch, dem es in die Wiege gelegt wurde, nicht an einem Ort zu Hause zu sein, sondern an vielen. Schade, dass der Betroffene dies über viele Jahre seines Lebens nicht so positiv sehen kann. Er leidet unter seinem Mangel an Zugehörigkeit und empfindet die Welt als einen unsicheren Ort. Lieber beklagt er die fehlenden Grenzen, als sich darüber zu freuen. Er ist von den Menschen um sich herum enttäuscht, er glaubt, sich nicht auf sie verlassen zu können. Er findet in Gruppen auf Dauer keinen Platz. Er kann die anderen nicht akzeptieren und fühlt sich von ihnen ebenso wenig angenommen. Neptun lässt die Gruppenenergie zerfließen, so dass beide Seiten mit leeren Händen dastehen. Auch hier geht es, wie immer wenn es sich um Neptun handelt, um alles oder nichts. Der Mensch kann sein Herz aus Enttäuschung verschließen oder ganz weit öffnen und alles hineinlassen. Aufgrund seiner Sippengeschichte hat er die Aufgabe, auch all jene, die nicht gleich gesinnt sind, hineinzulassen. Jemand, der sowieso keine allzu enge Verbindung zur »Heimat« hat, tut sich leichter, die ganze Welt als sein Zuhause zu sehen. Entweder er nimmt sie ganz, oder er wird ohne Liebe bleiben – und das wäre doch schade.

Neptun im 3. Haus

Da Neptun immer für etwas Verborgenes steht, ist die Frage, was hat er im 3. Haus zu verbergen? Das 3. Haus, archetypisch Zwillinge, steht für unser gesamtes Umfeld, die Kontakte zu Nachbarn und Bekannten und die damit verbundene Kommunikation. Hier erlebt der Mensch mit seinem Neptun eine Verschiebung von dem, was er intuitiv als Wahrheit empfindet, und was nach außen dargestellt wird. Mehrere Fallbeispiele zeigen, dass es sich dabei um tatsächliche Lügen und Täuschungsmanöver handeln kann oder »nur« um den Wunsch, das Umfeld aus bestimmten Zusammenhängen herauszuhalten. Bei einer Frau zum Beispiel ging es darum, dass sie in ihrer Kindheit für den Vater lügen musste. Er nahm sie mit zu seiner verbotenen Geliebten und zog sie so hinein in sein Versteckspiel vor der Welt und vor der Mutter (ihr Horoskop weist zusätzlich ein Sonne/Mars-Quadrat-Neptun auf). Ein anderer Klient berichtete davon, wie sehr in seiner Familie alle darauf bedacht waren, nichts von den Schwierigkeiten, die sie hatten, nach außen durchdringen zu lassen, so dass die Kinder bei Besuch wie Gespenster, wie funktionierende Marionetten bei Tisch saßen. Ein Mensch, der diese Erfahrung gemacht hat, wird sich immer schwer tun, sich offen und ehrlich nach außen darzustellen. Er wählt zumeist eine Art Maske, hinter der er sich versteckt. Es fehlt ihm die Sicherheit zu sagen: »Hier bin ich, schaut mich an.« Er erlebt es zeitweise als großen Mangel, dass er nicht gelernt hat, offen, ehrlich und direkt zu begegnen. Er spürt, dass ihn in seinem Umfeld (enge Freunde sind hier ausgeschlossen) niemand wirklich kennt. In seinem chamäleonhaften Dasein wechselt er so oft die Farbe, dass er selbst nicht mehr weiß, wie er eigentlich aussieht. Nach langem Ringen um eine beeindruckende Färbung wird er eines Tages aufgeben müssen. Sie kann sich mit einem Neptun im 3. Haus nicht einstellen, damit wäre die Aufgabe verfehlt. Dort, wo ehemals Täuschungsmanöver vorherrschten, kann eines Tages eine gesunde Gleich-Gültigkeit entstehen. Ich muss dann nichts mehr verstecken, aber auch nichts veräußern. Ich darf die Farbe wechseln, darf mich zeigen, aber ich darf auch weiß und – von außen betrachtet – unscheinbar sein. Nichts erscheint mehr wichtig, wenn durch das Weiß, welches alle Farben der Welt beinhaltet, ein Licht hindurchschimmert, das den Menschen in eine neue Dimension führt. Dann befindet er sich auf einer Ebene, wo Ehrlichkeit und Lüge nicht mehr voneinander getrennt sind, da es nur eine einzige Wahrheit gibt, und die hat nichts mit der Ebene des 3. Hauses zu tun. Aber etwas darüber lernen kann man überall.

Neptun im 4. Haus

Wie wir aus Kapitel 6 wissen, steht ein Neptun im 4. Haus – auch – für Familiengeheimnisse. Im 4. Haus, archetypisch Krebs, finden wir den Boden für Geborgenheit und seelische Zugehörigkeit. Jedes Geheimnis aber trennt die Menschen voneinander, die es teilen. Jeder fühlt sich einsam und unverbunden, obwohl alle über das, was sie gemeinsam – bewusst oder unbewusst – »unten« halten, verstrickt sind. Doch das Geheimnis nimmt ihnen mehr, als dass es ihnen etwas gibt. Erst mit der Öffnung des Verborgenen fließt die Energie in das Familiensystem zurück. Jedes Geheimnis, alles Unausgesprochene bindet Energien, die von der Seele als fehlend wahrgenommen werden. Der Mensch spürt, dass etwas nicht stimmt. Es zieht seine – zuerst unbewusste – Aufmerksamkeit auf sich, er beginnt zu fragen, zu suchen. So wie es kein Kind gibt, das nicht schon immer geahnt hat, dass es adoptiert wurde (das erzählen alle), auch wenn man es ihm erst sehr viel später erzählt hat, und der Kopf vorher ausgeschaltet war, gibt es keinen Menschen, der nicht schon immer um das Familiengeheimnis »wusste«. Er ist oft ein Leben lang auf der Suche, obwohl er nicht genau weiß, wonach.

Jeder Neptun – nicht nur ein 4. Haus-Neptun – stellt etwas dar, was wir suchen. Irgendetwas in unserem Leben fehlt uns, und nachdem wir es zuerst im Außen zu finden glaubten, wenden wir uns irgendwann, vielleicht erst im Alter, dem Innen zu. Einem Menschen mit Neptun im 4. Haus (verstärkt, wenn dieser am IC steht) mag es gehen wie Heinrich Schliemann, als er glaubte, Troja auszugraben. Er gräbt sich so tief in seine Seelengeschichte hinein, dass er letztlich viel weiter vordringt als bis zum wiedergefundenen Geheimnis. Auf diesem Wege durchwandert er innerseelisch viele Schichten des menschlichen Daseins und dringt vor in einen Bereich, in dem die Begrenzung der persönlichen Familienzugehörigkeit verlassen wird, und der Einzelne sich vorbereitet, sich mit der Weltenseele zu verbinden, um mit ihr eines Tages ganz eins zu werden.

Neptun im Löwen oder im 5. Haus

Jeder Neptun, wo immer er im Horoskop auch stehen mag, bereitet dem Menschen Enttäuschungen. Doch besonders wird derjenige vom Leben enttäuscht sein, der das Glück über sein »Ich« zu finden sucht. Für jeden gibt es Zeiten, in denen sich zu seiner Freude Ego-Wünsche erfüllen. Doch irgendwann verblasst dieses »Glück« und die Suche danach wird zur Sackgasse, ähnlich der Geschichte mit dem Schatz am Ende des Regenbogens. Man läuft und läuft, und sobald man angekommen ist, findet man nur das Nichts. Ähnlich geht es Menschen mit einem Neptun im Löwen bzw. im 5. Haus. Begeistert, mit »rosaroter Brille«, läuft der Mensch in sein Leben hinein, glaubt, dass alles für ihn machbar sei, um dann, sobald das Licht der Welt heller und klarer wird, enttäuscht stehen zu bleiben. Auf jeden Ablösungsprozess bezogen ist die Gefahr groß, am gleichen Punkt zu scheitern. Der Mensch glaubt, sehr schnell sehr weit gekommen zu sein. Er hält auch seine Entwicklung für machbar. Erst wenn er mehrmals enttäuscht vor dem leeren »Topf am Ende des Regenbogens« steht, wird er bereit sein umzukehren und zu holen, was er vergessen hat: die Liebe. Solange sein Herz nur für ihn selbst, für den eigenen Weg, das eigene Ziel schlägt, muss er scheitern. Erst wenn sich sein Herzschlag mit dem der Welt zu einem Rhythmus vereint, vermag der Mensch zu ahnen, dass er hier genau das findet, was er schon so lange sucht.

Neptun in der Jungfrau oder im 6. Haus

»Alles auf der Welt ist nur ein Gleichnis«, sagt Hermann Hesse. Ein Neptun, der sich im Oppositionsthema Jungfrau befindet, kommt einer Aufforderung gleich, dieses Tor eines Tages zu durchschreiten. Bis dies so weit ist, müssen viele Zweifel, viele Ängste durchwandert werden. Viel »Welt« verdeckt das Tor, so dass es erst einmal hinter »Bergen« von menschlichem Kausaldenken und absichernden Verhaltensmustern versteckt ist. Die Dimension Neptuns scheint von hier unerreichbar, und doch ist sie nur einen Bewusstseinsschritt entfernt.

Jeder Mensch versucht auf seine Art, es »gut« zu machen. Bewusst möchte er weder sich selbst noch anderen Schaden zufügen. Aus den Loyalitätsbündnissen heraus aber *muss* er Stellung beziehen und grenzt damit alles andere aus. Ein Neptun mit Jungfrau-Qualität lässt ihn immer spüren, dass er in diesem Sinne unvollkommen ist. Er kann es nicht jedem recht machen, er wird niemals den ersehnten Zustand reiner Unschuld erreichen, sosehr er sich auch danach sehnt. Erst mit der Erkenntnis, dass alles, was geschieht, einen allumfassenden Hintergrund hat und nur ein Gleichnis für das große Ganze ist, vermag er seine gefangenen Energien davon zu lösen. Wie klein doch der Mensch ist im großen Gleichnis! Was kann er mit seinem kleinen Schwarz-weiß-Denken schon ausrichten. Der »Kosmos« interessiert sich wenig für seine Schuld und ebenso wenig für seine Unschuld. Innerhalb eines großen Zusammenhanges ist er ein Rädchen, das angetrieben wird vom Strom der Zeit. Nur außerhalb der Zeit kann die Seele Ruhe finden, nur außerhalb der Zeit heben sich die Pole auf, gibt es weder Richtig noch Falsch. Hierin gelangt der Mensch, der das Tor durchschritten hat.

Neptun in der Waage oder im 7. Haus

Mit einem Waage-Neptun leuchtet über dem Beziehungsweg eines Menschen ein romantischer Regenbogen. Seine große Sehnsucht treibt ihn dazu, den einen Menschen zu finden, der ihn ergänzt, mit dem (und nur mit dem) er verschmelzen kann. Er sucht seine andere, seine bessere Hälfte und ist (notgedrungen) wieder und wieder enttäuscht, in ihm höchstens seine »schlechtere« zu finden. Manche Menschen ziehen sich irgendwann ganz von der Suche zurück und bleiben lieber alleine, manche versuchen es wieder und wieder – und scheitern erneut. Das hohe Ideal Neptuns wird hier als Licht missverstanden, mit dem jegliche Schatten aus dem Liebesalltag vertrieben werden sollen. Mit seiner Kraft soll das Beziehungsschicksal der Familie verbessert werden. Der Partner wird gewählt wie eine »Prinzessin« vom »Schweinehirten«. Das gleichnamige Märchen »weiß« um das Problem und hat – wie alle Märchen – natürlich auch die Lösung.

Eine »bessere« Hälfte kann es ebenso nicht geben wie eine schlechtere. Beides sind Projektionen. Einmal projiziert der Mensch sein Glück nach außen und ein anderes Mal seinen Schatten, sein Unglück. Was hat das mit seinem Gegenüber zu tun? Auch wenn sich die Prinzessin als überheblich und hart und der Schweinehirt doch als König herausstellt, sie sind eben nur zwei Menschen, die es (noch!) nicht verstehen zu lieben. In dem Moment, wo einer sein Herz wirklich öffnet, umarmt er dadurch nicht nur seinen Partner, er umarmt die ganze Welt. Erst wenn er seine Arme um jeden Menschen legen könnte, wird seine Beziehungsgeschichte geheilt, erst dann entfaltet Neptun die Kraft einer höheren Dimension, einer Dimension, in der wir alle gleich, alle liebenswert sind.

Neptun im Skorpion oder im 8. Haus

Hinter einem Neptun, der sich mit dem Tierkreiszeichen Skorpion verbunden hat, verbirgt sich ein großes Geheimnis des Menschseins. »Ich bin ein Teil von jener Kraft, die stets das Böse will ... und doch das Gute schafft«, spricht Mephisto in Goethes Faust. Was ist, wenn wir, die wir so gerne gute Menschen sein wollen, den Satz einmal versuchsweise umkehren. Macht das ewige Streben nach Vollkommenheit dann überhaupt noch Sinn? Macht es Sinn sich zu opfern, um unschuldig und rein zu bleiben? Hat nicht alles auf der Welt *immer* zwei Seiten: eine helle und ein dunkle?

Mit einem Neptun im Skorpion oder im 8. Haus verschmelzen die beiden Seiten. Hier kann der Mensch verstehen, dass es nichts Helles gibt ohne seinen Schatten, das Dunkle, und dass es nichts Dunkles gibt ohne Licht. Solange der Mensch in der Polarität gefangen bleibt, gibt es keinen Ausweg. Immer wieder wird er feststellen, dass der »Himmel« seine Bereitschaft, sich z. B. für die Verstorbenen zu opfern, ebenso wenig wahrnimmt, wie er diejenigen belohnt, die den höchsten Idealen folgen. Jedes Menschenleben wirft (seit der Vertreibung aus dem Paradies) seinen Schatten. Egal was einer tut, niemand schafft es, diesem Gesetz zu entgehen. Es sei denn, er hätte seinen Neptun verstanden und wüsste ihm in eine Dimension zu folgen, die außerhalb der Polaritäten, außerhalb des ewigen Wechsels von Tag und Nacht, von Leben und Sterben liegt. Nur an jenem »Ort« verschmelzen die Pole. Der »gefallene Engel« kehrt zurück, als sei er niemals fort gewesen. Des Menschen Seele tritt aus – und sei es nur für einen Augenblick – aus dem ewigen Auf und Ab der Kräfte, dem sinnlosen Kreislauf von Gut und Böse.

Neptun im Schützen oder im 9. Haus

Wer von zu vielen festgelegten Meinungen, zu vielen vorgefertigten Glaubenssätzen eingefangen wurde, verliert dabei einen sehr wichtigen Teil seiner Seele, die Intuition, die innere Stimme. Ein Neptun mit Schütze-Qualität stellt für den Menschen die Aufgabe dar, sich diesem Bereich wieder zu nähern. Er soll sich auf einen Erkenntnisweg begeben, auf dem er den Unterschied zwischen Religion und Spiritualität kennen lernt. Er muss längst gegebene Antworten verlassen um zu lernen, neue Fragen zu stellen. Viele dieser »Antworten« auf das Mysterium des Lebens blockieren seit Generationen unverrückbar den Zugang zum Innersten der Seele. Sie werden mit der Muttermilch »verfüttert« und lagern sich unverstanden im System des Menschen an. Sie verstopfen die Adern seines ätherischen Körpers, so dass das tiefe, uralte Wissen nur schwer ins Bewusstsein vordringen kann. Die Quelle der eigenen Intuition versiegt, die Wasser der Seele fließen in einem fremden Flussbett. In diesem Sinne stellt jede von den Menschen »erdachte« Religion etwas Fremdes dar, etwas, was die Menschheit in verschiedene Gruppierungen zerspaltet, anstatt sie zu vereinen. Hier in dieser Neptun-Position liegt für den Menschen sein Zugang zur Weisheit, zum großen Mysterium, seinem göttlichen Wesenskern.

Neptun im Steinbock oder im 10. Haus

Der Mensch steht immer wieder vor einer inneren Entscheidung, um die er sehr ringen muss. Es gibt zwei Wege, mit anstehenden Problemen umzugehen: Der eine beinhaltet die Versöhnung mit den Lebensumständen, also das Annehmen. Der andere zeigt Abweisung und Verhärtung. Ein Neptun, der sich mit Saturn verbunden hat, trägt eine große Kraft, die Kraft der Hingabe an das Schicksal in sich. Zusammen mit ihm kann es dem Menschen gelingen, den drei Parzen – wie sie in der römischen Mythologie genannt werden – zu vertrauen. Die erste spinnt den Schicksalsfaden, die zweite bemisst seine Länge, die dritte schneidet ihn zu. Im übertragenen Sinn wollen diese Gestalten sagen: »Du kannst deinem Schicksal nicht entkommen, es ist für dich zugeschnitten. Je mehr du dagegen angehst und dich auflehnst, desto mehr verstrickst du dich ohnmächtig in ein ganzes Knäuel von Fäden, aus denen du dich mühsam wieder herausent-wickeln musst.«

Ein Neptun im Steinbock stellt die Lösung aus all jenen Verwickelungen dar. An seiner Hand finden sie ein Ende, das »Blatt« mit der aufgezeichneten Ahnengeschichte wird gelöscht, eine Schicksalsabfolge gibt es dann nicht mehr. Alles, was der Mensch dazu »tun« muss, ist – nichts. Wenn er lernt, in Demut zu nehmen, was ihm die Parzen zuteilen, kehrt seine Seele aus dem sinnlosen »Nein«, mit dem er dem Schicksal begegnet, zurück zu einem weisen »Ja«. Statt wie wild zu »rudern«, darf er sich dann treiben lassen im tiefen Vertrauen in eine Gesetzmäßigkeit, die das Ziel besser kennt als er selbst. Jeder Fluss, wo immer er entspringt (wo immer Neptun seine Stellung im individuellen Horoskop bezogen hat), fließt zurück ins große Meer. Jede Seele, die sich tragen lässt, wird dorthin zurückgeführt, nach Hause in die Einheit.

Neptun im Wassermann oder im 11. Haus

Ein Neptun, der so weit »draußen« außerhalb jeder subjektiven Wahrnehmung seinen Platz einnimmt, ist erst einmal schwer zu verstehen. Er steht für eine Dimension, die vom Menschen kaum fassbar ist. Irgendwie tief im Inneren weiß jeder Mensch, dass eine spirituelle Entwicklung frei macht, frei von Bindung an Materie und Zeit. Aber was heißt es, ihn wirklich zu gehen; und gibt es dabei ein Ziel – z.B. die Erleuchtung? Eine Fische/Wassermann-Energie ist offen, weit und ohne feste Struktur. Hier gibt es keine Pole und keine Unterschiede. Wie können wir, die wir so gebunden, so verstrickt sind, auch nur ahnen, wie sich Grenzenlosigkeit anfühlt? Könnte der Mensch all seine anderen Seelenanteile, die subjektiven Planeten, einmal beiseite lassen und sich ganz, zu hundert Prozent, mit seinem Wassermann-Neptun identifizieren, könnte er die ganze Welt, die Tag- und die Nachtseite, auf einen Blick sehen. Gleichzeitig fielen Vergangenheit und Zukunft im »Jetzt« zusammen. Es gäbe keine Zeit und damit keine aneinander gereihten Ereignisse mehr, die Kausalitätskette würde reißen. Ein großer Gedanke, der auch im Kleinen seine Berechtigung hat. Neptun/Uranus zerreißt den Vorhang der gängigen Logik und gibt damit den Blick auf das dahinter liegende Heiligtum frei. Das dritte Auge sieht mehr als die beiden anderen zusammen. Nur von der dritten, der erhöhten Position aus, vermag der Mensch das lautstarke Pendel, das sich ständig zwischen A und B hin- und herbewegt, zu beruhigen. Bis es eines Tages so still geworden ist, dass er den Herzschlag der Welt wieder zu hören vermag.

Neptun im 12. Haus

Ein Neptun im 12. Haus ist am rechten Ort. Er ist Sinnbild für den spirituellen, den unsichtbaren, den jenseitigen Teil des Lebens. Hier begegnet der Mensch dem Namenlosen, dem nicht Aussprechbaren. Neptun ist wie ein Engel, ein Schutzengel, der den Menschen von »oben« bewacht und führt. Ganz wichtig ist es bei dieser Konstellation, seine »himmlischen« Führungsqualitäten mit dem Thema des Tierkreiszeichens zu verbinden, in dem er steht. Über diesen Lebensbereich hält er schützend seine Hände. Hier möchte er das Herz des Menschen öffnen und es liebevoll in die Weite, in eine neue Dimension, hineinbegleiten.

Der Zugang zu einem Neptun, einem, der erst einmal sehr weit vom Bewusstsein entfernt ist, ist nicht leicht zu entdecken. Es ist ein stiller Neptun, der nicht ruft, der vom Menschen nichts verlangt. Ein Neptun, der nichts gibt und nichts nimmt. Über ihn kann die Seele begreifen, was es heißt zu sein, einfach nur zu sein, nichts zu wollen – einzutauchen in den Fluss des Lebens, der schon ewig fließt – ohne Anfang, ohne Ende.

Venus
Ordnungen der Liebe

Damit Liebe gelingen kann, ist es das Wichtigste, das Herkunftssystem »aufzuräumen« und sich in Liebe vom übernommenen Schicksal zu lösen. Erst dann kann ein eigener Beziehungsweg begangen werden, erst dann ist der Mensch frei genug, seine Partnerschaften selbst zu gestalten. Doch auch hier braucht die Liebe die Ordnung als Gefäß – so Bert Hellinger –, dass sie gelingen kann. Im Grunde genommen gilt hier das gleiche Ordnungssystem wie in unserer Herkunftsfamilie. Wir sind so gute (große!) Eltern zu unseren Kindern, wie wir gute (kleine!) Kinder zu unseren Eltern sein können. Wir können erst dann ebenbürtige Partner sein, wenn wir nicht mehr immer und überall glauben die Verantwortung tragen zu müssen bzw. besser sein zu wollen als der andere.

Folgende Grundsätze bilden den Boden, auf dem eine Partnerschaft gelingen und wachsen kann. Ebenbürtigkeit und Austausch, Achtung vor dem Partner (vor allen Partnern) und das Einhalten der Rangordnung (der Frühere hat Platz gemacht für einen Späteren). Erst wenn jeder Partner, mit dem ich jemals das Leben geteilt habe, einen guten Platz in meinem Herzen hat, kann ich auch in meiner jetzigen (vielleicht endlich letzten) Beziehung glücklich sein. Diese Regeln gelten für jeden Menschen, egal in welchem Haus bzw. Tierkreiszeichen seine Venus steht, und egal welche Aspekte sie hat. Die Venusstellung und ihre Verbindungen geben lediglich Hinweise darauf – unter dem Aspekt dieses Buches betrachtet –, was ein Mensch einzubringen hat in eine Beziehung bzw. an welchen der verschiedenen Basisgrundlagen er zu arbeiten hat. Der eine scheitert immer wieder am Thema Verantwortung, der andere fühlt sich seinen Partnern gegenüber viel zu groß usw.

Die Aspekte zur Venus beschreiben den hauptsächlich anstehenden Arbeitsaspekt, während die Venus in den Zeichen und Häusern das symbolisiert, was ich in eine Beziehung einzugeben habe. Hier in diesem Zusammenhang wird darauf verzichtet, die Venus in den Tierkreiszeichen bzw. Häusern zu beschreiben. Es gibt genügend Astrologiebücher, die sich dieses Themas angenommen haben (so z.B. Ingrid Zinnel: *Liebe braucht Zeit*). Um unser Beziehungssystem zu ordnen und uns ggf. aus Wiederholungen und Verstrickungen zu lösen, schauen wir auf die Aspekte zur Venus. Es hat sich herausgestellt, dass besonders die Verbindungen mit Mond, Pluto, Saturn, Uranus und Neptun aus der Sicht des Ordnens betrachtet eine besondere Stellung einnehmen. Mit Hilfe dieser Aspekte erkennen wir Beziehungsfallen und Sackgassen, und können sie im Sinne einer Lösung nutzen. Letztlich gibt es hier für alle Menschen nur ein einziges Ziel: »Wie schaffe ich es, mit dem Partner glücklich zu werden, und was muss ich tun, um Liebe schenken und nehmen zu können?«

Venus / Mond

Der folgende Text gilt für Mond/Venus-Konjunktion, -Quadrat, -Opposition, -Spiegelpunkt und abgeschwächt für Venus im Krebs, im 4. Haus oder Mond in der Waage.

Im Inneren des Menschen gibt es zwei große, archetypisch weibliche Wesen: die Venus, die Geliebte, und den Mond, die Mutter, die versorgende und geborgenheitsspendende Funktionen erfüllt. Diese beiden Frauen stoßen in dieser Konstellation aufeinander. Sie werfen die Frage auf: »Behandle ich die Welt wie eine Mutter (und versorge sie) oder wie eine Geliebte (und verführe sie)?« Auf einen banalen Nenner gebracht, könnte die Frage bei einer Frau lauten: »Bleibe ich heute Abend bei meinem Kind (oder bei meinem Freund, der mich heimlich als Mama sieht) oder gehe ich in die Disco?« Oder bei einem Mann (in gleicher Weise): »Bleibe ich bei meiner Familie oder gehe ich mit meiner Geliebten aus?« In der Tiefe des Phänomens liegt der uralte mythische Streit zwischen Hera, der Ehefrau des Zeus, und Semele, seiner Geliebten. Jeder Kulturkreis, jede Zeit geht unterschiedlich mit diesem Thema um. In Süditalien z.B. ist es üblich, dass der Mann eine Geliebte hat. Er würde für sie niemals seine Frau (seine Mama) verlassen. In unseren Breiten geht der Mensch meist nicht so locker mit den beiden weiblichen Gestalten der Seele um. Hier rufen sie oft Zurückweisung und Verletzungen hervor, die eine Partnerschaft schwer belasten können. Die Ehefrau und Mutter fühlt sich zurückgesetzt und in ihrem Wert missachtet, sobald sich ihr Mann eine Geliebte nimmt. Der Ehemann versteht nicht, warum seine Frau die beiden »Personen« nicht ebenso trennen kann wie er. Für ihn sind es zwei Varianten der Liebe, die seine Ordnung nicht stören. Obwohl wir die Problematik zumeist in dieser Konstellation antreffen – der Mann geht fremd –, ist ein Rollentausch ebenfalls möglich. Die Frau fühlt sich vom Partner zu sehr als Mutter gesehen, sie zweifelt an ihrer Identität als Frau und nimmt sich einen Geliebten, um sich von ihm ihre Attraktivität und Erotik bestätigen zu lassen. Sehr oft sind diese Dreiecksbeziehungen die schmerzhafte Wiederholung einer ähnlichen Geschichte von Vater, Mutter und Geliebten. Sobald der Mensch diesen Zusammenhang aufdeckt, hat er die Möglichkeit, die Wiederholung zu beenden, indem er das Beziehungsmuster bei den Eltern lässt, es ihnen – im Inneren seiner Seele – zurückgibt.

Warum bringt eine dritte Person so viel Leid in eine Beziehung? Wäre es nicht möglich, sie als dazugehörig zu akzeptieren und zu dritt, oder gar zu viert, glücklich zu werden? Die Antwort lautet: Nicht in unserem Kulturkreis, nicht hier, wo seit 2000 Jahren Ehen »bis dass der Tod sie scheidet«, geschlossen werden. Diese tief verinnerlichte Moral wirkt auch dann, wenn ein neuzeitliches, fortschrittliches Paar sie (im Kopf) über den Haufen wirft. Es müsste erst viel Arbeit, viel Entwicklung geschehen, bevor der Mensch nicht mehr so besitzergreifend, so fest die Hand des Partners hält.

Es geht nicht darum zu entscheiden, ob eine offene oder eine traditionelle Partnerschaft besser ist, sondern es geht einzig darum, miteinander glücklich zu sein. Und solange Untreue Unglück bringt, muss ein Paar daran arbeiten zu verstehen, was hier geschieht, was hier nicht in der Ordnung ist.

Sobald eine Frau sich zum Partner verhält wie seine Mutter, oder der Mann sich benimmt, als sei er der Vater seiner Partnerin, gibt es in der Beziehung keine Ebenbürtigkeit mehr. Der andere wird zum Kind gemacht und damit quasi aus der Beziehung (der ebenbürtigen) ausgestoßen. Jetzt sucht er, oft unbewusst, außerhalb seine Größe wiederzuerlangen, indem er die Ebenbürtigkeit beim Geliebten bzw. der Geliebten sucht. Es liegt auf der Hand, wie ein Paar die Ordnung zum Gelingen der Liebe wiederherstellen kann. Jedes mütterlich-väterliche Verhalten muss sofort beendet werden. Der Partner ist nun einmal nicht das Kind, er ist erwachsen und selbstverantwortlich. Beide müssen dafür altes Rollenverhalten opfern, sie müssen aussteigen aus übernommenen Mustern, die – auf einer bestimmten Ebene – viel Sicherheit geben. Die Frau muss zumeist darauf verzichten, gebraucht zu werden, während der Mann vom Versorgtwerden Abschied nehmen muss.

Ein weiterer Aspekt, der unter das Mond/Venus-Thema fällt, ist ein Konflikt, der kurz nach der Geburt des ersten Kindes eintritt (manchmal wird dieser eher durch Transite als durch Radix-Aspekte angezeigt). Einer der beiden Partner (oder auch beide) geht so sehr in der Elternrolle auf, dass das Kind jetzt an erster Stelle kommt und die Paarbeziehung zurückgedrängt wird. Diese Unordnung stellt eine große Gefahr für den weiteren Beziehungsweg dar. Beide sollten sich jetzt fragen: »Möchten wir in Zukunft nur noch Eltern sein, oder wollen wir auch weiterhin unsere Paarbeziehung pflegen.« Meistens fällt es der Frau schwerer, die Ordnung wieder herzustellen und dem Kind seinen, ihm zustehenden Platz zuzuweisen: den Platz in der zweiten Reihe. Zuerst kommt die Paarbeziehung, sie war früher da, sie ist die tragende Kraft der Gemeinschaft. So – und nur so – kann auch das Kind glücklich werden. Es wird von allzu großer Wichtigkeit und Bedeutsamkeit befreit und fühlt sich getragen von der Liebe seiner Eltern zueinander und zu ihm.

Venus/Pluto

Der folgende Text gilt für Venus/Pluto-Konjunktion, -Quadrat, -Opposition, -Spiegelpunkt und abgeschwächt für Venus im Skorpion oder im 8. Haus.

Viele Menschen beschweren sich über ihren Partner, lehnen ihn ab und leben in einer Beziehung, die einzig Leid und Hass hervorbringt. Keine Liebe, kein noch so winziges Glücksgefühl erhellt das gemeinsame Leben. Jeder vernünftige Mensch würde den beiden zur Trennung raten: Warum weiter leiden, wenn man dieser Hölle doch einfach entrinnen könnte? Ein einziger Schritt und sie wären frei. Auch der gequälte Mensch hat diesen Gedanken tausendfach, wird von ihm geplagt und verfolgt. Wieder und wieder versucht er es, doch sobald er den Fuß hebt, die ersten Schritte unternimmt, spürt er Klebstoff auf seinem Weg, er fühlt sich wie von einem Gummiband zurückgezogen an den ungeliebten Ort. Was steckt dahinter, wenn zwei Menschen so aneinander hängen, so lange zusammenbleiben, bis sie sich gegenseitig der Würde beraubt und ihr letztes bisschen Stolz verloren haben? Was macht sie so unfrei, so abhängig, so hörig? Auf wen oder was hören sie? Für wen machen sie sich so unglücklich? Eine Venus/Pluto-Komponente stellt die deutlichste, die dichteste Verbindung zu den Beziehungen der Eltern und Ahnen dar. Ein von weit her kommender »Dämon« besetzt das Herz der Partnerschaft und lässt die Menschen wie Marionetten für eine Geschichte tanzen, die längst vorbei ist. Gemeint ist nicht die Liebe, nicht das Glück, ja nicht einmal der betreffende Mensch. Das Ganze gleicht einem Opfer, das hier und heute erbracht werden soll, um etwas Altes zu heilen. Das (unbewusste) Ziel einer solchen »Besessenheit« ist das Unglück, nicht das Glück. So geschieht es manchmal, dass ein Mensch an einem Phantom hängt, an einem Partner, den es in der Realität für ihn nicht gibt; all seine »Liebesenergien« verbinden sich mit der Vorstellung einer Beziehung, die niemals in die Zeit hineingeboren wird.

Die wichtigste Frage lautet hier: »Wer in meiner Sippe war so unglücklich wie ich jetzt? Gibt es jemanden, dem von seinem Partner sehr geschadet wurde? Welches Paar war ebenso unglücklich verstrickt wie wir jetzt?« Selbst nach Beantwortung der Fragen und nach gemachter Erkenntnis bleibt es schwer, das Gefühl, das der Mensch in diesem Moment einsetzt, zu wandeln. Er glaubt ganz, ganz fest, dass hinter der Dringlichkeit, mit der er einen anderen braucht, nichts anderes steckt als Liebe. Und letztlich hat er ja auch Recht. Nur steckt dahinter nicht (noch nicht) die Liebe zum Partner, sondern die Liebe zu einem Familienmitglied, zu einem Sippenangehörigen. Die »konstruierte« Unglück bringende Verbindung würde sofort zerfallen, wenn der Mensch sich aus den alten Verstrickungen lösen würde. Erst dann – danach – könnte er erkennen, mit wem er es zu tun hatte. In der Aufstellungsarbeit schauen sich die Betroffenen dann oft erstaunt an, so als kennten sie einander nicht. Vor diesem Blick hat der Mensch Angst, er hat Angst zu sehen, dass seine Leidenschaft, seine intensiven Gefühle sich auflösen, als hätte es sie nie gegeben. Und doch kann nur dieser Schritt die Kette zum Zerreißen bringen. Es braucht sehr viel Mut, den Wandlungskräften von Pluto zuzustimmen und sich auf diesen Prozess einzulassen. Es braucht viel Mut zu sehen, dass die große Leidenschaft letztlich nichts anderes war als ein großer Schatten. Oft bleibt der Mensch lieber gebunden und unfrei, als seine Vorstellungen von dem, was da geschieht, aufzugeben. Venus/Pluto-Verbindungen werden erst gut, wenn das Herz gereinigt und von Altlasten befreit einen neuen, einen eigenen Rhythmus findet.

Venus/Saturn

Der folgende Text gilt für Venus/Saturn-Konjunktion, -Quadrat, -Opposition, -Spiegelpunkt und abgeschwächt für Venus im Steinbock oder im 10. Haus.

Niemand macht sich das Beziehungsleben schwerer als ein Mensch mit einem Venus/Saturn-Aspekt. So sehr er sich auch Mühe gibt, alles richtig zu machen, dem Partner gerecht zu werden, irgendwie fehlt etwas. Es gibt nichts Leichtes, nichts Spielerisches in seinen Beziehungen. Die Liebe ist für ihn etwas Ernstes, Schicksalhaftes. Ein schneller Partnerwechsel kommt für ihn nicht infrage. Nichts ist schlimmer, als sich mit dem »Falschen« zu verbinden. Sein Suchsensor richtet sich auf den Charakter eines Menschen, nicht auf Äußerlichkeiten. Lieber bleibt er alleine, als sich auf halbe Sachen einzulassen. Es stört ihn nicht, dass er mit diesem Anspruch die eine oder andere Person verschreckt. Zeitweise macht er nicht nur sich selbst, sondern auch dem Partner mit seinen Forderungen das Leben schwer. Er erträgt keine Schwäche, keine kindlichen Gefühlswallungen. Damit der andere all dem gerecht wird, beginnt er, diesen zu erziehen. Er versucht ihm beizubringen, ein erwachsener, ebenbürtiger Partner zu sein – und erreicht damit das Gegenteil. Sobald einer glaubt – so berechtigt dies auch manchmal erscheinen mag – den Partner erziehen zu müssen, verschwindet die Ebenbürtigkeit und mit ihr die Liebe. Jeder Mensch muss seine Entwicklungsschritte alleine machen, jeder hat das Recht, sie an dem für ihn richtigen Zeitpunkt zu machen. Niemand, auch kein noch so wohlwollender Partner, darf sich da einmischen.

Mit einer Venus/Saturn-Komponente glaubt der Mensch, dass ihm die Rolle des Lehrers oder Erziehers in der Partnerschaft zukommt. Zwar ist er bereit, für sich selbst Verantwortung zu tragen, doch er traut es seinen Mitmenschen nicht zu, ebenso für sich selbst einzustehen. Es fällt ihm schwer, sich nicht einzumischen und anzuerkennen, dass jede Seele einen eigenen Entwicklungsrhythmus hat und dass dieser niemanden etwas angeht, nicht einmal den Partner.

Hierzu eine kleine Geschichte von Otto Brink aus dem Büchlein: *Vitamine für die Seele.* »Ein alter Freund erzählte mir: In jungen Jahren verliebte ich mich in eine Frau. Wir kannten uns erst ein paar Tage, und schon fing sie an, mich zu erziehen und mir zu sagen, was gut und richtig für mich sei. Auf einer Wanderung sagte sie: ›Folge mir!‹ und ging voran. Ich schaute ihr nach und wusste, das war nicht meine Richtung. Ich machte kehrt und ging meinen Weg. Wir haben uns nie mehr gesehen.«

Venus/Uranus

Der folgende Text gilt für Venus/Uranus-Konjunktion, -Quadrat, -Opposition, -Spiegelpunkt und abgeschwächt für Venus im Wassermann oder im 11. Haus.

In der Welt der Astrologen und ihrer Deutungen ist bekannt, dass eine Venus/Uranus-Konstellation die bindungsunfähigste von allen Venus-Verbindungen ist. Oft liegt eine Kette von Beziehungsabbrüchen vor, oder zumindest beschreibt der Mensch sein Beziehungsmuster als unstet und sich selbst »immer auf dem Sprung«. Selbst wenn er lange Jahre einen Platz in einer Partnerschaft einnahm, so wollte er doch schon oft gehen. Immer wieder zog es ihn weg, und wenn er doch geblieben ist, so nur mit einem »Bein«, das andere musste draußen bleiben, frei für ein anderes Spiel. Manche Menschen mit dieser Konstellation leben mehrere Partnerschaften nebeneinander, manche gehen durch die Beziehungstür ein und aus, als gäbe es keine Verpflichtungen, keine Absprachen.

Was steckt hinter dieser Unverbindlichkeit, wohin treibt es den Menschen, der jedes dickere Band zu einem anderen hin und wieder durchtrennen muss? Kaum jemand mit dieser Konstellation erlebt sich selbst als frei und als leicht. Die meisten wünschen sich nichts sehnlicher, als irgendwann einmal bleiben zu können. Auch sie haben eine Sehnsucht nach Beständigkeit und Zugehörigkeit. Die Frage ist, wann und wodurch ist die Beziehungskette gebrochen? Partnerschaften sind wie Perlen, sie sind alle an einem einzigen Band, und wenn dieses einmal reißt, lassen sich auch die anderen, die später hinzukommen, nicht halten. Man kann sie nicht mehr einfädeln, nicht an einen sicheren Platz bringen. Auch wenn die Venus erst einmal die eigenen Beziehungen symbolisiert, so führen wir doch die Geschichte unserer Eltern und Großeltern fort. Diese mündet in unsere Venus-Konstellation ein und beeinflusst unsere Position zum Partner. Mit einer Venus/Uranus-Konstellation gibt es zumeist ein oder mehrere getrennte Paare im Herkunftssystem. Ihre Trennungen (auch die inneren) werden zum »Vorbild« der eigenen Beziehungsgeschichte und der eigenen Abbrüche. In den Fällen, in denen ein solches Paar nicht gefunden wird, fehlt ein Glied der eigenen, vom Menschen selbst geknüpften Beziehungsabfolge. Ein früherer Partner hat noch keinen guten Platz. Entweder weil die Liebe sehr schmerzvoll endete und unverarbeitet verdrängt wurde, oder weil der Mensch selbst einen seiner früheren Lebensgefährten verletzt hat und sich dies selbst nicht verzeiht. Egal wie tief im Unbewussten dieser Zusammenhang auch liegen mag, der Riss durch das Beziehungsfeld kann erst heilen, wenn die »beiden«, um wen auch immer es sich handelt, wieder zusammengeführt werden.

Die Aufgabe, die ein Uranus der Venus hier stellt, ist erst gelöst, wenn der »Verräter« gefunden wird. Handelt es sich um eine weit zurückliegende Geschichte, muss sich der Mensch natürlich davon befreien. Er lässt den Betroffenen ihre Trennung, stimmt ihr zu und ändert damit sein eigenes Beziehungsmuster. Uranus steht entweder für die Trennung zweier Menschen voneinander oder für die Trennung vom Beziehungsmuster – der Mensch selbst hat das zu entscheiden.

Kam es in den eigenen Beziehungen zum Abbruch und damit zum wiederholten Bruch von Partnerschaften, kann eine Aufstellung helfen, das System in die Ordnung zurückzuführen. Ob alleine für sich selbst oder mit Hilfe von Stellvertretern, das Ziel ist, *allen* Partnern, mit denen ich jemals verbunden war, den guten Platz im Herzen zurückzugeben. Mag sein, dass von sechs Personen nur einer keinen guten Platz hat, doch dieser eine reicht aus, die kommenden Beziehungen zu gefährden. Ähnlich einem faulen Apfel in einer Kiste voller gesunder Äpfel wird er die anderen »anstecken«, wenn er nicht gesehen wird. Die Ordnung, die Uranus hier wünscht und die zur Heilung und zum Wandel beiträgt, ist die frei fließende Liebe, die die Liebe zu allen Partnern in die letzte Beziehung einfließen lässt.

Venus/Neptun

Der folgende Text gilt für Venus/Neptun-Konjunktion, -Quadrat, -Opposition, -Spiegelpunkt und abgeschwächt für Venus in den Fischen oder im 12. Haus.

Wann immer in einer Verbindung einer der beiden Planeten Neptun ist, wird in das Thema Partnerschaft ein Loch gerissen. Der Mensch hat die Aufgabe, etwas oder jemand Fehlenden zu suchen. Die große treibende Kraft für diese Suchbewegung ist die Sehnsucht. Das Gefühl, nur ein halber Mensch zu sein, ist in die Venus/Neptun-Seele eingebrannt und bewegt all seine Träume und seine Fantasie. Sein gesamtes Wunschdenken projiziert er auf seine fehlende »bessere« Hälfte. Jede Venus mit Fische-Komponente kennt das Lied: »Es waren zwei Königskinder, sie konnten zusammen nicht kommen, das Wasser war viel zu tief.« Welches Wasser kann eine von Sehnsucht erfüllte Venus davon abhalten, das andere Ufer zu erreichen? Es ist das Wasser des Profanen, der Fluss, der zur Erfüllung fließt. Die Realität, die er mit sich trägt, ist der Untergang einer jeden neptunisch verträumten Venus. Diese Venus ist die einzige, die Prinzen und Prinzessinnen küsst, die sich danach in Frösche verwandeln. Im Nebel ihres verschleierten Blickes sieht die Zukunft mit einer Person immer fantastisch aus. Doch was ist mit der Gegenwart? Gibt es sie? Oder wartet der Mensch, dass er/sie endlich auf ihn zukommt, dass er sich ändert, verständnisvoller wird usw.? Ja, er wartet. Er wartet auf einen Traumpartner. Er investiert große Gefühle in jemanden, der weit, sehr weit von ihm entfernt ist. Wenn der Graben doch nicht so schmerzhaft trennend dazwischen stünde! Der Mensch liebt das Unerreichbare vielleicht deshalb, weil er es nicht erreichen möchte. Vielleicht »darf« er nicht geliebt werden? Nicht lieben? Nicht glücklich sein? Die Wiederholungen dieses Beziehungsmusters lassen die unbewussten Seelenanteile über die Zeit deutlich ins Bewusstsein treten. Sie halten uns die immer gleiche Antwort vor Augen: Der andere, das bist du selbst. Nicht er steht am anderen Ufer, sondern der Mensch selbst. Er selbst ist es, der – was Beziehungen angeht – verzaubert ist, der sich im Niemandsland aufhält. Seine Liebe ist es, die im Nichts verschwunden ist, nicht die des anderen. Er selbst ist auf der Suche nach Ent-täuschungen, er möchte – zumeist unbewusst –, dass seine Liebesenergie vom Aussichtslosen aufgesogen wird, als hätte es sie nie gegeben. Sie folgt einer verlorenen Liebe, einer verschollenen Person in ihr »Versteck«. Dort hofft der Mensch nicht etwa, einen Partner zu finden, sondern er hofft, den alten Liebeszauber seiner Sippe aufzuheben. Aus diesen Wurzeln stammt die unendliche Sehnsucht, das Gefühl, etwas Unerfüllbares darüber erlösen zu können, dass man es wiederholt. Auch Menschen, die in einer festen Beziehung leben, kennen dieses Gefühl. Der Partner mag zwar anwesend sein, doch er ist entweder nicht der richtige, oder sonst irgendwie weit entfernt. Es entsteht nie genügend Nähe, um sich auf Dauer zu Hause zu fühlen.

Was fehlt, um diese große Entfernung zu überwinden? Es fehlt die Hoffnung auf einen Wandel der Geschichte. Es fehlt eine neue Vision vom Glück. Erst wenn das Paar, das sich an eine aussichtslose Liebe verlor, wieder zusammengeführt wird, kann die Wunde heilen. Mit einer Venus/Neptun-Konstellation hat der Mensch genügend Träume, um nicht eher zu ruhen, als bis er den Zugang zur Liebe, zur Erfüllung wiedergefunden hat.

Auslösungen und Transite

Erfahrungsgemäß braucht der Mensch einen Anstoß, um sich zu entwickeln. Erst wenn er so ver-wickelt ist, dass die Lebensumstände um ihn eine Schlinge ziehen und er sich kaum noch bewegen kann, wird er sich Hilfe suchen. Es hat sich gezeigt, dass sich die meisten Menschen unter Pluto- oder Uranus-Transiten bzw. -Auslösungen auf den Weg machen. Entweder es wird so eng für sie (Pluto), dass sie dringend eine Hand brauchen, die sie vor dem »Untergang« bewahrt, oder sie spüren Uranus als einen enormen Entbindungsdruck. Pluto hält fest und lockt somit den Überlebenswillen an die Oberfläche des Bewusstseins, während Uranus so unruhig macht, dass der Mensch es kaum aushält sich nicht zu bewegen.

Nach eingehender Untersuchung vieler Beispiele haben sich diese beiden Planeten in fast allen Fällen als richtungsweisend für die Lösungsarbeit gezeigt. Die Horoskope von Teilnehmern von Familienaufstellungen haben zu 70% diese Zeitqualität aufgewiesen. Natürlich gibt es Ausnahmen (besonders auch Saturn-, Neptun- und Sonne-Aspekte). Es machen auch Menschen ohne großen Druck diese Arbeit, sie haben einfach den Wunsch, ihr Herkunftssystem zu ordnen, für ihr neugeborenes Kind zum Beispiel. Wenn aber eine wirkliche Notwendigkeit besteht, etwas lösen zu müssen, dann sind Uranus und Pluto hauptsächlich daran beteiligt.

Eine weitere von innen kommende Kraft, die jemanden so sehr in den Bann ziehen kann, dass er wie willenlos den Verstrickungen folgt, ist die Auslösung des Aszendenten-Herrschers. Besonders dann, wenn er (wie das Beispiel am Ende des Kapitels zeigt) mit dem Tierkreiszeichen Skorpion verbunden ist. Leider ist die Macht der Geschichte der Ahnen dann oft größer als der

Lösungswille. Fast immer, wenn Planeten im Skorpion oder Planeten mit Pluto-Aspekten ausgelöst werden, erliegt der Mensch erst einmal dem Sog der Vergangenheit. Wenn dann ein Pluto-Transit dazukommt, wird eine alte Geschichte aktiviert und wiederholt.

Eine Frau mit einem Venus/Pluto-Quadrat verliebte sich, exakt mit dem Tag, als der laufende Pluto auf ihre Venus kam, in den Mann ihrer besten Freundin. Die beiden begannen ein Verhältnis. Sie verzehrte sich so sehr nach ihm, dass sie dabei krank wurde. Sie verlor an Kraft und Lebenswillen. Der Mut fehlte ihr, es ihrem Mann oder gar der besten Freundin zu gestehen. Sie fühlte sich sehr schuldig, konnte kaum noch schlafen und vernachlässigte darüber ihre Mutterpflichten. Auch dem Mann ging es täglich schlechter, dennoch konnten die beiden nicht voneinander lassen. Das heimliche Verhältnis wurde immer belastender. Alle Beteiligten, auch diejenigen, die nichts davon wussten, wurden krank. Die betrogene Freundin musste mit einer Lungenerkrankung zur Kur, die Kinder beider Familien wurden aufsässig und benahmen sich in der Schule ausgesprochen schlecht. In der Zeit des Pluto-Transites machte die Frau – mit letzter Kraft – eine Aufstellung. Es stellte sich heraus, dass sie eine ähnliche Konstellation herstellte, wie sie sie von zu Hause kannte. Sie war über viele Jahre die Geliebte ihres Vaters gewesen. Die Mutter hatte bis dahin keine Ahnung, ebenso wie die Freundin jetzt. (Die beiden Familien leben übrigens Tür an Tür). Die Stellvertreter für die Frau, ihren Geliebten und ihre Freundin spürten sehr schnell, wie wenig diese Geschichte mit ihnen und wie viel sie mit dem Herkunftssystem zu tun hatte. Die Frau jedoch konnte und wollte von ihrer Besessenheit auch dann nicht loslassen, nachdem die Geschichte des Missbrauchs bearbeitet war. Sie beharrte darauf, dass sie den Mann nun einmal liebe und sie denke nicht daran, ihn aufzugeben. Auch wollte sie das Geheimnis der Freundin gegenüber nicht lüften, damit ihr ihre »Liebe« erhalten bliebe. Ihre Seele konnte – in diesem Moment – die Wirklichkeit nicht akzeptieren. Sie glaubte den Stellvertretern, besonders dem ihres Geliebten nicht, dass seine Gefühle nicht sehr tief waren. Er sagte ganz klar: »Ich gehöre zu meiner Frau.«

Pluto hatte sie fest in der Hand. Natürlich fühlte sie sich weiterhin sehr schlecht und wie ausgelaugt. Oft wirken Pluto-Transite im Zusammenhang mit entsprechenden Konstellationen so energieraubend, dass der Mensch sich vorkommt, als nage ein Vampir an ihm und sauge seine ganze Lebenskraft aus ihm heraus. Irgendwie ist dies auch stimmig, der Mensch belebt mit seiner Existenz, mit seinem Fleisch und Blut eine vergangene Geschichte und macht sie damit wieder lebendig. Er selbst wird dabei immer blutleerer. Die Frau nahm sehr ab und kam, als es ihr noch schlechter ging, zu einer weiteren Sitzung. Immerhin war sie jetzt bereit, in ihrem Inneren zu den beiden, zur Freundin und zum Geliebten, zu sagen: »Ihr seid nicht meine Eltern, mit meinen Gefühlen meine ich nicht euch.« Außerdem entschied sie sich jetzt, mit ihrer Mutter zu sprechen und das Geheimnis zu lüften. Ein großer Schritt. Die Mutter war entsetzt, sie wollte zuerst nicht glauben, dass es wirklich so gewesen war. Um es kurz zu machen, nach vielen mühsamen Schritten und viel Arbeit an Gegenwart und Vergangenheit (auch der Ehemann musste die Wahrheit erfahren), war exakt mit dem Ende des Pluto-Transites der »Spuk« vorbei. Auf einmal war die Leidenschaft verschwunden. Sie konnte auf den früheren Geliebten schauen als einen netten Nachbarn, zu dem sie nicht mehr empfand als Freundschaft.

Ein weiteres Beispiel von einem Pluto-Transit, der drei Menschen gleichzeitig betraf, zeigt, wie sehr unsere Gefühle dazu verführt werden können, sie für »echt« zu halten, obwohl sie ganz im Dienst der Vergangenheit stehen.

Ein Mann verliebte sich in eine verheiratete Frau, ohne zu wissen, dass seine Ehefrau schwanger war. Die Anziehungskraft der beiden war so intensiv, dass er in ein großes Dilemma stürzte, als er davon erfuhr, bald Vater zu werden. Er kämpfte den Kampf seines Lebens. Doch dabei ging es nicht – wie er glaubte – um zwei Frauen, sondern – wie er später erfuhr – um ein Ringen darum, seine Familiengeschichte entweder zu verändern oder ihr zu folgen. Unter dem laufenden Pluto auf seiner Sonne wiederholte er die Geschichte seines Vaters. Auch dieser hatte seine

Mutter wegen einer anderen Frau verlassen, als sie mit ihm schwanger war. Auch wenn er bis dahin nichts davon wusste, er steckte ganz tief in einem Loyalitätskonflikt. Folgt er dem Vater und verlässt er ebenfalls seine Frau, oder opfert er seine Liebe und bleibt bei Frau und Kind und heilt damit die Verletzung seiner Mutter. (Er hatte gleichzeitig zum Pluto-Transit eine Mond-Auslösung.)

Die Ehefrau, die natürlich sehr verletzt war, hatte ebenfalls eine Mond/Pluto-Auslösung. Auch ihre Mutter war vom Vater, während diese mit ihr schwanger war, verlassen worden. Sie teilte jetzt das Leid mit ihrer Mutter.

Die Geliebte des Mannes verließ ihren Lebenspartner für diese Liebe unter einem Pluto-Transit im Quadrat auf ihren Mond. Ihr Vater hatte eine Geliebte, als ihre Mutter mit ihrem jüngeren Bruder schwanger war. Die beiden trennten sich. Auch sie hing an den Marionettenfäden der Geschichte. Sie opferte letztlich beide Beziehungen und war dann erst einmal so allein wie ihre Mutter damals. So führen Verstrickungen Menschen zueinander und machen sie glauben, es ginge um sie und um ihr Glück. Erst als das Kind geboren wurde, bekam die Geschichte eine Wende. Es war bereit, sein Leben zu opfern, um seine Eltern zusammenzuhalten (Fische-Aszendent). Dass es beinahe bei der Geburt gestorben wäre, brachte die beiden wieder zusammen. Mit dem Ende des gemeinsamen Pluto-Transites kehrte wieder Ruhe ein; die bis dahin unbekannten, unbearbeiteten Geschichten aller Beteiligten waren auf dem Tisch. Ob sie wirklich gelöst sind, wird sich zeigen.

Uranus-Transite und -Auslösungen zeigen eine andere Situation. Der Mensch steht zumeist kurz vor dem »Sprung«, vor der Veränderung. Es gibt im Außen keine Behinderungen, kein Band, keine Umstände, die ihn wirklich halten. Nur seine Ängste, seine eigene Furcht vor dem »Verrat« können ihn davon abhalten, die notwendigen Schritte zu tun. Klienten erzählen oft, sie spürten, dass sich jetzt gerade etwas verändert und dass vieles in Bewegung sei, doch sie wüssten nicht genau, wohin sie sich begeben sollten. Wie so oft sucht der Mensch im Außen, statt sich erst einmal nach Innen zu wenden. Jeder gute, neue Weg beginnt mit einem ersten Schritt – und dieser Schritt muss innerlich, rein auf der Energieebene, gemacht sein, sonst bewegt sich der »Körper« nicht, und wenn der Mensch dies noch so sehr wünscht. Wenn die Unruhe, die auch heilige Unruhe genannt wird, eintritt, ist es an der Zeit, die Sicherheit des Gewohnten, des Alten, des Übernommenen zu verlassen. Eine Aufstellung findet unter einem Uranus-Transit sehr schnell eine gute Lösung. Die zurückhaltenden Kräfte sind bereits überwunden. Die Seele hat sich längst mit einem neuen Platz befreundet. Es fehlt nur noch der Vollzug. Menschen glauben oft, sie wollten den Beruf, den Partner oder die Wohnung wechseln. Doch das sind äußere Manöver, die davon ablenken sollen, dass es sich um größere Schritte handelt. Natürlich darf der Mensch – zum richtigen Zeitpunkt wird es ihm leicht fallen – hingehen, wohin er mag, auswechseln, was immer er auswechseln möchte. Doch sobald er zögernd vor dem Neuen steht, ist seine Seele noch nicht wirklich bereit. Es fehlt noch der Blick in eine Zukunft danach, der das Ganze erst ins Rollen bringt. Sobald dieser innere Schritt über die Schwelle gemacht ist, gibt es keine Zweifel mehr. In ihrem Buch *Wunder, Lösung und System*, beschreibt Insa Sparrer die Anwendung der »Wunderfrage« nach Steve de Shazer. Sie beschäftigt sich mit der Zielklärung und den Konsequenzen der Handlungen in der Zukunft. Eine Uranus-Zeitqualität ruft geradezu dazu auf, die Wunderfrage zu stellen: »Stellen Sie sich vor, Sie sind müde und legen sich schlafen. Angenommen – in dieser Nacht – geschehe ein Wunder, und das Wunder bestünde darin, dass alle Probleme, die Sie heute hierher geführt haben, gelöst sind, auf einen Schlag, – einfach so – und wenn sie nun morgen früh aufwachen, und niemand Ihnen sagt, dass dieses Wunder geschehen ist, woran könnten Sie dann erkennen, dass es eingetreten ist?« Jetzt muss sich der Mensch damit beschäftigen, wie die Welt »danach«, nach seinem Schritt, aussehen würde. Mit weiteren Fragen klärt er für sich selbst die Konsequenzen der Veränderung: »Bemerkt dieses Wunder jemand anders außer Ihnen?« »Woran könnten andere bemerken, dass das Wunder eingetreten ist?« usw. Werden von dem Klienten in Bezug auf

Familienmitglieder, Freunde, Bekannte usw. negative Reaktionen genannt, so ist die Loyalität zur Vergangenheit noch groß und der Schritt wird als »Verrat« an ihr empfunden und gebremst. Sieht die Zukunft in der Vorstellung rosig und problemfrei aus, befindet sich der Mensch geistig-seelisch zumindest bereits dort. In einer Pluto-Phase wäre es sinnlos, diese Frage überhaupt zu stellen. Die Antwort würde auf jeden Fall negativ ausfallen, da niemand, der sich in Plutos Händen befindet, überhaupt an Wunder glaubt. Das Wunder (die Wunderfrage) ist der Zugang zur Lösung. Uranus verlangt vom Menschen die Bereitschaft, etwas für möglich zu halten, was ihm zuvor noch als unmöglich erschien.

Neptun-Transite und -Auslösungen sind stiller, sie holen den Menschen heraus aus seinen Lebenszusammenhängen und ziehen ihn quasi für einige Zeit aus dem »Verkehr«. Tief im Inneren spürt der Mensch, dass er den Rückzug – von was auch immer – dringend braucht, und doch fällt es ihm schwer loszulassen. Sehr oft zeigt sich, dass die Seele in Fische-Zeiten hinübergeht zu den Verstorbenen ihrer Sippe. Sie nimmt dort Kontakt auf und verbindet sich für einige Zeit mit der anderen Seite. Daran ist nichts Bedrohliches. Am schönsten und sinnvollsten ist es, wenn ein Mensch dabei lernt, dass er sich nur vorübergehend hier auf dieser Seite des Daseins befindet, und dass seine Seele in beiden Bereichen zu Hause ist. Neptun-Zeiten haben nichts mit Selbstmordabsichten zu tun, sie schaffen einen Zugang zur Spiritualität. Nur wer sich allzu fest am sichtbaren, konkreten Leben festklammert, als sei es das einzige, wird leiden. Denn dann wird er für die Welt unsichtbar, unwichtig. Irgendwie muss Neptun ja den Weg zu »seiner« Seele finden, wenn diese nicht bereit ist, zu ihm zu kommen.

Mit Saturn im Transit bleibt das Schicksalsrad eine Zeit lang stehen. Bestimmte Bereiche des Lebens kommen zum Stillstand. Jetzt hat der Mensch Muße und Zeit, alles in Ruhe zu ordnen. Sobald er sich dieser, von Saturn gestellten Aufgabe annimmt, geht es ihm gut. Wehrt er sich und möchte er sein Tempo und seine Belange durchsetzen, so beißt er sich die Zähne aus. Nur mit viel Geduld und Anstrengung sind diese Zeiten zu meistern. Faulheit und Lustlosigkeit wirken so, wie das bei aufgeschobenen Aufgaben immer ist: Sie rauben uns Energien. Sind sie einmal gemacht, ist der Mensch frei, freier als zuvor.

Die Technik

Da die Technik der Erstellung von Transiten in der Astrologie sehr verbreitet ist, ist es nicht notwendig, hier ausführlich darauf einzugehen. Nur soviel: Das Radix-Horoskop ist eine Art eingefrorene Zeitqualität. Im Moment unserer Geburt hat man eine Art »Bild« von uns, unserer inneren wie äußeren Familie gemacht. Es spiegelt unsere Gesamtpersönlichkeit in all ihren Ausprägungen. Jetzt brauchen wir nur noch Zeit – Lebenszeit –, um uns in unserer Vielfalt und Komplexität kennen zu lernen. Der Bereich der Astrologie, der sich mit Zeitinhalten beschäftigt, sagt etwas darüber aus, wann und über welche Umstände wir uns mit welchem Bereich unseres Seins zu beschäftigen haben. Technisch sieht die Erstellung von Transiten folgendermaßen aus: Ich trage in mein Radix-Horoskop die zu einem Zeitpunkt, der für mich von Interesse ist, bestehenden Planeten-Konstellationen ein und betrachte ihre mögliche Beziehung zu meinem Geburtshoroskop. Die aktuellen Planetenstände finde ich in den Ephemeriden unter dem entsprechenden Tag (und natürlich in den Computerprogrammen). Ein Transit kann direkt (gleiche Gradzahl) über einen Radix-Planeten laufen – wir nennen das Konjunktion – oder in einem Winkelaspekt. Alle Transitaspekte beinhalten eine Botschaft. Uranus z.B. möchte immer eine Lösung in Gang setzen. Die Winkelbeziehung des transitierenden Planeten beschreibt einerseits den Widerstand, mit dem ich die Botschaft aufnehme, und anderseits den Schwierigkeitsgrad der gestellten Aufgabe. Eine Aufgabe kann über mehr oder weniger spannungsgeladene Umstände gestellt werden und doch bleibt das Ziel das gleiche. Manchmal lernen wir durch zarte Winke des Schicksals und ein anderes Mal braucht es handfeste Hürden, bis wir etwas begreifen. Das Quadrat, die Opposition und der Spiegelpunkt gehören zu den hürdenreichen Strecken des Lebens, die Trigone und Sextile zu den etwas leichter begehbaren Entwicklungswegen.

Da die Technik des Siebener-Rhythmus nach der Münchner Rhythmenlehre von Wolfgang Döbereiner weniger bekannt ist, wird sie hier ausführlich beschrieben:

1. Der Siebener-Rhythmus beginnt am Aszendenten und verläuft im Uhrzeigersinn durch die Häuser (12, 11, 10, ... usw.). Wir benutzen dabei das Häusersystem von Placidus.
2. Jedes Haus zählt – egal wie groß es ist – sieben Jahre. Das Thema des Hauses, bzw. der Phase wird bestimmt durch das Tierkreiszeichen, von dem es angeschnitten wird. Schneiden zwei Häuserspitzen von verschiedenen Häusern das gleiche Tierkreiszeichen an, so erstreckt sich die Zeitperiode, in der dieses Tierkreiszeichen herrscht, nicht über sieben, sondern über 14 Jahre.
3. Als Herrscher der Phase bezeichnen wir den Planeten, der dieses Tierkreiszeichen beherrscht (so beispielsweise der Mars den Widder). Wird ein Tierkreiszeichen von einem Haus vollständig eingeschlossen, so hat dieses Haus zwei Herrscher, die in dieser Periode wirksam werden. Ein Hauptthema, das von dem Tierkreiszeichen bestimmt wird, welches von der Häuserspitze dieses Hauses angeschnitten wird, und ein Nebenthema, das von dem Tierkreiszeichen bestimmt wird, das in dem betreffenden Haus eingeschlossen ist.
4. Als eine direkte Auslösung bezeichnen wir einen Planeten, den wir direkt – auf unserem Weg durch die Häuser – antreffen. Steht dieser zum Beispiel im 10. Haus, wird er zwischen dem 14. und 21. Lebensjahr angetroffen. (Abbildung A, S. 234)
5. Jeder Planet hat seinen eigenen Zeitschlüssel. Dieser errechnet sich aus seiner Entfernung von der Häuserspitze (im Uhrzeigersinn). In vielen Computer-Ausdrucken ist dieser Zeitschlüssel für die einzelnen Planeten auf Jahre und Monate angegeben. Das sieht etwa so aus:

Rhythmus: 7.00				
☉	18:16:41	♌		4.27
☽	28:13:04	♑		6.77
☿	08:08:31	♌		5.53
♀	29:19:33	♌		2.90
♂	03:03:00	♎		5.18
♃	02:55:43	♏		6.98
♄	29:53:10	♋		6.56
♅	19:57:45	♊		5.69
♆	07:04:12	♎		4.48
♇	11:34:53	♌		5.11
☊	17:42:23	♊	R	6.58

»Siebener-Rhythmus«

6. Als eine indirekte Auslösung bezeichnen wir das *Herüberholen* eines Planeten in den Zeitraum unserer Aufmerksamkeit. Wir zählen den Zeitschlüssel des Planeten (beispielsweise 2 Jahre, 3 Monate) zu dem Alter dazu, das wir zu Beginn einer Siebener-Phase (zum Beispiel beim MC 21 Jahre) hatten. Das macht in diesem Fall 23 Jahre, 3 Monate. (Siehe auch Abbildung B, S. 234)
7. Für dieses Herüberholen eines Planeten gibt es drei Regeln:
   a) Die wichtigste und bedeutsamste Auslösung ist immer der Herrscher der Tierkreiszeichen-Phase.
   b) Dieser Planet zieht alle Planeten, mit denen er einen Aspekt bildet, mit in die Zeitqualität hinein (diese behalten ihren ganz individuellen Zeitschlüssel).
   c) Alle anderen Planeten, mit denen er keinen Aspekt bildet, werden immer mitausgelöst. Das heißt, alle sieben Jahre erlebt der Mensch einen Rundumlauf aller Themen. Was sich ändert und sich von früheren Zeiten unterscheidet, ist die Themengrundlage (= Phase), auf der die einzelnen Inhalte eine unterschiedliche Wirkung und Bedeutung zeigen.

Beispiel A

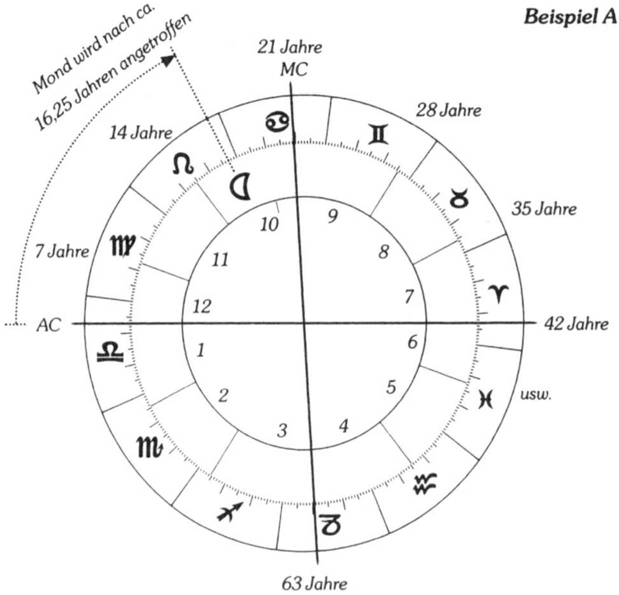

Beispiel B

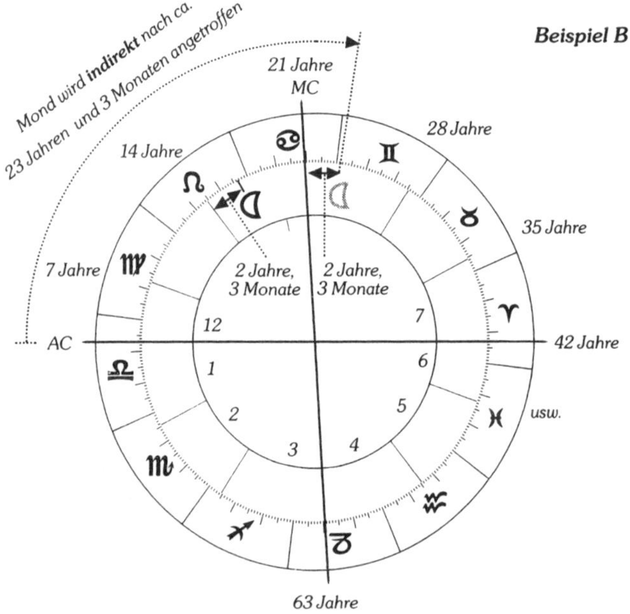

Beispiel Auslösungen

Die Geschichte dieses Mannes zeigt, wie weit entfernt von der Welt sich ein Mensch aufhalten kann, wenn er die Kraft seiner Ahnen und Eltern nicht zu nehmen versteht. Es ist immer möglich, dass jemand mit einem Fische-Aszendenten nicht wirklich geboren wird, dass große Teile seiner Seele «drüben« bleiben und dass sein gesamtes Leben eine Gratwanderung zwischen den Welten ist. Sowohl in der Sippe des Vaters als auch in der der Mutter gibt es viele tragische Schicksale, viele früh Verstorbene. Ein Onkel starb jung an einer Überdosis Drogen, ein Großonkel war ebenso jung, als er im Krieg blieb. Der Großvater war zeitlebens Alkoholiker (er war bei seinem Bruder) und lebte ebenfalls zwischen den Welten. Seine kleine Schwester starb schon im 5. Monat der Schwangerschaft. All diese Personen stehen hinter seinem Neptun, auf der anderen Seite im Jenseits.

Vater und Mutter sind zwar sehr präsent (zwei Feuerzeichen), aber davon kann er wenig nehmen, wenn seine Loyalitätsliebe ihn an die Verstorbenen bindet. Er selbst hat da einen langen Drogen- und Alkoholweg hinter sich mit vielen Höhen und Tiefen, mit zeitweiser Enthaltsamkeit (Sonne- und Mond-Auslösungen am Ende und am Anfang einer Phase) und erneuten Einbrüchen. So pendelt er hin und her, zwischen Diesseits und Jenseits. Sobald es ihm hier zu gut geht und er glücklich ist, zieht es ihn wieder auf die andere Seite. Mit der Neptun-Auslösung im Alter von 31,5 Jahren hatte er unter Drogen einen Atemstillstand und war beinahe ganz drüben. Doch wie ein Wunder wurde er gerettet und zurückgeführt. Eine Weile konnte er die Kräfte des Lebens nehmen, bis es ihn wieder zu den Toten zog. Sobald ein Mensch Drogen nimmt, entfernt er sich nicht nur vom Leben, sondern auch von sich selbst. Und das ist es nicht, was Neptun möchte, seine Lösung liegt nicht darin, »normal« und angepasst zu werden, sondern eher möchte er, dass der Mensch ein bewusstes Leben zwischen den Welten führt und nicht, dass er ohnmächtig hin und her wankt. Nur über den Saturn im 1. Haus, die Verantwortung für die eigene Existenz und die eigenen Entscheidungen, wohin diese auch führen mögen, kann er genug Rückgrat aufbringen, eine heilsame Ordnung herzustellen. Die Bindung auf der Vaterseite (Sonne/Quadrat/Pluto) kann mit Uranus (ebenfalls im Quadrat zur Sonne) gelöst werden, wenn er vom Vater die Freiheit und nicht die Bindung nimmt. Mit dem vergangenen Uranus-Transit über Mond und Mars ist ein Teil der Geschichte mütterlicherseits gelöst worden. Mit Beginn der Skorpion-Phase, mit 35, kann die Aufgabe «Vater« in Angriff genommen werden. Mit einer Sonne im Schützen stehen ihm enorme Energien zur Verfügung und vielleicht ist er ja dann bereit, seinen Platz bei den Toten aufzugeben.

Radix

Beispiel männlich

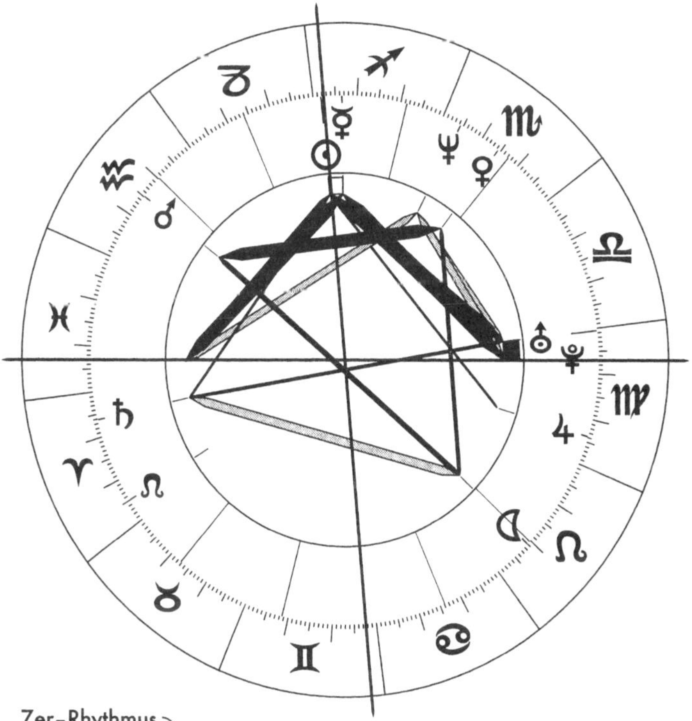

		7er-Rhythmus
☉	27°52′ ♐	6.77
☽	8°36′ ♌	0.25
☿	23°06′ ♐	1.54
♀	15°11′ ♏	6.26
♂	14°26′ ♒	6.20
♃	5°49′ ♍	2.79
♄	5°45′ ♈	5.23
♅	29°06′ ♍	6.17
♆	25°16′ ♏	3.52
♇	22°51′ ♍	0.07
☊	24°36′R ♈	2.55

A	23°18′ ♓
2	12°29′ ♉
3	8°16′ ♊
M	27°17′ ♐
11	15°47′ ♑
12	9°27′ ♒

Häuser nach Placidus

Beispiele

Beispiel 1

Die Frau kam in die Aufstellung, da sie sich sehr energielos fühlte und oft Kopfschmerzen hatte. Außerdem machte sie sich Sorgen um ihren kleinen Sohn. Er hatte die ersten acht Monate seines Lebens viel geschrien. Sie erzählte, dass ein Heiler ihn von seiner Schreierei befreien konnte, dass es ihr aber seitdem besonders schlecht ginge. Nachdem sie mehrere Aufstellungen miterlebt hatte, fand sie – bis dahin – ihre Familiengeschichte vergleichsweise harmlos. Ihre Mutter litt unter Neurodermitis, ihr Vater hatte ebenfalls Kopfschmerzen. Bis sie und ihr Bruder auf die Welt kamen, hatte die Mutter drei Fehlgeburten. Weiterhin berichtete sie, dass ihr ihr Bruder Leid täte, da er seit zehn Jahren »faulenzte« und Alkohol und Tabletten konsumierte.

Erst nach mehrfachem Nachfragen, ob sie etwas über den Gewaltaspekt (Mars/Pluto) in ihrer Familie wüsste, erzählte sie die ganze Geschichte. Wenn Pluto auf Sonne und Mond steht, ist die Loyalität schwer zu durchbrechen, die Bindung ist enorm. Die Geschichte der Eltern wird im Inneren der Seele verdrängt.

Ihre Eltern lebten in einer engen, unheilvollen Verstrickung miteinander. Sie konnten nicht zusammenkommen, und einen Weg sich zu lösen fanden sie ebenfalls nicht. Den Streit in ihrer Beziehung erlebte die Frau als ausgesprochen zerstörerisch. Ihr Bruder und sie »beteten« – auf der Oberfläche des Bewusstseins – oft dafür, dass die beiden sich doch trennen mögen. Im Herzen allerdings stellt sich das Kind mit einem Krebs-Aszendenten und einem Mond in der Jungfrau natürlich verbindend und sich opfernd zwischen die Eltern. Auch das eigene Kind (Mond/Pluto) – ein Kaiserschnitt übrigens (Mond/Quadrat/Mars) – trägt schon den gesamten Schmerz dieser Geschichte in sich. Der Großvater mütterlicherseits war ein gewalttätiger Alkoholiker, er hatte seine Tochter über viele Jahre hinweg sexuell missbraucht. Über diese Erfahrung war die Mutter sehr an ihn und das damit verbundene Leid gefesselt und konnte ihrer Tochter wenig geben.

Auch der Vater der Frau war mehr mit seiner kleinen Schwester, einer Totgeburt, verbunden als mit seinen eigenen Kindern. Zwei Menschen, die, da sie wenig Vertrauen in die Liebe erfahren hatten, sich aneinander klammerten um zu überleben. Für das Kind bedeutet dies, das Eltern/Kind-Verhältnis umzukehren und im Herzen einen Pakt zu schließen: »Jetzt habt ihr ja mich, ich gleiche euren Schmerz und euer Schicksal aus und bleibe euch mit meinen Energien verbunden.« Kein Wunder, dass da keine Kraft für ein eigenes Leben bleibt.

Das Schwerste war für diese Frau, ihre Mutter mit ihrem Vater und den Geschehnissen ihrer Kindheit alleine zu lassen und jegliche Verantwortung für sie, für die Ehe und das Glück der Eltern abzugeben.

Ein Saturn im 11. Haus, der als Herrscher des 7. Hauses dazu aufruft, jedem Menschen die Verantwortung für sich selbst zurückzugeben, verlangt dies von ihr. Sehr schön und erleichternd war es für sie, nicht mehr die Älteste zu sein und die drei Geschwister (die Fehlgeburten) hinzuzustellen und ihnen einen guten Platz im Herzen zu geben.

Mit ihrem Uranus in der Waage und einer Venus im Löwen wird ihr ein neuer, individueller Beziehungsweg sicherlich gelingen.

Die Gefahr ist allerdings groß, dass eine Sonne/Mond/Pluto-Konjunktion auch bedeutet, dass sie das schwere Schicksal der Mutter schon an eines ihrer Kinder weitergegeben hat.

Nur auf dem Platz von Neptun gibt es hierfür eine Lösung. Dieser Neptun im Skorpion vermag sie herauszuführen aus Schuldgefühlen (Neptun im 6. Haus) und er lässt sie aus den bewertenden Verstrickungen herauswachsen. Da darf selbst der Großvater kein »Bösewicht« bleiben und muss von ihr als Großvater gewürdigt werden. Sie darf nur ihre eigene Beziehung zu ihm sehen und nicht die der Mutter (Mond/Pluto). Ein Blick, der nur von weit oben, von weit außerhalb aller Verstrickungen möglich ist.

Radix

Beispiel 1

		7er-Rhythmus
☉	18°59' ♍	4.43
☽	20°16' ♍	4.17
☿	13°49' ♎	6.50
♀	16°28' ♌	5.79
♂	24°25' ♐	1.94
♃	10°26' ♎	0.04
♄	8°32'R ♉	2.62
♅	3°25' ♎	1.48
♆	26°16' ♏	6.83
♇	24°42' ♍	3.26
☊	21°09'R ♓	3.99

A	5°38' ♋
2	23°13' ♋
3	12°17' ♌
M	6°29' ♓
11	10°36' ♈
12	25°17' ♉

Häuser nach Placidus

Beispiel 2

Es ist nicht einfach, im Horoskop zu erkennen, ob ein Mensch Adoptiveltern hat oder nicht. Wir sehen Prinzipien, die sich im Leben dieses Menschen verwirklichen, aber wir wissen erst einmal nicht, von wem sie vertreten werden. Gerade, wenn wir Horoskope mit ähnlichen Eckdaten vergleichen, sehen wir die Vielfalt der Möglichkeiten, wie das Schicksal sich in ihnen auswirken kann.

In diesem Horoskop gibt es sowohl enorme Unsicherheitsfaktoren wie klassische Aspekte, die Stabilität ausdrücken. Ein Fische-Aszendent mit einem Neptun im Skorpion wirft sofort die Frage auf, welche Geschichte, welche Person hinter dem Energieverlust Neptuns steht. Durch welches »Loch« im System verschwindet die Lebenskraft? Gleichzeitig stehen hier Sonne und Mond in einer Verbindung mit Saturn (Sonne im 10. Haus) und geben damit dem Kind einen stabilen Rahmen. Das kann sowohl heißen, dass es verantwortliche Eltern hat, als auch, dass es selbst die Verantwortung übernommen hat. In diesem Fall trifft beides zu. Die Mutter war verheiratet, als sie mit ihrem früheren Verlobten, dem Vater des Mannes, ein Verhältnis hatte. Daran, dass sie mit ihm schwanger war, zerbrach ihre Ehe. In der Aufstellung konnte man sehen, dass die Mutter diesen Mann gerne »behalten« hätte.

Das Kind wird in eine Situation hineingeboren, in der jeder von jedem getrennt wird (Neptun/Quadrat/Venus im Wassermann, Opposition Uranus). Sein Vater verschwindet, seine Mutter ist zu dem Zeitpunkt seiner Geburt sehr instabil, sie ist tablettensüchtig und hat mehrere Selbstmordversuche hinter sich. (Wir wissen nicht, welche Familiengeschichte hier wirkt). Sie muss für ein Jahr in eine Klinik. Das Kind kommt bis zur Adoption durch Onkel und Tante in ein Kinderheim. Erst mit der Sonnenauslösung (Sonne am MC mit 21 Jahren) erfährt der Mann die Wahrheit über seine Abstammung. Er bleibt als Sohn seinen ihm unbekannten Eltern treu, indem er einerseits zeitweise Drogen zu sich nimmt und andererseits, was für ihn sehr schmerzvoll ist, im Großen und Ganzen alleine bleibt. Seine Beziehungen brechen schnell und oft scheinbar ohne Grund auseinander. Er weiß nicht viel über die Geschichte seiner Eltern, außer dass der Großvater mütterlicherseits sehr böse wurde und seine Tochter wegen des außerehelichen Kindes verstieß.

Die gute Kraft für den Jungen, der schon früh im Leben alles verloren hatte, kam von den Adoptiveltern. Sie konnten keine Kinder bekommen und gaben ihm alle Liebe, die sie hatten. Mit diesen guten Energien schaffte es der Mann, eine verantwortungsvolle berufliche Position zu beziehen.

Ein Problem – ein bekanntes, sehr verbreitetes Problem – tauchte erst auf, als der Mann sich mit seiner Mutter versöhnen wollte. Er fühlte sich den Adoptiveltern gegenüber verpflichtet und wagte es nicht, sie – besonders die Adoptivmutter – zu enttäuschen. Aus Treue und Dankbarkeit zu ihr, blieb er sogar der Beerdigung seiner Mutter fern. Damit ist er jetzt der Erwachsene und übernimmt die Verantwortung für seine Adoptiveltern. Erst mit einem gewandelten Saturn, der ihm – im Inneren seiner Seele – »erlaubt«, Kind zu sein und zu nehmen, wird er auch eine Partnerschaft nehmen können. Dann erst zeigen Uranus und Neptun ihre lösende Seite: Du darfst es anders machen als deine Eltern, du darfst glücklicher sein als sie. Erst dann wird er keine Lebensenergie mehr dem »schlechten« Platz seiner Mutter opfern müssen, sondern kann sein Schicksal nehmen, so wie es ist: etwas ganz Besonderes.

Im Lösungsbild hat das Kind zwei Elternpaare, von denen es jetzt nehmen darf. Das Vertrauen in das Gelingen von Beziehung darf zurückkehren (MC Schütze/Jupiter in der Waage im 7. Haus). Bleibt noch zu sagen, dass bis zu dem Zeitpunkt nicht bekannt war, ob es eine Person gibt, die das Mars/Pluto-Quadrat vertritt (eventuell der Großvater, der seine Tochter verstieß). Er selbst hat diesen Aspekt als eine Art Schuldgefühl erlebt (Pluto in der Jungfrau im 6. Haus), überhaupt geboren zu sein und so viele Schwierigkeiten zu machen. Er wagte es bis zu dem Zeitpunkt der Aufstellung nicht wirklich, Raum für sich zu beanspruchen. Seine männlichen, erobernden Energien waren gebunden an die Vorwürfe an den abwesenden Vater, der die kranke Mutter ebenso verlassen hatte wie deren Vater.

Ganz heilen kann diese Geschichte erst, wenn er sich zwar zu den Männern stellt, die Kraft von ihnen holt, doch nicht ihre Geschichte von ihnen nimmt (Uranus im Löwen). Sobald die gebundene männliche Kraft (Mars im 8. Haus) wieder ganz zur Verfügung steht, wird er endlich zu den Frauen hin Mann sein können und der Sippengeschichte eine neue Wende geben.

Radix

Beispiel 2

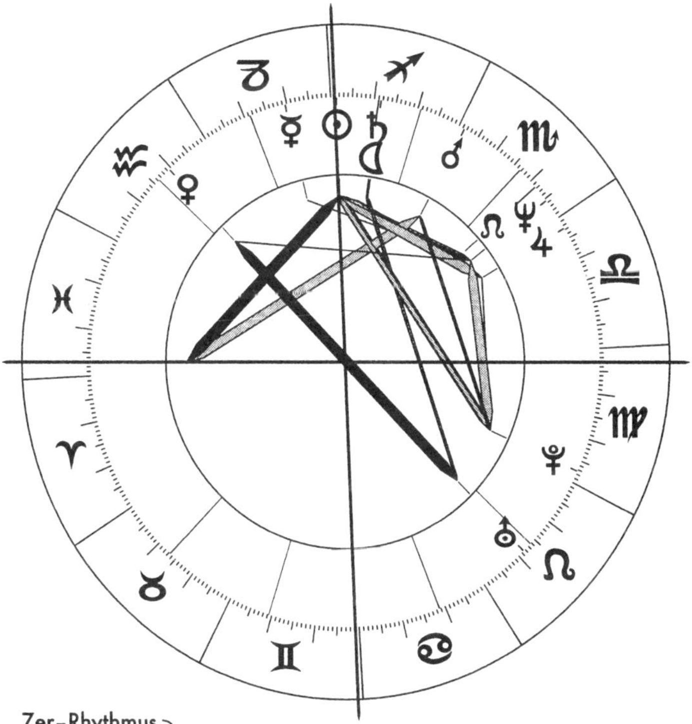

		7er-Rhythmus
☉	28°19' ♐	0.13
☽	18°39' ♐	3.55
☿	10°00' ♑	2.96
♀	10°07' ♒	0.90
♂	28°12' ♏	2.87
♃	26°58' ♎	2.43
♄	18°06' ♐	3.74
♅	11°10'R ♌	0.60
♆	4°10' ♏	1.33
♇	2°16'R ♍	3.97
☊	7°59'R ♏	0.75

A	27°05' ♓
2	12°54' ♉
3	8°52' ♊
M	28°42' ♐
11	18°17' ♑
12	13°19' ♒

Häuser nach Placidus

Beispiel 3

Die Geschichte dieser Frau zeigt, wie sehr die früheren Erlebnisse der Eltern in die eigene Partnerschaft eingreifen, und wie sehr ein Mensch bereit ist, Gefühle in seine Beziehungen hineinzutragen, die eigentlich nicht zu ihm gehören. Die Frau erzählte, sie sei, was ihre Lebensumstände angehe, eigentlich sehr glücklich. Sie habe einen lieben Mann, ein entzückendes Kind und sie könne nicht verstehen, wieso sie manchmal so schwermütig sei und es ihr an Lebensfreude fehle. Sie könne dafür auch in der von ihr schon erforschten Familiengeschichte keine Ursache finden. Niemand sei früh gestorben oder hätte sonst ein schweres Schicksal gehabt. Manchmal habe sie ein ganz schlechtes Gewissen ihrem Ehemann gegenüber, da sie wenig Freude am Sex habe. Überhaupt habe er eine leichtere, fröhlichere Partnerin verdient.

Mit einem Steinbock-Aszendenten und einem Mond im 1. Haus liegt es nahe, dass sie mit der Mutter und deren Schicksal stark verbunden ist. Die Verbindung von Saturn, als dem Herrscher des Aszendenten, mit einer Venus im Skorpion, deutet auf ein schweres Beziehungsschicksal hin. Die Frau fand heraus, dass ihre Mutter ihren ersten Verlobten im Krieg verloren hatte, ihm gehörte ihr ganzes Herz. Der Vater hatte bei ihr keinen ganz so guten Platz (Sonne im 11. Haus). Wie kann ein Kind im Anblick des Unglücks seiner Eltern mit dem Partner glücklich sein? Der Mutter fehlte ihre erste Liebe, dem Vater die Liebe seiner Frau. So sucht sich das loyale Kinderherz einen ähnlich schweren Platz. Der Partner wird, gerade weil man mit ihm glücklich sein könnte, im Inneren der Seele (unbewusst) abgelehnt. Aus Treue darf seine Liebe nicht genommen werden. Wenn schon im Außen die Fülle da ist, muss es wenigstens im Inneren karg bleiben.

Mit einem Merkur / Pluto-Quadrat wiederholt der Mensch Muster, obwohl sie in seinem eigenen Leben unlogisch erscheinen. Die Frau erzählte, sie könne es eigentlich gut haben, sich des Lebens erfreuen, wenig arbeiten und ihre Mutterschaft genießen, wenn sie, ja wenn sie das nur könnte. Sie müsse sich immer anstrengen, viel leisten und könne damit nicht aufhören.

Mit einer Uranus/Jupiter-Konjunktion sollte ihr dies eines Tages gelingen. Sie verhilft ihr dazu, sich zu erinnern (Jupiter) und aus der Geschichte der Mutter (Uranus im Krebs) auszusteigen.

Mit einem Neptun in der Waage wird es gelingen, ihre Arme weit zu öffnen und ihren Partner ganz zu nehmen. Der lange Weg dorthin ist eine einzige große Auseinandersetzung mit den Themen Bindung (= Wiederholung = Pluto im 8. Haus) und Verrat der alten Werte (Mars im Wassermann im 2. Haus). Nur ein großer seelischer Schnitt vermag die an Größe und Vorstellung gebundene Energie vom Ego abzutrennen und einer Lösung (MC Skorpion) zuzuführen. Für sie gibt es nichts Schwereres, als klein und machtlos zu sein, das scheint fast so schwer, wie leicht und lebensfroh zu werden.

Radix

Beispiel 3

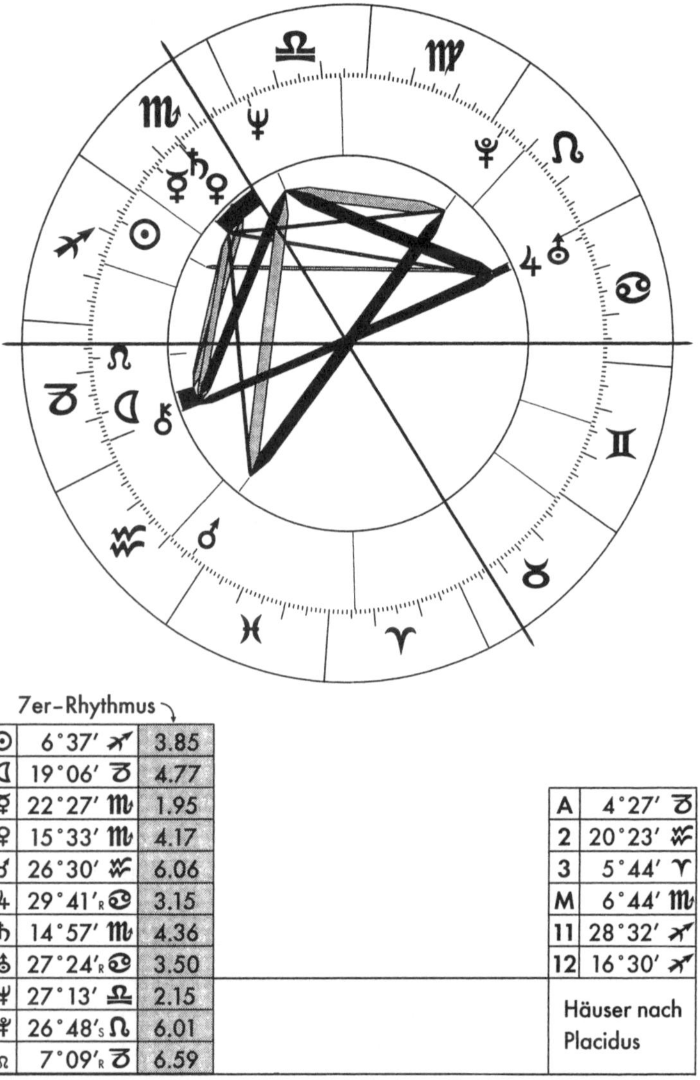

7er-Rhythmus

		7er-Rhythmus
☉	6°37' ♐	3.85
☽	19°06' ♑	4.77
☿	22°27' ♏	1.95
♀	15°33' ♏	4.17
♂	26°30' ♒	6.06
♃	29°41' R ♋	3.15
♄	14°57' ♏	4.36
♅	27°24' R ♋	3.50
♆	27°13' ♎	2.15
♇	26°48' S ♌	6.01
☊	7°09' R ♑	6.59

A	4°27' ♑
2	20°23' ♒
3	5°44' ♈
M	6°44' ♏
11	28°32' ♐
12	16°30' ♐

Häuser nach Placidus

Beispiel 4

Diese Geschichte ist die Geschichte eines großen Schuldgefühls und großer Angst (Jungfrau-Aszendent). Eine Frau, die, egal was sie tat, immer das Gefühl hatte, es sei irgendwie falsch, sie müsse anders sein, sich anders verhalten. Nichts war ausreichend, sie musste sich immer noch mehr anstrengen. Gleichzeitig hatte sie oft Angst, dass ein Familienmitglied, besonders ihre Tochter, von einem Ausgang nicht nach Hause zurückkam. Diese Ängste waren aufgrund ihrer ihr bewussten Lebensgeschichte ebenso irrational wie das innere Bild, das sie im Zusammenhang mit einer Trance-Therapie hatte. Sie sah ihre Mutter, die heute noch lebt und gesund und wohlauf ist, im Himmel. Sie hatte in ihrem Inneren den Platz einer Verstorbenen. Bis dahin wusste sie nur, dass sie selbst eine Frühgeburt war und die ersten sechs Wochen im Brutkasten verbracht hatte. Der Therapieprozess führte sie zurück zu ihrer Geburt, wo sie den Zusammenhang zu ihren Schuldgefühlen und Ängsten erkannte. Bevor man sie, direkt nach der Geburt, forttrug, sah sie ihre Mutter blass in einer großen Blutlache liegen. Sie hatte das sichere Gefühl, sie sei tot. Sofort tat es ihr leid, sie fühlte sich schuldig daran und wollte nun auch nicht mehr leben (Saturn/Pluto/4. Haus). Sie schwor, alles gut zu machen, niemandem mehr zur Last zu fallen, keinem Menschen etwas zu Leide zu tun. Das Bild der »toten« Mutter brannte sich so tief ein in ihr Herz, dass es auch nach den sechs Wochen, als sie ihre Mutter zum ersten Mal wiedersah, nicht ganz ausgelöscht werden konnte. Jetzt kam auch noch der Trotz dazu (Mond/Mars). Wie konnte die Mutter sie so lange alleine lassen! Das würde sie nie tun! Die Geschichte wiederholte sich in abgeschwächter Form bei der Geburt ihrer Tochter. Sie hatte Gott sei Dank die Kraft, ihre Tochter früher zu besuchen.

Die Lösung liegt hier – wie immer – im Verzicht auf das, was man nicht bekommen hat. Sie wird für immer ein Kind bleiben, das die ersten sechs Wochen ohne Mutter auskommen musste. Aber sie kann – von sich aus – zurückkehren zu ihr, die unterbrochene Hinwendung vollenden.

Darüber hinaus muss sie lernen zu sehen, dass das Schicksal auch größer ist als die Mutter, und dass diese ebenso litt wie sie. Heute weiß sie, dass die Mutter im Herzen damals immer bei ihr war. Mit dem Nehmen der Mutter und allem, was sie ihr im späteren Leben noch gegeben hat, wird auch das Vertrauen in ihr eigenes Schicksal und das ihrer Angehörigen wachsen.

Radix

Beispiel 4

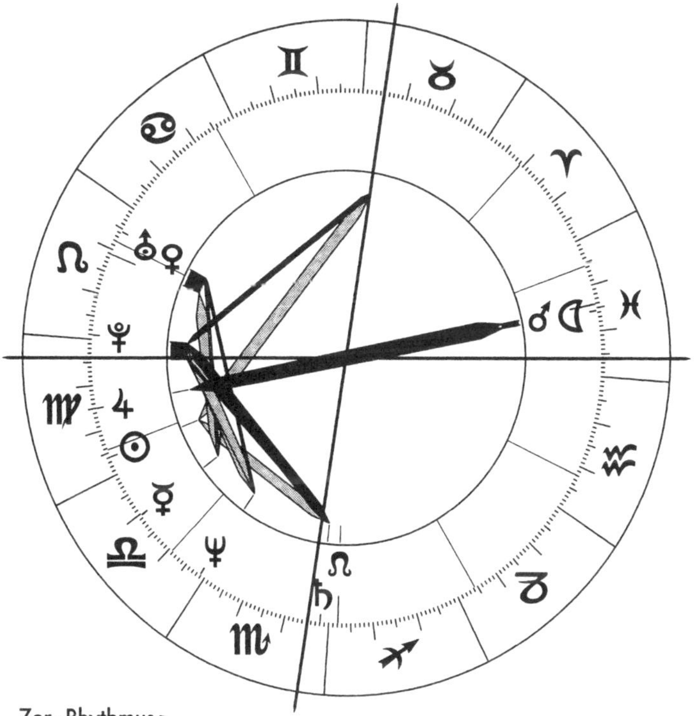

7er-Rhythmus

		7er-Rhythmus
☉	26°09' ♍	6.56
☽	14°31' ♓	3.52
☿	10°28'R ♎	2.76
♀	11°12' ♌	6.21
♂	15°59'R ♓	3.00
♃	15°12' ♍	3.28
♄	28°08' ♏	6.50
♅	5°42' ♌	0.52
♆	28°55' ♎	5.36
♇	29°12' ♌	1.44
☊	2°12'R ♐	5.77

A	4°39' ♍
2	24°30' ♍
3	20°51' ♎
M	25°19' ♉
11	4°31' ♋
12	8°12' ♌

Häuser nach Placidus

Beispiel 5

Wir fühlen uns fast alle »groß« und tragen gerne viel vom Schicksal unserer Ahnen. Aber niemand kann so groß sein wie ein Löwe-Aszendent mit einer Sonne im 10. Haus. Besonders wenn das Horoskop Sonne/Pluto- und Mond/Pluto-Aspekte aufweist, ist der Mensch bereit, alles auf die eigenen Schultern zu nehmen, alles zu kontrollieren. Diese Frau hat wahrlich alle Fäden in der Hand. Sie ist nicht Tochter, nicht Enkelin, nicht Ehefrau, sie ist Königin (oder vielleicht König?). Natürlich eine wohlmeinende, gute Herrscherin, die nur das Wohl ihrer Sippe im Auge hat. Ihre Eltern, Tanten usw. – kurzum alle brauchen sie. Zur Pflege, zur Gesellschaft, um Probleme zu lösen usw. Alle leben von ihren Energien und ihr – so die eigenen Worte – geht es gut dabei (Pluto auf dem Aszendenten). Sie liebt es »die Große« zu sein und gebraucht zu werden. Außerdem wiederholt sie ganz brav die Ehegeschichte ihrer Eltern. Ihr Vater hatte zeitlebens eine heimliche zweite Familie. Sie selbst hat ebenfalls einen Mann geheiratet, der die meiste Zeit ihrer Beziehung ohne zweite Frau nicht auskam. Das alles findet sie »nicht schlimm«, sogar angemessen. Sie hat keine eigenen Kinder und schon lange keinen Sex mehr mit ihrem Mann. Aber damit kann man leben, sagt sie. Ihr Mann ist zeitweise depressiv, ängstlich und oft krank. Aber er hat ja sie!

Eine dreifache Mond/Pluto-Komponente (Mond im Skorpion, Mond-Quadrat-Pluto, IC im Skorpion) lässt offensichtlich keinerlei Zweifel zu, das System bleibt geschlossen. Doch was kostet es, wenn die »falsche« Person unberechtigt die Verantwortung für alles und für jeden übernimmt: Sie schwächt das System. Die Eltern sind so schwach; weil sie alt sind, könnte man argumentieren, aber der Ehemann? Hätte er nicht ein anderes, ebenbürtigeres Leben verdient? Natürlich trägt er seinen Teil zur Situation bei, es geht hier nicht um Schuldzuweisungen. Was sagt ihr Saturn dazu, versteht sie seine Sprache? Er fesselt zeitweise ihre Energien und drückt ihr so feste seine Hand ums Herz, dass die schmerzhaften Fragen einfach auftauchen müssen. Im Quadrat zur Venus verlangt er eine Auseinandersetzung mit den Gesetzmäßigkeiten von Partnerschaft. Er zwingt sie, in den Spiegel zu schauen und im Partner einen Teil von sich selbst zu erkennen: einen sehr, sehr verstrickten, gefangenen Teil.

Die Freiheit und Beweglichkeit, die Uranus in den Zwillingen im 11. Haus für sie bereithält, ist erst einmal unerreichbar. Bis es soweit wäre, nach diesem »Stern« zu greifen, ist wahrscheinlich alle Energie verbraucht – es verbraucht sehr, sehr viel Energie, alle Fäden in der Hand zu halten.

Auch ein Neptun in der Waage spricht von Ausgewogenheit und Gleichheit in Beziehungen. Doch wie wir wissen, ist seine Stimme leise und nur im Herzen hörbar. Der Mensch vermag sie erst wahrzunehmen, wenn seine Liebe die Richtung wechselt und den Weg zurück zur Ordnung findet.

Radix

Beispiel 5

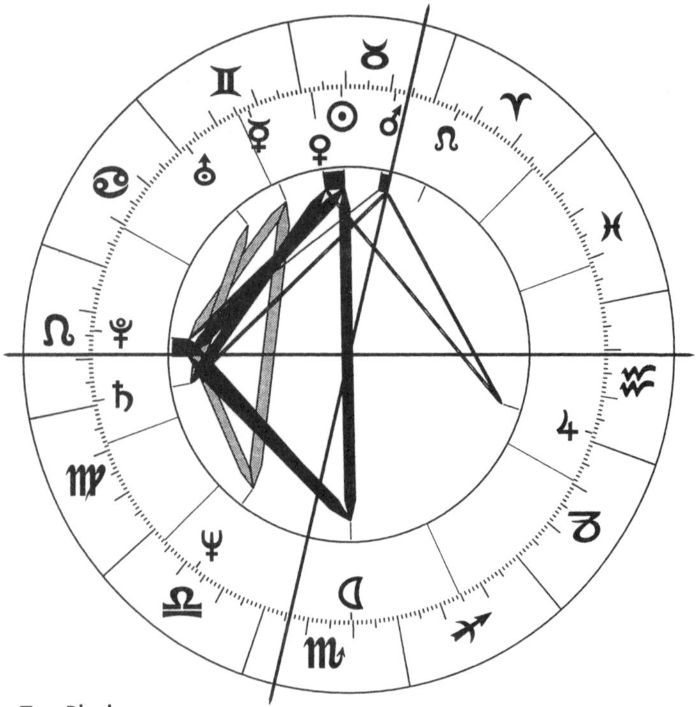

		7er-Rhythmus
☉	21°21′ ♉	4.32
☽	19°50′ ♏	4.60
☿	12°39′ ♊	0.38
♀	28°02′ ♉	3.08
♂	9°11′ ♉	6.57
♃	2°03′ ♒	4.11
♄	29°25′ ♌	3.35
♅	28°24′ ♊	4.29
♆	12°50′R ♎	5.15
♇	14°12′ ♌	1.18
☊	24°28′R ♈	2.65

A	19°04′ ♌
2	8°54′ ♍
3	4°14′ ♎
M	6°50′ ♉
11	14°43′ ♊
12	20°05′ ♋

Häuser nach Placidus

Beispiel 6

Manche Lebensgeschichten sind auf den ersten Blick schwer zu verstehen. Diese Geschichte eines Mannes ist eine von jenen, die einem erst einmal Rätsel aufgeben. Wenn ein Mensch an sich arbeitet, seine Seele wach und bewusst ist, sollte man glauben, dass er damit die wichtigsten Knoten in seinem Leben zu lösen versteht. Wenn dennoch vieles unverständlich bleibt und ihm quasi die Hände gebunden sind, dann folgen die unbewussten Energien einer sehr, sehr verborgenen Geschichte. Diesen Mann trafen zwei sehr schmerzvolle und ungerechte Schicksalsumstände. Erstens wurde er unschuldig angeklagt (was später aufgeklärt wurde) und aus seiner beruflichen Position geworfen. Zweitens möchten seine Kinder ihn nicht mehr sehen. Sie stehen gebunden auf der Seite ihrer Mutter und verweigern den Kontakt. Auch hierfür gibt es (rein äußerlich gesehen) ebenso wenig Gründe wie für den beruflichen »Rausschmiss«.

Das Erste, was wir im Horoskop sehen, ist die seelische Position eines Mondes (Herrscher des Krebs-Aszendenten) in den Fischen, der darüber hinaus noch eine Neptun-Opposition hat. Eine Position weit, weit draußen an einem geheimen »Ort«. Weiterhin sehen wir mit Pluto im Krebs im 1. Haus die Bindung an die Mutter (und natürlich an die Familiengeschichte überhaupt) und mit dem Pluto/Merkur-Quadrat ein unbewusstes Wiederholungsmuster.

Die beiden männlichen Prinzipien, Sonne und Mars, stehen auf einem unsicheren Platz im 11. Haus, wobei der Mars über den Pluto-Spiegelpunkt die meisten Energien verliert; er braucht »einen Täter«, und dieser darf ruhig ungerecht, ein Verräter sein.

Erst nach langem (mehrere Jahre vergingen) hartnäckigem Fragen, wobei das Gefühl, es fehle noch etwas in der Familiengeschichte, ausschlaggebend war, war die Mutter bereit, das Geheimnis zu lüften. (Der Vater lebte schon lange nicht mehr.) Irgendwann, kurz vor der Eheschließung der Eltern, stand eine »fremde Frau« mit Kind vor ihrer Tür. Sie war die verheimlichte frühere Geliebte des Vaters und kam, um ihm sein Kind zu zeigen.

Sie wurden beide verstoßen und es wurde nie wieder darüber geredet. Dieser Frau und der Halbschwester ist großes Unrecht widerfahren. Wen wundert es da, dass ein später geborener Bruder sich aus Treue an einen Platz stellt, an dem ihm ebenso viel Ausgrenzung und Unrecht widerfährt. Endlich hatte der Mann einen Schlüssel zu den Ereignissen seines Lebens, die ihn verzweifeln ließen, da er sie aus dem eigenen Verhalten heraus nicht verstehen konnte. Jetzt haben die frühere Geliebte und seine Schwester einen sehr guten Platz. Ganz sicher wird er eines Tages seine Kinder wieder in die Arme schließen können.

Radix

Beispiel 6

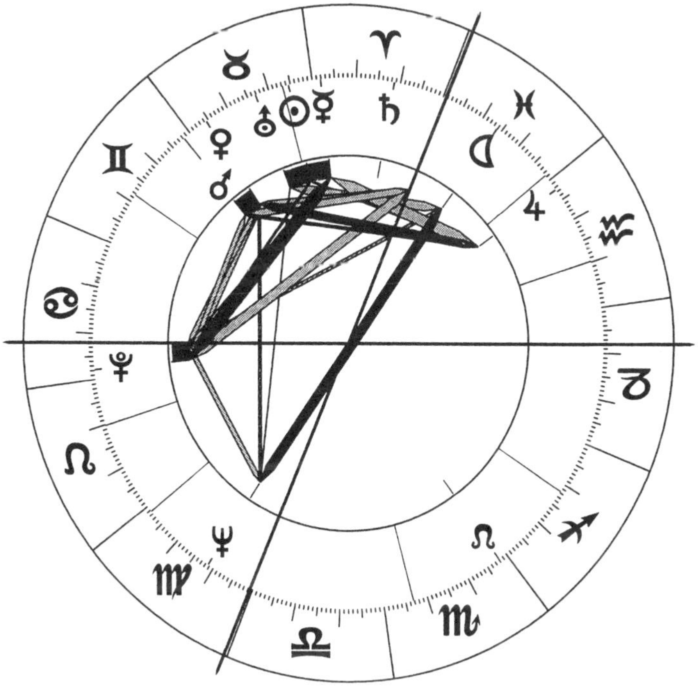

7er-Rhythmus

☉	5°28′ ♉	0.27
☽	16°08′ ♓	3.32
☿	28°09′R ♈	1.63
♀	25°34′ ♉	3.85
♂	1°47′ ♊	2.80
♃	27°35′ ♒	1.27
♄	11°24′ ♈	4.76
♅	13°11′ ♉	5.94
♆	18°39′R ♍	2.70
♇	27°54′ ♋	4.90
☊	28°06′R ♏	3.42

A	22°36′ ♋
2	10°17′ ♌
3	1°27′ ♍
M	29°27′ ♓
11	6°54′ ♉
12	18°23′ ♊

Häuser nach Placidus

Beispiel 7

Kaum jemand hat so große Schwierigkeiten, seinen Platz im Leben einzunehmen, wie diese Frau mit einem Wassermann-Aszendenten. Was steckt dahinter, wenn eine hübsche, sympathische junge Frau keine Partnerschaft hat – noch nie hatte? Schon früh kam sie für einige Zeit in ein Heim, da ihre Mutter nach einer Fehlgeburt lange krank war. So kennt sie das Gefühl, im Weg zu sein, nicht gewollt zu werden. Daraufhin kam sie zur Oma, die aber ebenfalls wenig für sie da sein konnte. Ihr Gefühl zu ihren Eltern beschreibt sie so, als hätte sie nie welche gehabt, sie könne ebenso gut ein Waisenkind sein (Mond im 11. / Sonne im 12. Haus). Später, als sie wieder bei den Eltern lebte, hatte sie die Aufgabe, den Vater, der Alkoholiker war, zu suchen, wenn er auf seinen Streifzügen war, um ihn nach Hause zu bringen. Außerdem sollte sie auf ihn aufpassen, da er sich umbringen wollte. Eine Bürde, die ein Kind nicht zu tragen vermag.

Mit ihren fünf Planeten im 12. Haus hat sie wenig Energien im Diesseits. Sie selbst ist dort im 12. Haus eine Art Saturn, eine Art Hüter der Schwelle, als müsste sie ihren Vater davon abhalten, diese zu überschreiten. Diese Aufgabe bindet ihre Energien so sehr, dass sie sich nicht wegzubewegen wagt, da sie sich nicht schuldig machen möchte. Sie muss den Vater im Auge behalten (Pluto im 7. Haus in der Jungfrau), so dass ihr Blick (noch) nicht auf eine eigene Partnerschaft gerichtet werden kann (Uranus im 7. Haus).

Zum Zeitpunkt der Aufstellung war nicht bekannt, zu wem es den Vater hinzog. Mit Venus/Mars im 12. Haus gibt es eventuell eine verlorene Liebe.

Die Lösung für sie liegt im Platzwechsel. Sie darf sich nicht mehr dem Vater in den Weg stellen, nur damit dieser bleibt. Ein Saturn im Wassermann, im 12. Haus, und noch dazu mit einem Spiegelpunkt zu Uranus vereint alle objektiven, befreienden Schicksalsenergien in sich. Er sagt nichts anderes als: »Lass die Hand deines Vaters los und gib sie einem anderen, deinem zukünftigen Mann. Hab Vertrauen in das, was dann geschieht. Du kannst sowieso nichts ändern.«

Radix

Beispiel 7

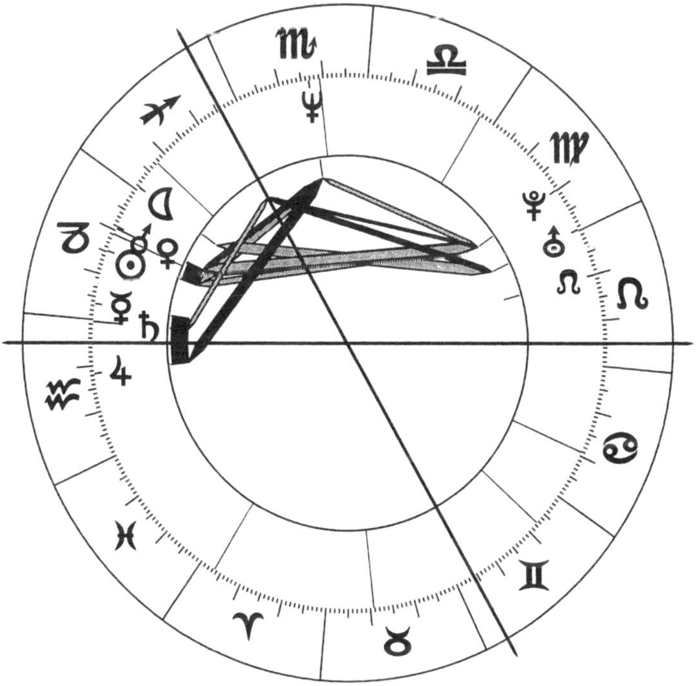

		7er-Rhythmus
☉	14°32' ♉	5.91
☽	28°55' ♐	4.49
☿	26°19' ♉	2.58
♀	9°15' ♉	0.55
♂	8°47' ♉	0.73
♃	11°26' ♒	6.27
♄	0°11' ♒	1.48
♅	0°08'R ♍	4.01
♆	13°03' ♏	6.27
♇	9°58'R ♍	2.82
☊	19°46'R ♌	5.26

A	5°25' ♒
2	3°17' ♈
3	10°38' ♉
M	3°58' ♐
11	22°21' ♐
12	10°41' ♉

Häuser nach Placidus

Beispiel 8

Dieses Beispielhoroskop einer Frau beschreibt, wie sehr ein Mensch in seinen Ansprüchen an die Eltern stecken bleiben kann. Wer dort stehen bleibt und darauf wartet, dass ihm noch etwas nachgereicht wird, was er in der Kindheit nicht bekommen konnte, hat wenig Aussicht auf eine tiefe, erfüllende Partnerschaft. Dafür müsste er erst einmal den Platz des Anspruchs verlassen, und das fällt oft sehr, sehr schwer. Niemand ist da so beharrlich wie ein Krebs-Aszendent, besonders wenn er wie hier einen Mond im Schützen im 6. Haus hat. Das Kind schaut nach 30/40 Jahren immer noch vorwurfsvoll auf all das, was es hätte bekommen sollen (oder glaubt nicht bekommen zu haben). In diesem Vorwurf ist es groß (Schütze) und schuldzuweisend (6. Haus) gleichermaßen. Dahinter steht niemand anders als das kleine Kind (Krebs-Aszendent), das sich heute noch nach der Liebe und Aufmerksamkeit sehnt, die es von den Eltern nicht bekommen konnte.

Schaut die Frau von Pluto aus auf ihren Vater, dann entspricht er natürlich nicht ihren Vorstellungen. (Das gilt auch umgekehrt, sie entspricht nicht seinen Vorstellungen.) Er ist (Sonne im 11. Haus) zu wenig präsent und gibt ihr zu wenig Beachtung. In der Aufstellung stellt sie sich direkt vor ihn hin, sie hat nur Augen für ihn und für das, was da kommen soll (und nicht kommt). Der Vater ist einfach zu beschäftigt, zu abwesend. Das Kind legt ihm dies als Desinteresse aus und macht sich daraus ein riesiges Selbstwertproblem, das permanent an der Seele nagt. Dabei ist die Lösung so einfach: Sobald der Mensch auf das verzichtet, was er – aus welchen Umständen auch immer – (sowieso) nicht bekommen kann (Uranus im Löwen im 2. Haus), und all das nimmt, was er bekommen hat, kehrt seine Energie zu ihm zurück. Mit dieser Energie, die vorher im unerfüllten Anspruch steckte, kann er jetzt das Fehlende in sich selbst entwickeln bzw. es sich woanders holen.

Obwohl dies erst einmal das Hauptthema der Frau ist, das es zu lösen gilt, kann es dennoch nicht der einzige Grund sein, warum diese nette, sympathische Frau keinen Partner findet. Es gibt ein einziges Ereignis in der Familiengeschichte, das auf Venus-Quadrat-Saturn und Mars-Quadrat-Neptun hinweist. In der Verlobungszeit ihrer Eltern starb, kurz bevor die beiden heirateten, der geliebte Bruder der Mutter. So haben sich Liebesglück und Tod zu einem Thema verbunden und müssen wieder voneinander getrennt werden.

Sowohl ein Saturn am Deszendenten als auch der Jupiter im Wassermann im 7. Haus weisen darauf hin, dass das Beziehungsschicksal der Sippe erneuert werden soll. Einerseits stellt Saturn die Hürde dar, die von ihr dringend genommen werden muss: Mein Unglück, Selbstwertmangel etc. kommt nicht von außen, ich alleine trage die Verantwortung für meine Entwicklung und mein Erwachsenwerden. Andererseits steht Saturn hier auch für den Auftrag, die eigenen Beziehungen von dem Schicksal der anderen zu trennen. Jupiter im Wassermann trägt weiterhin dazu bei sich zu trauen, einen neuen Platz in der Partnerschaft einzunehmen.

Radix

Beispiel 8

		7er-Rhythmus
☉	9°36′ ♊	2.86
☽	24°36′ ♐	0.24
☿	2°50′ ♋	5.53
♀	25°38′ ♈	3.73
♂	13°34′ ♌	1.18
♃	7°06′R ♒	3.70
♄	29°28′R ♑	6.67
♅	22°06′ ♌	5.25
♆	9°09′R ♏	1.24
♇	5°35′ ♍	0.97
☊	1°22′R ♍	2.30

A	28°38′ ♋
2	16°36′ ♌
3	8°38′ ♍
M	7°53′ ♈
11	15°55′ ♉
12	25°59′ ♊

Häuser nach Placidus

Bibliographie

Boszormenyi-Nagy, I. / Spark, G. M.: *Unsichtbare Bindungen*, Klett-Cotta 1995

Brink, Otto: *Vitamine für die Seele*, Hammer 2000

Gibran, Kahlil: *Der Prophet*, Walter 1990

Hellinger, Bert: *Die Quelle braucht nicht nach dem Weg zu fragen*, Carl-Auer-Systeme 2001

Hesse, Hermann: *Gesamtausgabe*, Suhrkamp 1985

Orban, Peter / Zinnel, Ingrid: *Symbolon Spiel der Erinnerungen*, Hugendubel 1993

Orban, Peter: *Zeit im Horoskop*, Reinbeck 1999

Roscher, Michael: *Der Mond*, Hugendubel 1986

Schäfer, Thomas: *Was die Seele krank macht und was sie heilt*, Knaur 2000

Ulsamer, Bertold: *Ohne Wurzeln keine Flügel*, Goldmann 1999

Zinnel, Ingrid: *Liebe braucht Zeit*, Hugendubel 2000

Die Autorin

Ingrid Zinnel begann ihren Weg als Autorin und Zeichnerin von Kinderbüchern. 1982 gründete sie mit Dr. Peter Orban »symbolon«, eine Praxis für Selbsterfahrung. Seit dieser Zeit arbeitet sie als Therapeutin, Astrologin, Homöopathin und Ausbildnerin in eben diesen Berufen. Sie ist Autorin der Bücher *Das Composit-Horoskop* und *Liebe braucht Zeit* und Mitautorin (zusammen mit Peter Orban) vieler Bücher, unter anderem *Symbolon, Spiel der Erinnerungen.* Sie führt Beratungen, Einzelsitzungen und Familienaufstellungen in der Schweiz, in Deutschland und in Österreich durch. Informationen über folgende Adresse:

Ingrid Zinnel
Ober-Römerswil
CH 6404 Greppen
Tel. für Beratungen und Aufstellungen in der Schweiz, Österreich und Deutschland: 0041/41/ 3904131
internet: www.ingridzinnel.com

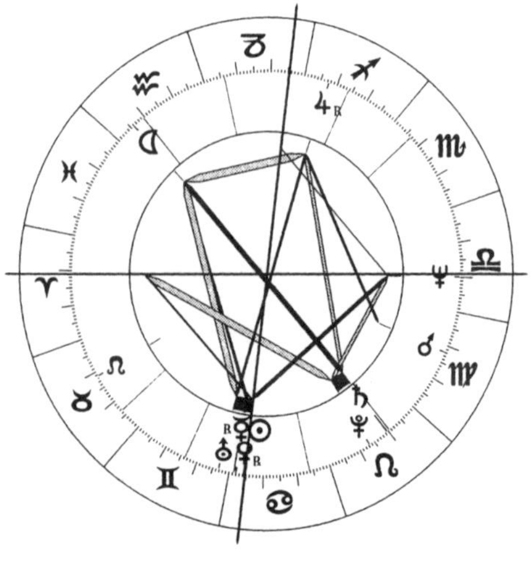

Ingrid Zinnel

Geburtsdaten: Ingrid Zinnel, Bad Homburg, 26. 6. 1948, 1.30 MEZ

Standardwerke der Astrologie

CHRISTOPHER A. WEIDNER

Systemische Astrologie

Konstellationen sind Lösungen

264 Seiten, Hardcover, zahlreiche Abb.

ISBN 978-3-89997-168-2

Systemisches Denken hat unsere Vorstellung von der Welt verändert. Im ersten Teil des Buches geht der Autor der Frage nach, wie leicht sich systemisches Gedankengut mit astrologischer Tradition verknüpfen lässt und wie astrologisches Wissen davon profitieren kann. Im zweiten Teil geht es um die Entwicklung einer systemischen Deutungspraxis. Ganz praktisch werden Schritt-für-Schritt-Anleitungen vorgeschlagen, die das Eingebundensein des Menschen in die Welt transparenter machen können. Im letzten Teil dreht sich alles um die systemische Beratungspraxis: Wie verändert der systemische Ansatz unsere Vorstellungen über eine gute Beratung? Welche Methoden begünstigen ein lösungsorientiertes Vorgehen? Wie werden aus Problemen Lösungen? Ein besonderer Schwerpunkt liegt auf der Einbettung astrosystemischer Aufstellungsarbeit in das Beratungsgeschehen. Mehr als alles andere zielt dieser Ansatz auf die Verbesserung der astrologischen Arbeit mit Menschen ab und möchte die Kompetenz des beratenden Astrologen stärken.

»Das wesentlichste und sehr überzeugende Ergebnis dieses neuen Ansatzes besteht darin, dass der beratende Astrologe nicht schon im Voraus gleichsam alles weiß, sondern im intensiven Austausch mit dem Ratsuchenden zum Schöpfer einer gemeinsamen Antwort wird. In den Fragen des Klienten liegen bereits die Antworten, zu denen der Astrologe nur hinführt. Weidner beschreibt diesen Weg zur Antwort als einen in jeder Hinsicht kreativen und für den Leser leicht nachvollziehbaren Prozess.« *Meridian 2-2010*

CHIRON VERLAG

Standardwerke der Astrologie

BARBARA EGERT

Kindheitserfahrungen im Horoskop

Sich die Schatten der Kindheit bewusst machen und aufarbeiten

240 Seiten, Hardcover, 20 Abbildungen

ISBN 978-3-89997-182-8

Die Astrologie ist eine große Hilfe, um sich die Schatten der Kindheit bewusst zu machen. Sie gibt Hinweise, wie diese so tief sitzenden problematischen Prägungen aufgelöst und gewandelt werden können. Die Autorin beschreibt zunächst das Dilemma von Nähe und Freiheit sowie die Trennungs- und Verlassenheitsängste des Kindes. Diese können sich später als Verletzung manifestieren. In diesem Buch erfahren Sie, dass sich die grundlegenden Erfahrungsmuster mit den Eltern in Ihrem Horoskop erkennen lassen. Es wird erläutert, welche Auswirkungen eine missglückte Kindheit haben kann, was die häufigsten Folgen sind und auf was Sie bei einer astrologischen Betrachtung besonders achten müssen. Vor allem werden Ihnen dadurch Heilungsmöglichkeiten und Auswege verdeutlicht, so dass Sie mit den Schatten Ihrer Kindheit besser umgehen können.

»In ihrem neuen Buch Kindheitserfahrungen im Horoskop geht es genau darum. Auf umfassende und tiefsinnige Weise stellt die Autorin hier die verschiedenen psychologischen Schattenproblematiken und deren Bezüge zum Horoskop dar. Das ist äußerst lehrreich und gibt einen facettenreichen Einblick in das vielfältige Muster, in das sich Kindheitserlebnisse, Bezugspersonen, Radixplaneten und Transite, Einsichten und Hilflosigkeiten, Gefühle und Verdrängungen einweben.«

Astrologie Heute Nr. 141

CHIRON VERLAG

Standardwerke der Astrologie

ERIN SULLIVAN

Astrologie der zweiten Lebenshälfte

Die Chance, bei sich selbst anzukommen

321 Seiten, Hardcover, 14 Abbildungen

ISBN 978-3-89998-155-2

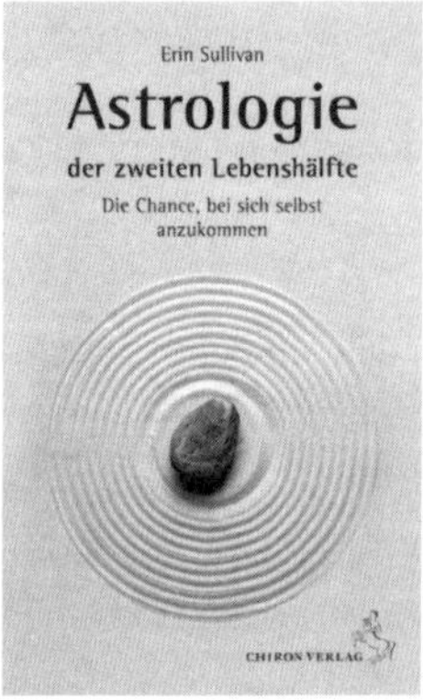

Ein Leben ist dann ein erfülltes, wenn das Ende etwas mit dem Anfang zu tun hat. In der Mitte des Lebens begegnen wir tiefgreifenden Veränderungen in unserer Psyche. Man spricht auch davon, dass wir in dieser Zeit zu unserem bislang nicht gelebten Leben wechseln. In diesem Buch analysiert die Autorin tiefschürfend die Herausforderungen, die uns in der Lebensmitte begegnen. Allerdings sieht sie darin nicht in erster Linie den beginnenden körperlichen Niedergang. Vielmehr erleben wir in diesem Lebensabschnitt die Metamorphose zur vollen Reife. In diesem Buch erfahren Sie, welche Planetenzyklen zu welchem Zeitpunkt in der zweiten Lebenshälfte eine bestimmende Rolle einnehmen. Vor allem aber zeigt die Autorin Ihnen, wie Sie Ihr Leben gerade nach dem Übergang noch bewusster gestalten können, um ganz bei sich selbst anzukommen.

»Das Buch dient nicht nur der eigenen Biografiearbeit oder Zukunftsplanung. Es ist auch für die Beratung und das Verständnis für die Situationen älterer Klienten sehr wertvoll. Kein Buch, das man einmal liest und weglegt. Vielmehr ist es ein ausführliches Nachschlagewerk, das man immer wieder in die Hand nehmen kann, das den Leser in den unterschiedlichen Lebensphasen begleitet und bei der Lebensbewältigung unterstützt.«

Astrologie Heute Nr. 135

CHIRON VERLAG

Standardwerke der Astrologie

LIZ GREENE

Schattenseiten der Seele

Extreme Seelenzustände und Astrologie

347 Seiten, Hardcover, 16 Abbildungen

ISBN 978-3-89997-133-0

Seit Bestehen der Menschheit haben psychische Störungen Religion und Medizin herausgefordert und trotz aller moderner Wissenschaft sind wir heute oft nicht viel weiter gekommen, um diese Leiden zu verstehen. Die Astrologie bietet zwar keine Lösung, sie vermittelt Ihnen aber Einblicke, warum manche Menschen auf Konflikte mit innerem Rückzug und warum andere wiederum mit Aggressionen gegen Mitmenschen reagieren. Liz Greene untersucht in diesem Buch die verschiedenen seelischen Extremzustände aus astrologischer Sicht. Psychopathologie, Wahnsinn oder das kollektive Ausgrenzen von Sündenböcken sind unbequeme Themen, die nicht nur in der Astrologie, sondern in unserer Gesellschaft generell gerne vermieden werden. Indem wir uns mit den Ursprüngen des so genannten Wahnsinns befassen, können wir einen positiven Zugang und eine Antwort finden auf die Frage, warum manche Menschen nicht mit den Herausforderungen des Lebens fertig werden.

Liz Greene stellt sich diesen Themen unverblümt und rückt sie ins helle Licht astrologischer und psychologischer Deutung. Während der Lektüre wird den Lesern klar, was Krankheit und Persönlichkeitsstörung eigentlich sind. ... Da dieses Buch auf Seminarmitschnitten aufgebaut ist, wirkt es sehr lebendig und hat keinen trockenen Lehrbuchcharakter. *Astrologie Heute Nr. 126*

CHIRON VERLAG

Standardwerke der Astrologie

FRIEDRICH A. MAIER

Familienastrologie

Systemische Deutungsbilder für das eigene Horoskop

281 Seiten, Hardcover
ISBN 978-3-89997-207-8

Die systemische Astrologie geht davon aus, dass der Mensch schicksalhaft in ein bestimmtes Familiensystem hineingeboren wird, um dort eine Aufgabe oder einen Auftrag zu übernehmen bzw. seinen angemessenen Platz einzunehmen. Im ersten Teil dieses Buches beschreibt der Autor zunächst die Charakteristika von Systemen. Die weiteren Kapitel widmen sich intensiv den Zuordnungen und Deutungsmustern. Schwerpunkte bilden hier die Stellung von Sonne und Mond in den einzelnen Tierkreiszeichen und die systemischen Hintergründe des Aszendenten. Die Beziehungen zwischen den Familienmitgliedern lassen sich besonders deutlich an den Planetenaspekten erkennen. Hier finden Sie u.a. systemische Deutungsbilder zu allen möglichen Horoskopkonstellationen. Dieses Buch eröffnet Ihnen einen neuen Blick auf Ihre Familie. Es offenbaren sich Ihnen manche überraschende Einsichten in ihr persönliches Horoskop, das dann ein verändertes und lebendiges Gesicht bekommt.

Seine einleuchtenden systemischen Deutungsbilder zu den unterschiedlichsten Konstellationen des Horoskops geben den Leserinnen und Lesern ein fassliches Instrument systemischer Anschauung in die Hand.

Astrologie Heute Nr. 160/2012